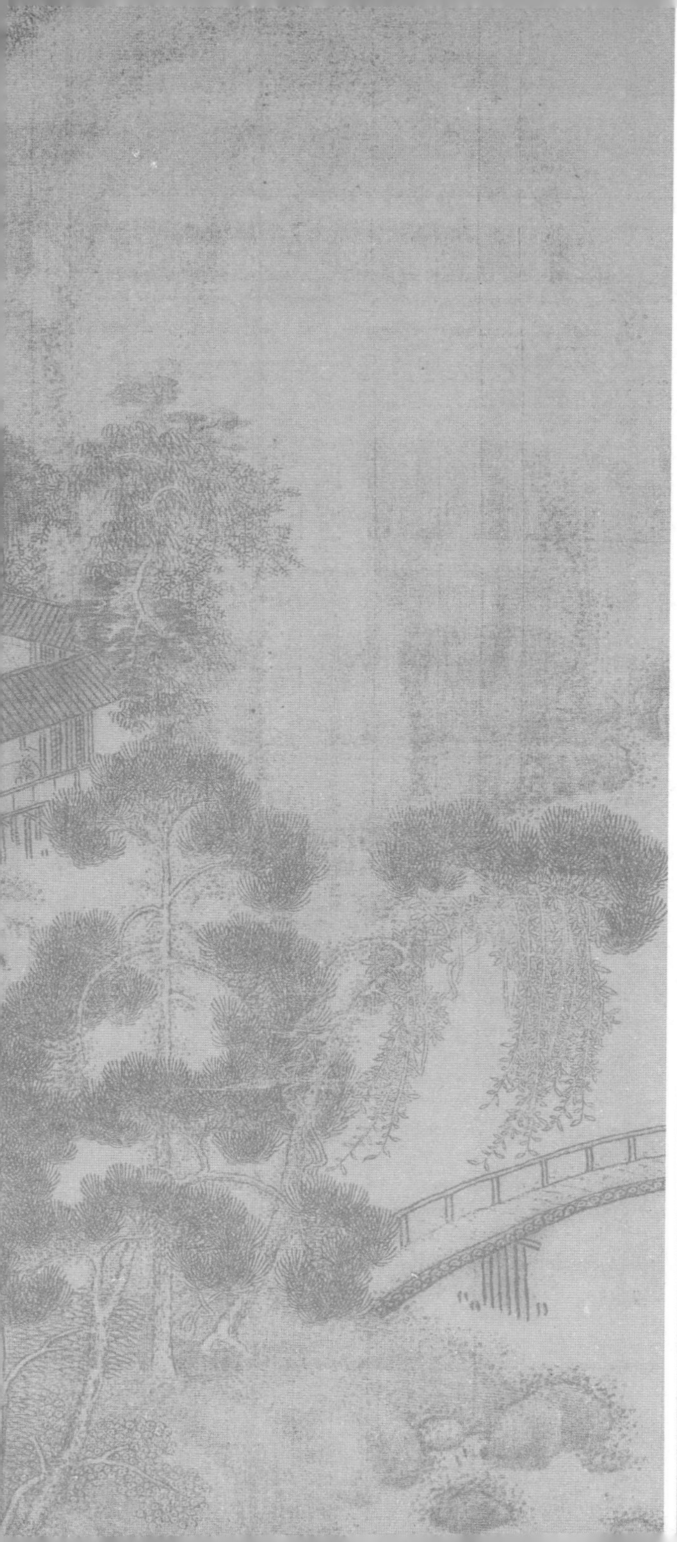

讀史方輿紀要

（十）

〔清〕顾祖禹 撰

團結出版社

目 录

卷 四

江西第八

按江西当吴、楚、闽、越之交，险阻既少，形势稍弱，然观其大略，固亦四出之疆也。是故九江雄据上游，水陆形便，足以指顾东西，非特保有湖滨而已。嗟乎！得失之机，存亡之故，苟非智者，难与深言也。

江西古扬州地，汉领以扬州部刺史，唐隶江南道，后分为江南西道，宋置江南西路，元设省及江西湖东道，今为江西等处承宣布政使司，治南昌。左右布政使一，清军一。左右参政三，分守二，督册一。左右参议三，粮储一，分守二。领府一十三，州一，县七十三。总为里九千九百五十六里半，户一百五十八万三千九十七，口七百九十二万五千一百八十五。夏秋二税共米麦八万八千五十九石五升八合三勺，秋粮官民米二百五十二万八千三百五十五石八斗二升，丝八千二百三斤，绢一万一千五百二十六匹，布一千三百四十一匹，钞九千九百七十九锭。

江西都指挥使司，隶前军都督府。指挥三，掌印一，佥书二。会昌、鄱湖守备二，领卫三，属所十五。守御千户所十二，百户所一，本都司属旧有马步官军一万一千七百员名，仪卫司二。

提刑按察使司，按察使一，副使六，提学一，清军、驿传二，兵备三。佥事七，分巡五，屯田二。分道五。

巡抚都御史一，驻南昌。提督南、赣等处军务都御史一，驻赣州。巡按监察御史一，或清军一。驻南昌。

王府：二。淮府，仁七，封韶州，徙饶州。郡，十：永丰，清江，南康，德兴，顺昌，崇安，高安，上饶，吉安，广信。

益府，宪五，封建昌。郡，三：崇仁，金豁，玉山。

江西舆图补注

一、彭蠡，在南康府东南，北连九江府，东九十里流入大江。

一、浔阳江，即岷江也，自湖广黄州流入九江府境，绕府城北而东下四十里合彭蠡水，又东北流入安庆府宿松望江县界。

一、庐山，在九江南二十五里，南康西北二十里，九江在其阴，南康在其阳，峰峦奇秀，壁立千仞，盘亘五百馀里，实东南之名镇。

一、图中诸山有图载而志不载者，识以订讹。

江西舆图

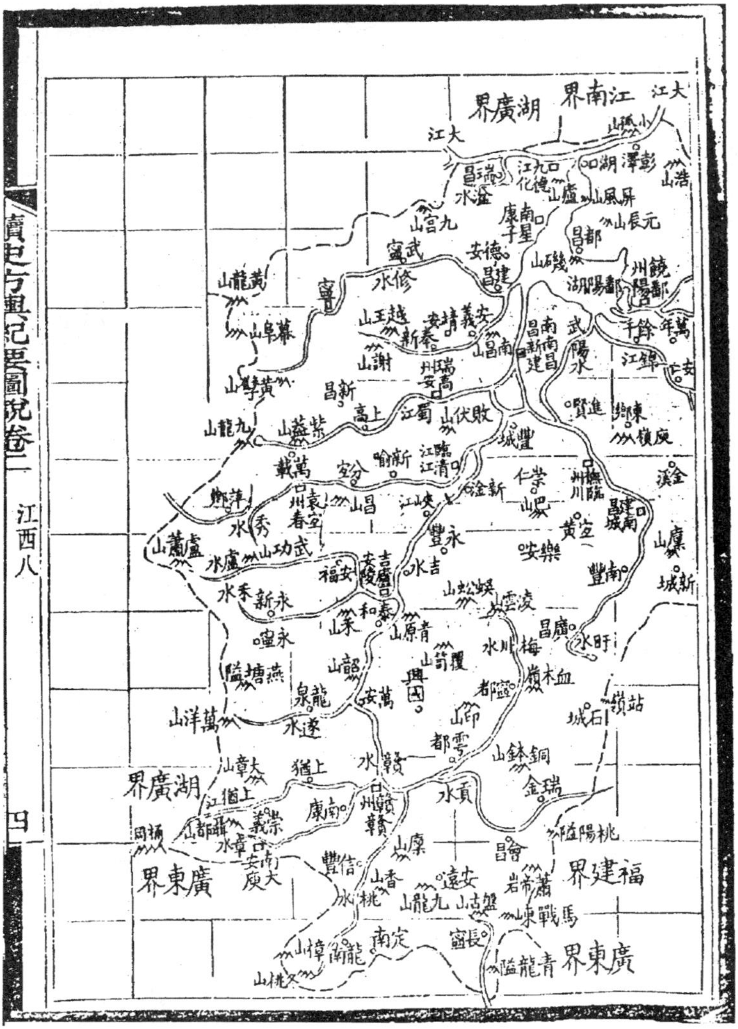
讀史方輿紀要圖說卷二
江西八
四
湖廣界
江南界
大江
彭澤
湖口
瑞昌
九江
德化
廬山
九宮山
南康
星子
都昌
武寧
德安
建昌
修水
黃龍山
饒州
鄱陽
鄱陽湖
幕阜山
安義
靖安
奉新
南昌
新建
萬年
餘干
安仁
瑞州
高安
新昌
上高
蜀江
進賢
東鄉
九龍山
紫蓋山
豐城
萬載
分宜
新喻
臨江
清江
崇仁
撫州
臨川
金溪
袁州
宜春
峽江
新淦
巴山
南城
秀水
武功山
永豐
宜黃
樂安
吉水
安福
吉安
廬陵
南豐
新城
永新
泰和
凌雲山
永寧
青原山
廣昌
旴水
龍泉
興國
寧都
萬安
萬洋山
遂水
石城
雩都
大章山
上猶
贛水
湖廣界
上猶江
南康
贛州
貢水
瑞金
崇義
章水
南安
大庾
會昌
廣東界
信豐
安遠
福建界
桃水
九龍山
盤古山
長寧
定南
龍南
廣東界
青龍隘

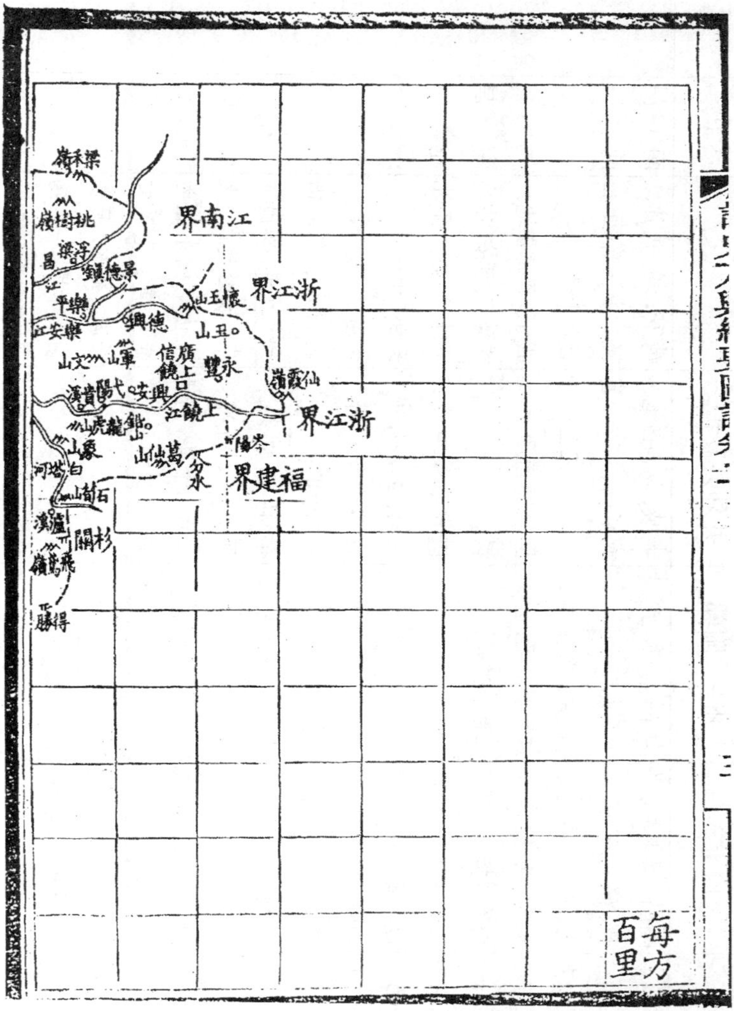
江南界
浙江界
浙江界
福建界
景德鎮
浮梁
樂平
德興
懷玉山
廣信
上饒
永豐
仙霞嶺
弋陽
貴溪
興安
上饒江
鉛山
龍虎山
葛仙山
分水
象山
白塔河
杉關
得勝
每方百里

道	五	府十三	州一　附郭	并外县七十三		卫	所
南昌道，	巡抚，巡按。西湖南平江界四百九十里，至京师四千一百七十五里。	南昌，汉豫章，洪州、隆兴府。烦，上。州一，县七。米五十万石零。南昌控扼江、湖，三楚重辅，诚水道之都会也。 山险 鸡龙山，府西南，盘旋竦秀，下枕大江，为一方之望。几山，府东北百四十里，屹立鄱阳湖中，峰峦高秀。吉州山，府北	南昌，见上。五百九十三里。 新建，晋宜丰，或西昌。冗，上。二百十四里。	丰城，汉南昌地，或富城、广丰、富州。冲。三百九十里。府南百六十里。 进贤，晋钟陵，或镇。盗，刁，中。百四十里。府东百二十里。 奉新，新吴。冗，上，陆冲。二百八十里。府西百二十里。	靖安，场。民贫，简，中。府西北百六十里。 武宁。汉海昏地，或豫宁、西安。中。五十四里。府北三百二十里。 水道 武扬水，府东南三十五里，源出南丰，流经建昌，支流达丰城东北为武阳渡，北入宫亭湖。蜀水，府西南六十里，一名筠河，自瑞州高安县	南昌前， 南昌左。	

		百八十里，居民数十家，相传秦时移此。百丈山，奉新西百四十里，冯水倒出，飞下千尺，故名，又其势出群山，亦名大雄山。葛仙山，靖安西北四十里，四面险阻，人迹罕到。登高山，奉新治北，一名龙山，其顶平坦。旌阳山，宁州东，隔水，山势壁立，横截水口，上有旌阳观。	宁州。汉艾县，或武宁。僻。八十七里。府西三百六十里。米二万石。 附考 艾城，宁州西百里。 太祖曰：南昌衿江带河，控荆引楚。		东流入南昌境，与章江合，当即瑞州之蜀江。修水，宁州西六十里，源出幕阜山，东流六七百里入彭蠡湖，以其流长而远达章江，故名。		

	东南昌新建界五十五里，西袁州万载界百八十里。	瑞州，汉建城县，或靖州、筠州、高安郡。奸顽，讼，中。县三。米二十二万五千石零。 府境山川环绕，森列郡中，为襟要地。 有旌阳观。	高安，或华阳、云棚。烦，上。二百八十六里。 山险 凤岭山，府西北十里，唐应智项屯兵处，岭势峭拔，望之如凤。败伏山，府南百里，陈武帝破贼于此。蒙山，上高南三十五里，上有多宝峰及上、下两洞。末山，上高西六十里，东	上高，上高镇。僻，中。百六十七里。府西南百里。 黄冈山，新昌西八十里，山势竦秀。又县西北九十里有八叠山，县东北七十里有北岭，形如屏幛，县北六十里有西岭。	新昌。或盐步镇、康乐县。僻，刁悍，中。百三十三里。府西百二十里。 水道 蜀江，源出袁州万载县龙河渡，流至上高凌江，合新昌滕江，历郡城而东，汇于南昌之象牙潭而入章江。 华阳水，府西南百里，源出新喻界，流入蜀江。		

			与九峰山相连。	盐溪，源出宁州，径新昌凌江口入上高，东流合蜀江。			
湖东道，	分巡佥事。 东浙江衢州府玉山县界百二十里，南福建建宁府崇安界百六十里。	**广信**，信州、上饶郡。民淳，讼，简，中。县七。米十三万三千石。 府当吴、楚、闽、越之交，为要冲之会。 山险 灵山，府西北八十里，山有七十二峰，岩石高峻。龟峰，弋阳南二十五里，有三十二峰，	**上饶**，汉鄱阳地。颇淳，烦，上。百十二里。 龙虎山，贵溪西南八十里，山峰峭拔对峙，如龙昂虎踞，即张真人所居也。铅山，铅山县西南七里，产铜、铅。仙岩，贵溪南，去龙虎山二里，峰峦削立，高出云表，有二十四岩，皆嵌空灵异。鬼	**玉山**，隋信安，须江。冲，烦，上。五十九里。府东百里。 **弋阳**，葛阳。烦，上。七十四里。府西北二十里。 **贵溪**，汉馀汗地。刁顽，烦，上。二百十二里。府西北九十里。	**铅山**，铅山场，或为州。冲，烦，上，近淳。五十七里。府南八十里。 **永丰**，本上饶地。盗，僻，简，下。六十七里。府东南四十里。 **兴安**。嘉靖中置，本上饶、弋阳、贵溪地。二十里。		广信，铅山。

		植如笋，峭不可攀，中有一峰如龟，又有蜃楼吐纳云气，可验晴雨。宝峰山，弋阳南三十五里。	谷洞，贵溪南八十里鬼谷山中，可容千馀人，入者必以烛。水帘洞，贵溪南八十里，可容千人，洞口泉水悬崖而下。	水道 上饶江，府城北，上流会诸溪，下经弋阳、贵溪流入饶州府境。葛溪，弋阳东七十里，源出灵山，下流入饶州府。弋阳江，源亦出灵山，经弋阳县，亦名弋溪，合葛溪入贵溪县南之芗溪，亦曰贵溪，下流入饶州府。	府西八十里。 信义港，弋阳东二十五里，源出福建邵武府，下流入葛溪，其旁土地膏沃，人多信义，因名。永丰溪，出福建建宁府界，经永丰下流合玉山东五里之玉溪，入上饶境。		

	东福建邵武府光泽县界二百十里。	**建昌**，汉南城县，或建武军。险，上上。县四。米十一万石。 府咽喉五岭，襟带三吴，山清水秀，为江表之望。 山险 麻姑山，府南十里，涧谷幽胜。剑山，府东八十里，高数百仞，有数百峰。日山，新城治西，隔溪，形势峭拔，其顶有井，深不可测，乡人称为	**南城**，或临川郡，又东兴、南丰、永城县。淳，上。二百五十里。 水道 盱江，源出广昌南百二十里血木岭，流六十里为盱水，又二十里为巴溪，又十五里为小勋溪，又七十里至广昌县前，又三十里入南丰境，东北流百馀里，至府城东南会新城县飞猿水，又东北流九十	**新城**，本南城地。淳，中上。七十八里。府东南九十里。 **南丰**，同上，或州。淳，简，中。百二十三里。府南百二十里。	**广昌**，宋置。简，粮轻，下。二十三里。府西南二百四十里。 **泸溪**。万历七年置，本南城县泸溪巡检司。		建昌。	

		日岫海门。东岩山，新城东四十里，岩石叠出排空，与日山相望。军山，南丰治南，吴芮攻南粤时驻此。金障山，南丰西南百里，盘百馀里，高十馀里。	里入抚州境。冰壶水，新城西四十里，源出福建太宁界，水之西有神山。				
	北南昌进贤界九十里，西吉安永丰界三百二十里。	**抚州**，吴临川郡，或昭武军。烦，颇难，上中。县六。米三十一万石零。	**临川**，临汝、西平、西丰、定川。讼，烦。四百四十里。 水道 汝水，其源接盱江，流经金谿南，	**崇仁**，新建、巴山。僻简，上中。二百二十四里。府西百二十里。 **金谿**，本上幕镇。僻，烦，中。二百八十三里。府东南百十里。	**乐安**，兴平、巴山。二百十六里，府西南二百四十里。 **东乡**。正德八年置，简，僻，下。二百二十一里。府东七十里。		抚州。

		府界江湖之表，襟闽、粤之疆，称形胜地。 山险 罗山，崇仁西，跨抚、洪、吉之境。旨山，府西南。石门山，府南，两峰如门，垂流数丈，有石可坐千人。	曲折行百馀里，东流合豫章水，其上流之分派，白千金陂西南至郡城东，抱城而北，合崇仁、宜黄二县溪水流至南昌界，合豫章水入鄱阳湖。鳌溪水，出崇仁南百里之芙蓉山，东流至乐安治南，又西流而入赣水。	宜黄，吴置。僻，刁，中。六十五里。府西南百十里。			

湖西道，	分巡佥事。南赣州赣县界二百八十里，北临江新淦界百四十里。	**吉安**，汉庐陵郡，后安成、吉州。县九。米四十万石。府咽喉荆、楚，赣江上游。 山险 螺山，府北十里，下临赣江，与府南十里神冈相对。香城山，府南四十里，中有一峰尤奇秀。青原山，府东南十五里，旁有一径，萦洞而入。方田岭，府南百里，层峦叠嶂，宋文天祥为元兵追败处。	**庐陵**，石阳。讼，烦。六百三里。西平山，万安东八十里，峻岩悬削，惟东面平坦，梁水出焉。秋山，永新西四十里，亦名禾山，有七十二峰，溪水出其中。绥原山，永新南四十里，其趾六十里。城头岭，太和西十里，上有狮子寨，下有蛟穴。圣岭，永丰南三十里，上有井，旧有土城，周数里。	**太和**，西昌，石城省入，或南平州。沿江，冲，烦，上。三百五十五里。府南八十里。 **吉水**，吉阳地。淳朴，沿江，冲，烦，上。四百二十一里。府北四十里。 **永丰**，吴阳城。僻居山谷，中，刁。三百二十五里。府东百二十里。 **安福**，汉安平，安成、平都，或颖州。烦，刁，中。二百十七里。府西百二十里。	**龙泉**，吴新兴，或泉江。僻居山谷，刁，中。六十七里。府西南二百七十里。 **万安**，晋遂兴，五云驿。冲，上。九十二里。府南百八十里。 **永新**，广兴。僻居山谷，刁。中。百八十三里。府西二百里。 **永宁**。本永新地。简，下。四十二里。府西二百八十里。		吉安，龙泉， 永新， 安福。

		郭山，永丰东八十里，连三县境，栈道崎岖，行七八里有平田数百顷。武功山，安福西百里，根盘八百馀里，跨吉、袁二郡，亦名葛仙峰。高峰山，安福西二百二十里，路峭险，人迹罕到，上有龙潭。钱塘山，龙泉东南六里，山壤沃衍，有径通南康。	水道 庐江，吉水南，源出永丰县，合上庐、中庐之水，西流为庐源，又西北流为庐陂，灌田数万顷，又北合县南之义昌水。恩江，永丰东南，合龙门江，经吉水入赣江。府境远近溪水，总达于赣江。	禾水，太和西五十里，一名旱禾江，萦流合永新江，又合安福江，至府南神冈山合赣江。泸水，安福城北，出县西二百二十里卢萧山，东流合县之王江，又东合毛停水，合禾水而入赣江。	附考 白石城，太和西南五里，陈杜僧明擒李迁仕处。相公坪，吉水北，彭玗作乱，置堡于此，可容数万人，仓库之迹尚存。牛羊寨，龙泉西，宋建炎时县令赵迪筑。张钦寨，吉水北九十里。张钦，杨吴将，与彭玗对垒之所也。		

		石含山，龙泉西百五十里，延袤数百里。蕉源山，万安东四十里，山形尖峭，树木森茂，产铁，一名东溪。					
	东南昌丰城界八十里，西袁州分宜界七十里。	**临江**，秦九江郡，宋临江军。讼，烦，冲，剧，上中。县四。米二十三万石。 府居四会之冲，而山川名胜，尤称冠冕。 山险	**清江**，汉建成，或高安、萧滩镇。沿江，烦，上。二百五十三里。 小庐山，新淦东北六十里，周数百里，上有石池及石泉。玉笥山，新淦南六十里，峰峦岩	**新淦**，秦县，或巴丘。沿江，烦，上。二百二十五里。府南七十里。 **新喻**，或西吴州。僻，简，中。二百六十七里。府西百二十里。	**峡江**。嘉靖五年置。百八十里。新淦南八十里之峡江镇。 蛇溪，在府东，源自临江镇之下五里，分江水为溪，五十里至蛇溪复与江合流。		

		阁皂山，府东六十里，形如閤，色如皂。府西三十五里有栖梧山，亦名胜处也。	谷，极为幽胜。铜山，新喻西二十里，旧有铜矿。蒙山，新喻北七十里，巉岩奇秀，高插云汉。其相连又有宝珠岭。仰天冈，新喻西北十五里，高耸数千仞。	水道 袁江，源出袁州府，流合渝水入府南十里之清江。淦水，府南三十里，经府东之紫淦山入清江。泥江水，一名泥溪，在新淦南，源出抚州乐安，流二百里入清江。	萧水，源出栖梧山，经府西十里至南昌境入江。府境诸水大小悉达清江。		
	西湖广长沙醴陵界二百四十里，东临	袁州，宜春郡。县四。米二十一万石。 府山川回合，称江右奥区。	宜春，汉县，晋宜阳。民淳，简，中。百四十八里。	分宜，本宜春地。淳，简，下。百十九里。府东八十里。	万载。汉建城地，或阳乐、康乐。僻，中，刁。百四里。府北八十里。	袁州。	

江新喻界百五十里。	山险 震山，府东二十里，一名马鞍山，下有岩，幽冥深险。石屋山，府西北二十里，洞深百馀丈。蟠龙山，府南二十里，自大路至山顶凡三十六曲，上有寺，四面峭拔。仰山，府南六十里，周数百里，高万仞，可仰不可登，因名。其南十里有木平山，高秀相似。石门山，府南六十里，	昌山，分宜西二十里，崇山对峙，下瞰秀江，中有巨石，横流湍激，又名昌山。峡钟山，分宜东十里，有石临江，亦名钟山峡。九疑山，萍乡东七十里，连带九峰，一名仙鹤岭。武功山，萍乡东百二十里，宋赵房平洞寇于此，因名。见吉安府。大军岭，府西北九十里，世传为隋末战	萍乡，本宜春析置。山阻。百二十里。府西百四十里。 水道 秀江，府北，源发武功山，流经府西十五里为稠江，至此为秀江，下经分宜入临江境合章江。龙江，万载北五里，源出县西百二十里为金钟湖，下流入瑞州境。罗霄水，源出萍乡东南四十里罗霄山，分二派，西流入醴陵境，东			

		石峭如壁，中有小径通。	场。圣冈岭，萍乡东五十里，众山逶迤，望之苍翠，晋甘卓筑垒其上。万胜冈，府东五里，相传柴再用败刘景崇处。	流即秀江也。			
九江道，	兵备副使。东浙江开化界三百七十里，北南直池州建德界百七十	**饶州**，秦鄱阳县，或吴州、永平军。讼，刁，烦，上。县七。米二十一万三千石。府据大江上流，广谷大川，号为吴、楚重地，肥饶多湖	**鄱阳**，汉置。冲，烦，上，多湖。三百二十一里。	**馀干**，古干越，汉馀汗。多盗，冲，中。百五十四里。府南百二十里。**乐平**，乐安地。多盗，冲，讼，阻山。二百四十里。府东百二十里。	**德兴**，本乐平地。僻山谷中。七十二里。府东百四十里。**安仁**，晋晋兴。冲，近淳，上。八十二里。府南二百十里。		**饶州**。

	里，西南康都昌界百六十里。	泽，而鄱阳其最也。 山险 郭璞山，在府东和南乡，盘亘五十里，崇高百仞，峰峦峭拔，高出群山。万春山，馀干东七十里，二峰峭拔，中有天池。康郎山，馀干西北八十里，滨鄱阳湖，一名抗浪山，即明初与陈友谅战处。	石城山，乐平东南六十里，仙人城，怪石萦结十馀里，中有崆洞。军山，乐平东六十里，山势崇高，唐末乡兵保此捍寇。文山，乐平东南七十里，山石磅礴，亘连广信、弋阳、贵溪县，多幽险，今设官镇之。凤游山，乐平东北八十里，山势磅礴，为徽、饶间巨镇。九英山，浮梁南五十里，宁毂据此以拒	浮梁，唐新平、新昌。上。百十四里。府东百八十里。 水道 鄱江，府南，会德兴、浮梁及徽州、广信诸水，流经城南，环城至西北复分为二，入鄱阳湖，亦名双港水。乐安江，出徽州，经德兴会诸水入鄱江。锦江，一名安仁港，源出广信，经安仁下流，	万年。正德七年置。下。六十四里。府东南百二十里。 昌江，浮梁南，西流会诸溪经此下入鄱江。康郎湖，馀干西七十里，即鄱阳湖，流经德兴入乐安江。白塔江，安仁东，源出广信龙虎山及抚州金谿县，合流入锦江。大谿，德兴北二十里，源出徽州婺源县，流至县		

		黄巢。大茅山，德兴东南，千峰万嶂，深林幽远，为一邑之冠。	经馀干入鄱江。东湖，府东，一名督军湖，相传吴芮习水战处。	境会诸溪水，下流入乐安江。			
	鄱湖 守备。 东饶州鄱阳界二百里，西九江德安界六十里。	**南康**，南康军。负山滨湖，地窄田少，事简，中下。县四。米七万石零。 府境控五岭而压三吴，汇岷江而潴彭泽，匡庐奇秀，复甲天下。 山险	**星子**，汉彭泽县地。下，僻，民贫。二十八里。 山险 长山，建昌西南五十里，与龙安山相峙，李成军于龙安山北，岳飞屯此，望其阵势，遂邀之于楼子庄。	**都昌**，唐县。地窄民贫，下。五十九里。府东百二十里。 **建昌**，汉海丰地。地恶人强，下。八十四里。府西南百三十里。 水道 落星湖，彭蠡湖	**安义**。正德十一年置。僻，下。四十六里。府西南二百二十五里。		

		庐山，府西北二十里，古名南障，其山叠嶂九层，崇峰九仞，周二百五十里，上有凌霄、狮子诸岩，皆奇秀，盖南方巨镇。白鹿洞、栖贤谷在庐山五老峰下。	回城山，建昌西五十里，中有高峰，俄然如城郭。城门山，建昌西八十里，山形对峙，远望如城门，中有龙泉，溉田甚广。兆州山，建昌西南二百十里，岸巘磊落，其形如兆，下多良田。又建昌西南三十里有云山，山迂回峻极，常出云，故名。	西北，湖有小山，相传星坠水所化，陈王僧辩破侯景于落星湾，又隆佑太后过落星寺，舟覆，宫人多溺此处。修水，建昌治南，源出宁州幕阜山。已见南昌。			

钞关主事，兵备副使兼管安庆。西湖广武昌兴国州界二百里，东南直隶池州东流界三百里。	**九江**，秦九江郡，或浔阳、江州、湓城、奉化、定江军。负山，沿江，民贫土瘠，淳奸相半，讼多粮少，水陆冲，上中。县五。米十万石。府面名山，背大川，为吴、楚咽喉，据江湖津要，湓城形胜，古为烈焉。若夫彭蠡逼近大江，固亦东西之冲也。	**德化**，或柴桑、汝南、彭蠡县、浔阳、湓城。裁，十六里。 山险 龙门山，府西南五十里，与骆驼山对峙如门。瑞昌西有清湓山，出湓水，经此二山入大江。大孤山，府东南，与建昌分界，四面洪涛，屹然独耸。又有小孤山，在彭泽北。博阳山，德安南二十里，古文以为敷浅	**德安**，汉历陵，或蒲塘场。简，下。十八里。府南百五十里。 **瑞昌**，吴赤乌。简，下。十三里。府西九十里。 马当山，彭泽东北四十里。象马形，横枕大江，风撼浪，舟船艰阻，昔人谓山水之险，此为第一。 水道 龙开河，府城西，	**湖口**，旧为镇。简，冲，下。十七里。府东六十里。 **彭泽**。旧名，隋龙城，唐浩州。简，冲。十八里。府东百里。 志云：县西据彭泽，北湾海门，前控文笔之峰，后绕小孤之水，环连形势，江右咽喉之邑也。	**九江**。隶南京前府。

			原，根盘三十里，奇峰叠秀，为一邑重镇。石门山，湖口治南，两岸对耸，形如门阙，当双石间，长流数丈。其相连有石钟山、幞头山，皆秀拔。	源自瑞昌湓乡东，由大江逆泛为鹤问湖，便于舟楫，相传龙所开也。			
岭北道。	提督军务，兵备副使。东福建汀州界四百六	赣州，晋南康郡，隋虔州，昭信军。瘴，山险多盗，讼，烦，冲甚。县十。米七万石。	赣县，汉名。淳，简，上。百十二里。水道虔化水，宁都境内，旧虔州以	雩都，汉名。田少，地窄民贫，下，刁。十五里。府东百五十里。信丰，汉南野	宁都，吴新都，又虔化。上。百十七里。府东北三百六十里。瑞金，象湖镇。	赣州。	信丰，

	十里，南韶州界五百二十五里。	府广川长谷，关键江湖，岭海之枢，称形胜焉。 山险 贺兰山，府西北隅，其右隆阜突起，旧名文笔峰，其左绵亘为自家岭。崆峒山，府南六十里，章、贡二水夹此以北驰，为郡之镇山。记云：其顶有湖，湖有鳊鳢底，人动之风雨立至。凌云山，宁都北二百里，高	此为名。宁都水，出宁都，会散水、篔筜、曲阳、黄沙、长乐五水，经雩县入贡水。绵水有二，一出汀州白头岭，一出瑞金陈石山，合流于瑞金东南入贡水。廉水，出安远，会乌林岭、紫欣山、上林等水，流至会昌境入贡水。潋水，兴国东北，一名平川，亦合黄田诸水入赣。	地。裁，简，淳，中下。六里。府东南七十五里。 **兴国**，潋江镇。中，刁。七十七里。府东北百八十里。 **会昌**，旧为镇。贼盗，裁，中。六里半。府东二百里。 **安远**，本雩都地。巢贼盗，裁，简。五里。府南三百四十里。 定南，本龙南、安远、信丰三县地，	裁，简，下。八里。府东三百八十里。 **龙南**，唐百丈及虔南镇。下。五里。府南四百十里。 **石城**，石城场。山多，耸屿如城。裁，简，下。九里。府东北六百四十里。 **长宁**。本安远、会昌二县地，万历四年置。四里。府东南三百四十里。		会昌。

		万丈。香山，信丰南七十里，有九十九峰。犹山，信丰西百二十里，山分九十九面。归美山，龙南南三百里，左右高耸如关，一名神仙山。	三江水，龙南治后，乃桃水、渥水、廉水之会，流经信丰入赣水。	万历六年置。四里。府东南九十七里。			
	东赣州赣县界二百十里，南广东南雄保昌界二十里。	南安，本赣地，宋南安军。炎瘴，烦杂，讼野，粮少。或名横浦。县四。米二万石。 府居江西上游，为交、广咽喉，湖、	大庾，或镇。裁，冲，简，中。十六里。 羊岭山，南康北三百里，西连莲花山，峰岩泉石，亦极高耸。书柜山，	南康，本名南安。冲，刁，中，难治。三十一里。府东北百六十里。 上犹，或南安。负山多盗，裁，下。六里。府东北二十里。	崇义。本定南、南康、上犹三县地，新裁，正德十四年置。下。七里。		南安。

		湘襟带，溪谷深险，驿送往来，盖重地也。 山险 东山，府东，隔江一里，山势特起。縠山，府东，高千丈，上有池。金莲山，府北三里。西华山，府西三里，诸峰连亘。南原山，府西北，四面陡绝，飞瀑百丈，下有龙湫，深不可测。南台山，南康南五里，上有岩可	上犹西八十里，形如书柜，一名大傅山，出美材。天柱峰，府东北四里，北有双秀峰，皆挺拔。齐云峰，上犹西百五十里。大庾岭，府西南二十五里，磅礴高耸，南接南雄。初岭路险阻，唐张九龄开凿新路，两壁峭立，中平坦，上多梅，亦名梅岭，亦名梅关，官兵守之。犹石障，上犹	水道 南江，府南门外，亦名聂都水，经城南迤逦入章江，一名横江，亦名横浦。南野水，南康治西，一名挑水，下流合莲塘水入章江。县前水，上犹治东，源自县西，会北胜水、横水、礼信水、料水、稍水，流经县前，下入南野水。九十九曲水，源发上犹东北四十里，西南流合县前水			

		容千人。昼锦山，南康西北百里，高十馀丈，盘亘三十里。云主山，南康南百六十里，高数百丈，形如飞骑，亦名马山，上有仙岩、仙池。	西北二十里，耸拔中峙，众山环拱，顶有深池。	入章江，其湾九十九曲，故名。			

湖广第九

按湖广居八省之中，地方广大，山川险固，为南北之要会，自古称雄武焉。中原有事，必争之地也。是故襄、邓其头颅也，黄、蕲其肘腋也，江陵其腰腹也，保商、陕者存乎郧阳，跨南粤者在于郴、桂，捍云、贵者重在辰、沅，而大江制东西之命，五溪成指臂之形，三楚大略，盖有可言者焉。志称长沙、岳州之际，恒多水患，永州、宝庆之间，类苦苗夷，而永顺、保靖诸蛮，尝忧搆衅，则时异世殊，吾未遑深论也。

湖广古荆州地，汉置荆州部刺史，唐初领以山南道，后增置山南东道，宋荆湖南、北二路及京西南路，元置省及江南湖北等道，今为湖广等处承宣布政使司，治武昌。左右布政二，左右参政四，左右参议五，领府十五，属州十六，县一百零六。总为里三千四百七十六里半，旧户五十三万一千六百八十六，口四百五十二万五千五百九十。夏秋二税共米麦豆芝麻二百十六万七千五百九十九石，绢二万七千九百七十七匹，布七百五十四匹，钞一百七十五贯。

湖广都指挥使司，隶前军都督府。都指挥三，掌印一，佥书二。领卫二十六，属所一百三十三，宣抚司四，安抚司九，长官司十，蛮夷长官司五。守御千户所二十六，宣慰司二。属长官司八。又郧阳行都司领卫七，属所三十。守御千户所八。本都司所属旧有马步官军舍馀七万一千六百馀员名。留守司一，仪卫司十一。

提刑按察使司，按察使一，副使十三，常镇一，池太一，兵备二，抚民一，提学一。佥事六，分道七。

巡抚都御史一，驻武昌。提督一，提督军务兼抚治都御史一，驻郧阳。平蛮将军总兵一，巡按监察御史一，或清军一。驻武昌。

王府：八。楚府，高六，封武昌，护卫一。郡，十三：巴陵，永安，寿昌，崇阳，通山，通城，景陵，岳阳，江夏，东安，太冶，保康，武冈。辽府，高五，封广宁，徙荆州，二千石。郡，十九：兴山，潜山，宜都，松滋，益阳，沅陵，湘阴，衡阳，应山，宜城，枝江，长垣，麻阳，衡山，蕲水，长阳，光泽，广元，句容。岷府，高十八，封岷州，改云南，徙武冈，千五百石。郡，十四：镇南，南渭，江川，黎山，安昌，沙阳，唐年，江陵，南丰，善化，建德，汉川，长寿，遂安。襄府，仁五，封长沙，改襄阳，护卫一。郡，四：枣阳，阳山，镇宁，光化。荆府，仁六，封建昌，改蕲州，护卫一。郡，六：都昌，都梁，樊山，富顺，永新，永定。吉府，英八，封长沙。郡，一：光化。荣府，宪十二，封常德。郡，五：福宁，惠安，永春，富城，贵溪。华阳，蜀献澧州。南渭，岷庄六，永州。景府，肃二，封德安，国绝。

湖广舆图 补注

一、汉江，由汉中府流经郧阳，至均州光化，过襄阳北，又东南经宜城入承天西，其上至襄阳七百里，下至沔阳亦六七百里，去荆门东九十里名沧江，过潜江名沔，自沔阳入汉阳，至大别山入江，所谓汉口也。

一、大江，自四川夔州流入荆州之归州、夷陵、宜都及公安、石首，东经岳州，西下流合洞庭诸水，至临湘入武昌嘉鱼境，过府西及汉阳东南，又北为烟波湾，流四十里，至黄州而东，过蕲水，入江西，谓之九江。

一、武水出临武之西山，下经县南，东流至郴州宜章县，合大、小二章，入广东韶州界。

一、湘水，源出广西兴安县海阳山，流经永州北，去城十里，至湘口，潇水合流，经衡州东北入长沙，环城而下入洞庭。志曰：水自海阳山西北流，至分水岭为二流，流而南者曰漓，流而北者曰湘，有灌水会焉，在永州合潇水曰潇湘，在衡阳合蒸水曰蒸湘，在沅江合流曰沅湘，会四水以达洞庭。

一、耒水，出桂阳县南五里之耒山，西流合资阳水，又北会郴水入衡阳，至耒口入湘。

一、舂水，出道州宁远之舂陵山，东流至蓝山界，东北至桂阳北会归水，北至常宁入湘。

一、清江，一名夷水，自绍庆发源，绕施州卫而东，入荆州长阳县南，至宜都合大江。

一、沅江，源出四川播州，经辰州西南，酉水、辰水皆入焉，流经常德南至龙阳北入洞庭。

一、资江有二，一出溆浦，一出新宁，至武冈合流东下，经宝庆，至益阳西南，过沅江入洞庭。

湖广舆图

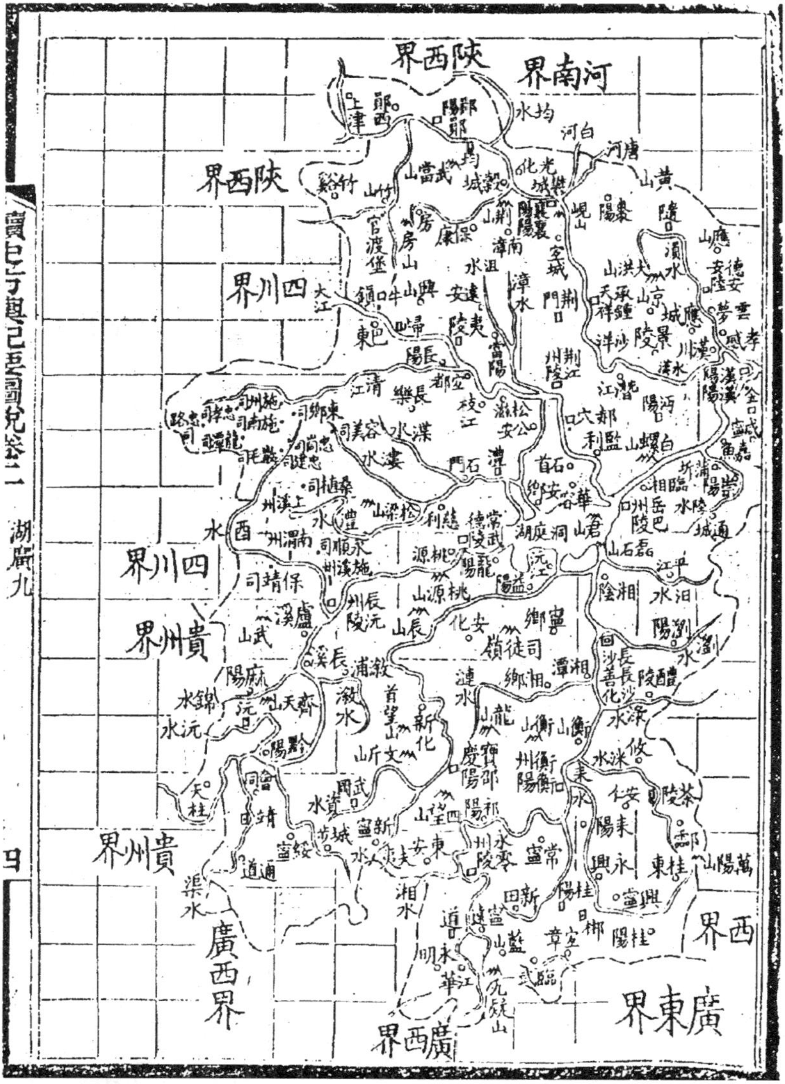
陝西界
河南界
陝西界
四川界
四川界
貴州界
貴州界
廣西界
廣西界
廣東界
西界
均水
白河
唐河
襄陽
荆門
長陽
清江
澧水
常德
武陵
洞庭湖
岳州
巴陵
長沙
湘陰
汨水
瀏陽
寶慶
衡州
衡陽
零陵
郴州
桂陽
沅陵
新化
湘水

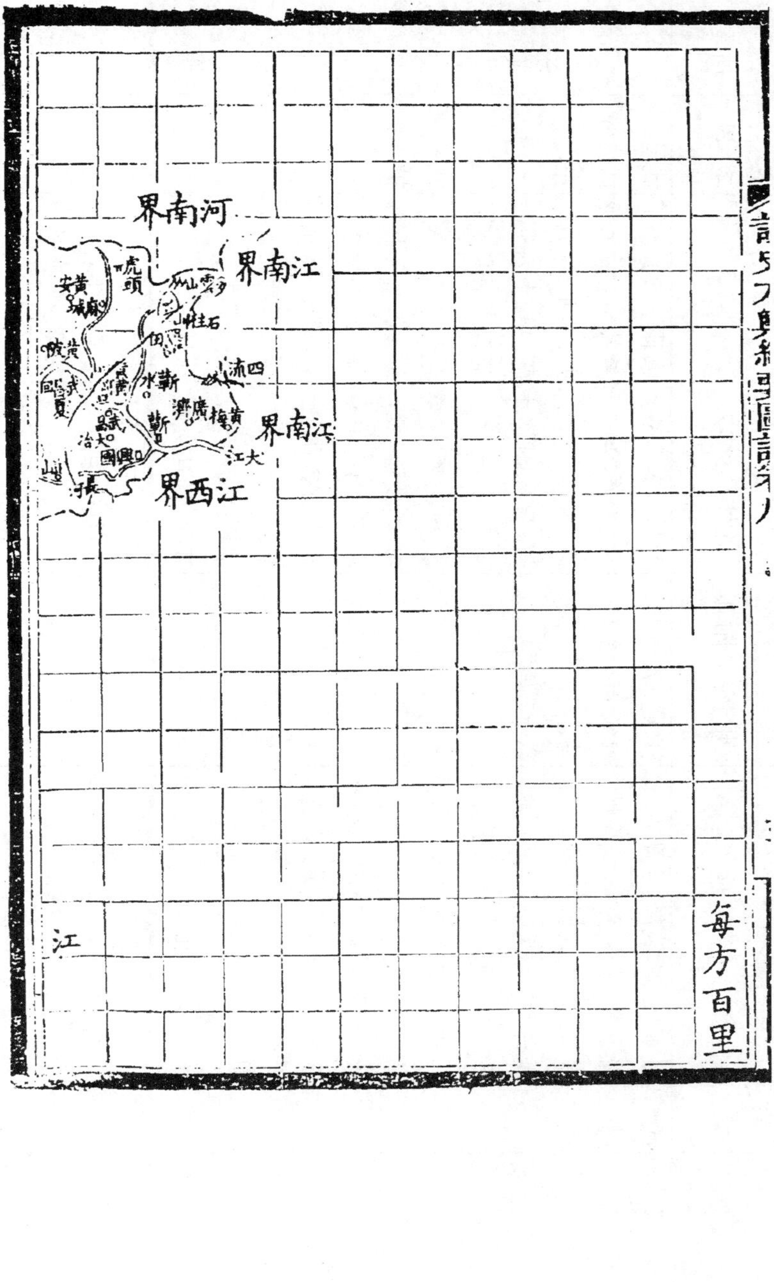

河南界
江南界
江南界
江西界
每方百里

道	七	府十五	州十六　附郭	并外县百零六		卫二十四　护卫二	所三十
武昌道，	巡抚，巡按。东江西瑞昌界五百二十里，至京师五千七百十里，至南京千七百十五里。	武昌，古夏汭，汉江夏郡，或郢州、北新州、武昌军，又路。淳，烦，冲。上。州一，县九。米十六万三百石零。 府东扼江、湖，襟带吴、楚，南通五岭，北连襄、汉，自古形要之区也。 山险 黄鹄山，亦名黄鹤山，府西南，旧因山为城，即今万人敌及子城也。	江夏，汉沙羡，或汝南、金口。冲，烦，淳，上。六十三里。	武昌，秦鄂县，或寿昌军、樊口。僻，中。三十九里。府东北百八十里。 嘉鱼，本沙羡地，或沙阳。裁，冲，下。十二里。府西南二百八十里。 蒲圻，亦沙羡地，官塘、陆口。烦，冲，中。二十里。府西南三百里。	崇阳，汉长沙下隽县地，后上隽州、唐年县。裁，简，中。十六里。府南四百二十五里。 通城。亦下隽地，或通城镇。裁，僻，下。十五里。府西南五百里。 水道 涂水，府南百里，一名金水，入江夏涂口，亦名金口。陆水，通城	武昌，武昌左， 武昌护。	

<table>
<tr>
<td rowspan="2">梁城山，府东北十六里，梁武筑城屯兵处。又东北有烽火山，亦梁末屯兵处也。大观山，府东南五十里，有千岩万壑之胜，亦名金华山。江夏山，府东南六十里，其山层叠，亦曰夹山。九曲岭，樊山西南，岭有九折。又其下有万松岭。
咸宁，本江夏地，唐永安镇。裁，简，中。十六里。府东南四百二十里。</td>
<td></td>
<td>咸宁，本江夏地，唐永安镇。裁，简，中。十六里。府东南西百二十里。</td>
<td rowspan="2">北，自巴陵历通城、崇阳境，北通蒲圻入江，即陆口，吴吕岱屯此，亦名隽水。樊溪，在樊山西，亦名樊港，控县南湖泽九十九，东为樊口入江。鹦武洲，府城西南大江中，尾直黄鹄矶下，有军浦，即黄盖屯兵处。峥嵘洲，武昌及黄州之交，乃刘毅破桓玄处，亦曰新生洲。夏口，在荆江中，正对沔口，又曰夏水之首</td>
</tr>
<tr>
<td>兴国，三国时阳新县，或富川及兴国军。四十六里。府西南三百八十里。米二万一百五十七石。
惊矶山，府东南九十二里，临江有石矶甚险。金城山，府东南二百里，吴将陆焕屯</td>
<td>大冶，本武昌地，唐大冶青山场院。僻，烦，中。九里。州西北百五十里。
通山。本永兴地。裁，颇险僻，简，中。六里。州西百八十里。</td>
</tr>
</table>

		铜盘堤，咸宁南六十里，有四门，各广三丈，古僚蛮保聚处也。赤壁山，府西南九十里，昔志谓在嘉鱼、蒲圻之西，与乌林相对，苏轼以黄州赤鼻山为是。按当日形胜，赤壁当樊口之上，又在江南而不在江北也。江、汉间赤壁有五，当以此为据。	兵处。樊山，武昌西四里，一名樊冈，下为樊口，产银、铜、铁。石门山，武昌东五里，两山夹道如门。百匹山，嘉鱼南，势绵延如百匹练。锡山，通城南二十里，产银、锡。幕阜山，通城东南五十里，周五百馀里，有水四出，东流入湘。白雉山，大冶北七十里，山南有铜矿，宋以来置铜场、钱监。	壶头山，崇阳东北六十里，如罂壶口，下有溪名桃花洞。龙泉山，崇阳西南六十里，周二百馀里，山有洞可容千百人，山南产茶。 附考 夏口城，府西黄鹄山，孙权筑此，对岸入沔津，故名。依山负险，坚不可攻。万人敌城，旧在黄鹄山顶。阳罗洑，府西北六十里。见黄州。	也。侯景据夏首，积兵屯粮于此。 关隘 鸡鸣关，武昌县内，即孙吴东宫之门也。华容镇，武昌西五十里。成山寨，咸宁西五里，周十馀里，可屯数千人，四壁峭拔，惟一径可入，宋末民保此，贼不敢窥。		

			西塞山，大冶东九十里，右连回山，山有风、水、云三洞。				
	东武昌府界隔江七里。	汉阳，古郧国，汉安陆，或沔阳、沔州、汉阳军。讼，中上。县二。米七万九千五百石。 府南枕蜀江，北带汉水，山倚大别，泽浸白湖，为荆、楚之重镇。	汉阳，或汉津。裁，湖多田少，冲，下。十九里。 临嶂山，府西六十里，名城头山，于下置郡县，南有乌林峰。香，炉山府西九十里，元主南	汉川。亦安陆地，又江州。湖多田少，冲，下。八里。府北百六十里。 水道 太白湖，府西南，周二百馀里，源出襄水，与汉江合流。沔水，府西南四十里，源出襄			武昌后，汉阳。 武昌右。汉阳。

		山险 大别，府东北，一名鲁山，三国及南北时必争地也，晋赋所云锁南楚之要冲，壮荆、鄂之形胜，俯江、汉之朝宗者也。湖盖山，府西北，形如盖，南临汉水，北接太湖。小军山，府南四十里，南又有大军山，皆吴、魏相持处也。	巡时驻此。 附考 甑城山，汉川西四十里，晋宋伺与李桓、杜曾相持处也。梁城，府城东北，梁邓元起筑于此守甑山。	水，经流自汉水，分绕汉阳县入江。滠水，自黄陂入汉阳，北与沦、索二水合流，南入江。吴王矶，府东北，吴、魏时以沔口为重镇，吴守此山为险，故名。烟波湾，府东北三十里。大江自岳州入本府境百五十里，转烟波湾，四十里入黄州界。			

东安庆宿松界五百十里。

黄州，古黄国，又邾县，汉西陵，又邾县地，或西阳国、齐安郡，又衡州、永安、黄州路。中。州一。县七。米二十五万二千石。

府前临大江，后连崇阜，据淮甸之上游，通中都之脉络。

山险

赤壁山，府西北，屹立江滨，截然如壁，而有赤色，故名。崎山，府北

黄冈，南安、巴州、弋州，木兰省入。冲，烦，中上。八十六里。

蕲州。亦蕲春地，或蕲阳，齐置罗州。民贫。六十里。府东三百十里。米二万八千一百四十五石。

蕲水，汉蕲春，或浠水、兰溪。讼，刁，中，烦，冲。七十六里。府东南百十里。

罗田，亦蕲春，或义州、义城郡、石城镇。多山，民野好讼。四十九里。府东百四十里。

广济，永宁。冲，中。五十三里。州东六十里。

麻城，汉西陵地，后信安、定州、阳城、亭州。刁。百三十里。府西北八十里。

黄陂。亦西陵地，或南司州。近湖，冲，中，刁。四十七里。府西三百四十里。

关隘

阳逻镇，府西百二十里，宋置堡于此，东接黄、蕲，西抵汉、沔，要害地也。宋夏贵守此，伯颜令阿砢溯流而西，从青山

黄州，

蕲州。

		百二十里，有大崎、小崎二山，为郡之胜。穆陵山，麻城西北八十里，有穆陵关。阴山，府西北，有阴山关。霸王山，麻城北十五里，项羽驻兵处。神山，蕲水西北二十里，孙权进兵赤壁时屯此。	州居江山之间，北接光、蔡，东峙潜、皖，占淮壖之上腴，为舟车之冲会。四流山，州北，山岭逶迤，有水南入蕲水县，北流入寿州霍山县，东流入安庆太湖县，西流入蕲水县，故名。龙平山，黄梅北二十里，亦名凤平山，宋戚方置寨于此。东冲山，广济东三十里，高处冲霄。积布山，广济	**黄梅**。新蔡、南晋州。冲，中。四十三里。州东百七十里。 水道 赤东湖，州北十里，有九十九滩。高岸河，在黄冈，自河南光山县发源，至麻城入长湖。又府境诸水多从河南来，麻城县前河、界河自光山流入，阎家河自固始流入，若黄陂之滠河则自罗山流入。	矶夜渡，南岸兵遂溃。赤壁镇，府城南门外。虎头关、黄土、木陵、白沙、大城等关，俱在麻城北。虎头形势最险，两山千仞，一水中流。黄土形势耸峭，与白沙、木陵山路峭险，委折而上。大城山势不甚高峻，而横斜盘绕。平湖关，罗田西，北抵黄冈界。		

			西百里，临大江，叠石壁立如积布然，亦名积布矶。	草埠潭河，黄冈西北发源，南流至黄陂三十六湾，通沔口。龙骧泉，黄陂南七十里，晋王濬屯军处也。 附考 夏隩，府西南二里，宋夏竦凿此以藏舟。			
荆西道，	兴都留守司。 西荆州江陵界二百二十里，北襄	**承天**，汉云杜县，后竟陵郡、石城、郢州、温州、长寿郡、富水郡。中。州二，县五。米十一万一千八百十	**钟祥**，南司州、安州、郢州。烦，冲，中。二十一里。	**京山**，安陆、新市、新阳、角陵、富水县。水陆冲，中。二十一里。府东百十里。	**潜江**。本江陵地，白洑、安远镇。烦，中。二十一里。府东百十里。 水道 撞河，源发随州，经京山东北境，下	**承天**，**显陵**，府城。	

阳宜城界百里。	石。嘉靖初以安陆州改。 府上接汉江，下临湘泽，水陆要冲，荆、吴都会也。若夫荆门一镇，实扼巴峡之咽喉，据郢、襄之腹背，其为形胜，莫与京焉。 山险 张良山，京山北八里，峰峦高峻，草木秀美，相传张良息兵处。屏风山，荆门治北，绝顶平衍，中有两泉。	**荆门**，汉临沮，或武宁、基州、长林、荆门军。六十四里。米三万二千九百石。府西南九十里。	**当阳**。汉县，或平州、漳川郡、玉州、麦城。僻，裁。五里。州西百二十里。	流至汉川入江。直江，荆门州东南百六十里，南流入潜江界以合沔水。沮江，当阳北，出房陵县，与漳水合流，通沱江，至枝江县入大江。漳江，当阳北，源出临沮，至当阳合沮水流入大江。潜江，潜江县，汉水循源而下，经本县界入大江，所云汉出为潜也。熨斗陂，当阳东北八十里，宋吴猎遏走马湖、熨斗陂之水西	**沔阳**。		
		沔阳。汉竟陵郡，或沔州、建兴。民贫，冗，中，冲。四十四里。府东南三百二十五里。米三万一千七十五石。	**景陵**。旧名，或霄城、复州。民强横，冲，烦，中。二十六里。州北二百十里。 关隘 塘港关，府南三十里。池河关，府西南十五里。虎牙关，荆门州西三里。候埠关，沔阳				

		当阳坂，当阳北百里，即昭烈败走处。内方山，荆门南百八十里。绿林，当阳东南百二十里。		东六十九里。范溉关，州北二十五里。	北置李公匮以陷戎马。		
	北河南信阳州界百八十里。	**德安**，古云梦，或安陆、南司州、安州、淮州，宣威、安远军。州一，县五。中上。米四万一千石零。 府北连汝、颍，南临沔、鄂，而随州因山据险，道路交错，古称都会云。	**安陆**，吉阳省入。淳，中，裁。八田	**云梦**，西陵、安陆二县地。裁，冲，下。八里。府南四十六里。 **应城**，古蒲骚，汉安陆地，或城阳、应阳。硗薄，中，裁，冲。九里。府南八十里。	**孝感**。孝昌，或岳山郡、滠州、汝南。烦，中下，刁。二十九里。府南百二十里。 水道 西河有二，一出河南信阳县，至孝感北合滠河入汉；一出随州大洪山，		**德安**，

	山险 大洪山，州西百二十里，崛起巉然，四面陡绝，顶有大湖，宋末寇乱避此者依山立寨，贼不能破。栲栳山，州西北二百里，跨南阳唐县境。九嵕山，亦名九宗，在孝感东北八十五里，环阜叠嶂，林木深杳。四望山，应山北百	随州。古随国，或随郡、并州、汉东郡、崇信军。山川险峡，中，淳，简。十八里。府西北百八十里。 随州岩山险隘，昔志谓自枣阳至方山九十九冈，有囊括之势，易入而难出焉。	应山。汉随县地，或永阳，应州。裁，简，中。十里。州东北三十里。 关隘 平靖关，应山北六十里。白雁关，应山北九十里。武阳关，应山东北百三十里。崎山镇，应城北二十五里。	流入应城界会襄水流至汉口入江。义河，在应城西北，上接安陆，下入汉阳张家河。淮水，府西北，源出府东之陪尾山，绕城西北，东流入汉。按府境诸水总汇入汉水。 附考 新市，在孝感。厉山，在随州北八十里。	随州。

		里，可周览四方。					
上荆南道，	抽分厂。西四川巫山界六百六十里。	**荆州**，楚郢都，秦南郡，汉临江，或新郡、江陵、南都、荆南、江陵路，又中兴路。州二，县十一。冗，中上。秋米十九万四千二百石。府东连吴、会，西通巴、蜀，南极湘潭，北接汉沔，山陵形胜，江川流	**江陵**，郢县，安兴省入。最冲。百二十五里。	**公安**，汉孱陵地，或南平郡。冲，中。三十二里。府东南七十里。**石首**，本华容地，建宁省入。烦，冲，中。三十一里。府东百八十里。**监利**，本华容地，玉沙省入。田低塌，烦，冲，中。三十二里。	**松滋**，汉高成地，上明、乐乡城。烦，冲，中。二十一里。府西南百二十里。**枝江**。古罗国，或长宁，澌洋洲、下沱市、流店。裁，下。八里。府西百八十里。	**荆州**，荆州右。	**枝江**，

通，允为上流重镇。		府东三百十里。			
山险 马鞍山，夷陵西北三十里，昭烈为陆逊所败，升马鞍山，陈兵自绕，即此也。黄牛山，即黄牛峡，夷陵西九十里。府北四十里有纪山，乃郡之主山也，西北与荆门、当阳诸山相接。	**夷陵**，古名临江郡，西陵、宜州、峡州。裁，烦，冲，中。七里。县三。米二千八十七石四斗。府西三百四十里。	**长阳**，汉佷山，睦州、清江、夷水。裁，僻，中下。三里。州南九十里。 **宜都**，汉夷道，或宜昌、江州、东松州。山多田少，裁，冲。四里半。州东南九十里。	**远安**。汉临沮，或高安。裁，僻，下。二里半。州东北二百里。 关隘 南津关，夷陵南一里。白虎关，夷陵东北六十里。古捍关，长阳南七十里，古佷山县地，楚肃王拒蜀处也。		夷陵，
石鼻山，夷陵州西北三十里，高五百馀仞，下临江	**归州**。古夔子国，丹阳、巴东郡、长宁、万流。简，淳，冲，中。	**兴山**，在高阳城东。裁，简，下。二里。州西北百里。	梅子八关，俱在长阳，四临江南，四临江北，元人设此		长宁。归州城。

流，中有巨石，横亘七十馀丈，如簰筏，亦名竹簰山，后周时移州治于此。荆门山，宜都西北五十里，在大江南，与江北虎牙相对，昔公孙述遣将依二山作浮桥拒汉兵，盖江流险绝处也。虎牙山，与荆门相对，形似虎牙，下有虎牙滩。将军山，长阳南，隔江，山势崇峻，崖石如带铠甲。

六里。府西五百二十五里。秋米一千九百二石五斗零。

石门山，在巴东北三十馀里，山有石径，深若重门，昭烈为陆逊所败，走此，追者甚急，乃烧铠断道得免。西陵峡，夷陵西北二十五里，峡长二里，层崖万仞，三峡之一也。又归州东有白狗、马肝、空舲等峡，皆极

巴东。汉巫县地，或归乡、信陵郡、乐乡县。中。九里半。州西九十里。

水道

鲁洑江，在监利治东南，即大马河，南通荆江，北入汉沔，鲁肃屯此，故名。清江，在长阳，一名夷水，源出旧施州开蛮界，经建始境入长阳，至宜都入大江，其流独清，故名。川江，松滋北，岷江

以备洞蛮，明朝改设二巡检司。

增考

寸金堤，府城龙山门外，五代倪福可所筑，激水捍蜀，以其寸寸坚厚，故名。宋吴猎尝分高沙、东浆之水由此堤外历南纪、楚望诸门东汇沙市，为南海。沙市，府东南十五里，相传楚故城也。

			险。叱滩，归州西三里，舟行至此多覆，名人鲊瓮。虎头、鹿角、狼尾三滩，俱在夷陵三峡中，乃最险处也。	至此分为三派，下流三十里，复合为一，达于江陵，入于大江。赤溪，夷陵西北二十里，陆抗讨步阐筑城处也，东合大江。			
	上江防兵备。 东武昌通城界二百里，西辰州沅陵界八百二十五里。	**岳州**，古三苗及罗国、麇国地，后建昌、巴陵、巴州、罗州、岳阳军、纯州、华容军。冲，冗，中。州一。县七。秋米十七万石零。	**巴陵**，本长沙郡下隽地。临江，冗，烦，冲，上。五十七里。	**临湘**，本巴陵地，或王朝场及县，赤亭、云溪。裁，冲，中。八里。府东北九十五里。	**平江**。秦罗县，或汉昌、吴昌、湘阴、昌江。刁，烦，上。五十里。府南二百四十里。 水道 三江，府城下，岷江为西江，澧江	**岳州**，	

		岳州襟山带江，而洞庭一湖，尤为要会，至其控扼百越，接连巴、蜀，则澧州固形胜之区也。 山险 巴丘山，府城南，鲁肃屯此。君山，府西南十五里洞庭湖中，亦名洞庭山，状如十二螺髻，岳飞讨杨么，伐君山木为筏，即此。九马觜山，在洞庭东岸，有九口觜，舟行多险。		华容，本孱陵地，或南安及南安郡、湘郡，又容城。中。二十二里。府西百八十里。	为中江，湘江为南江，皆会此，故名，亦名三江口，慕容延钊大破周保权于此。洞庭湖，府西南，沅、渐、潕、辰、叙、酉、澧、资、湘九水皆合此，故名九江。又九江，沅、资、湘最大，皆自南而入，荆江自北而过洞庭，潴其间，名五渚，六七月间岷、峨雪消，水暴涨，自荆江逆入洞庭，清流为之改色。		
			澧州。秦黔中地，或南平、天门等郡，又松州、澧阳郡、兰江。颇烦，上。三十里。府西百五十七里。秋米二万二百石。	石门，汉零阳地，或天门郡。裁，简，下。二十五里。州西九十里。 慈利，汉充县地，或溇中、临澧、崇义等县。中。五十八里。州西百六十五里。		永定，慈利西百八十里。 九谿，慈利北九十里。	澧州， 大庸，慈利西二百十五里。 添平，慈利北百五十里。

鹿角山，府南五十里，洞庭湖东，古屯戍之所。桃花洞，在慈利界，郭逵破彭仕义之处。城陵山，府西北十五里，蜀江西来，洞庭南注，合流于此，乃一郡水口山也。燕子洞，慈利东南二里，深广可坐千人，其后又有穴，极深邃。大云山，临湘东九十里，接连九十馀峰，云雾蒙其上。	幕阜山，平江北九十里，一名天岳，高千八百丈，周五百里，石崖壁立，顶有田数亩，东有温泉三穴，多岩壑之胜焉。宾郎洞，慈利茆冈寨之南，群蛮往来之境，径一穴而入，后有大门，过此皆猺境也。又有风洞、雷公洞，皆在慈利境。石牛山，平江东百里，山多岑石如牛。	安乡。亦孱陵地，或作唐县，南平、义阳郡治此，九溪、永定。冲，烦，中，裁。十里。州东南百二十五里。 关隘 九渊关，与三江口、闸口、野牛共四关，俱在九豁卫境。鱼洋隘，添平所西北五十里，与走避、细沙、遥望、鹞儿、中靖、磨冈、石磊、长梯、龙溪共十隘，有兵戍守。	青草湖，一名巴丘湖，北连洞庭，南接潇湘，东纳汨罗之水，夏秋水泛，与洞庭为一，涸则青草在焉。赤沙湖，洞庭西，夏秋水泛则合为洞庭，涸时惟赤沙耳。记云：洞庭南接青草，西连赤沙，七八百里，谓之三湖。滆湖，府东南五里，亦名渰湖，泛涸不时，华容河，华容北，杜预开此以通郴、桂之漕，北源江水，南	安福，慈利西北二百九十里。 麻寮。慈利北三百里。

龙窖山，临湘东南百里，跨临湘、通城、崇阳、蒲圻四境，上有龙湫，下有石门，山傜居之。东山，华容东十里，峰峦连亘百里，古松夹道，驿路经其中。鼓楼山，华容东南五十里，上有石室，下瞰洞庭，中可容数千人。昌江山，平江东南二里，鲁肃屯此，亦名鲁德山。连云山，平江南五十里，旧名纯

又有大寨石，大者可容万众，小者可容千人，上有井泉，可以避地。关山，澧州东十五里，以关锁水口而名。大浮山，澧州西南百三十五里，跨石门、武陵、桃源界，中多灵异。层山，石门东北三里，外望如一，山内有两层。天门山，慈利西南百八十里，古松梁山，有十六峰，最高者为天门，其东

靖安隘，麻寮千户境内，与山羊、九女、樱桃、曲溪、梅梓、栏刀、黄家、青山、宋所共十隘，有兵戍守。古楼寨，华容境内。台宜寨，石门境内。安福寨，慈利境内，与索口、西牛、武口、澧川凡五寨，皆宋置。赤亭城，华容西三十里，三面临水，极阻隘，梁胡僧祐破任约于此。

达洞庭。澧水，慈利之西，历山发源，流至石门，会渫水，又流入澧州城下，合涔、澹二水入洞庭。渫水，石门西百七十里，流经水南山、鲤鱼山，合阳泉、南溪水至县西四十里入澧水。溇水，在慈利县源出归州东，流至索溪，合四十八涧而

		山，峭拔万仞，云气常覆其上。永宁山，平江北六十里，四壁削成，履云梯飞栈而后可跻，其端沃衍可耕，断戈朽镞时出其上。	北有赤松山与之对峙。铜盘山，慈利境内，与连钱、石马为澧阳之险滩。道人矶，临湘南十五里大江滨，有崖石如道人，故名。中有二洲，南为黄金濑，北为黄金浦。彭城洲，府东北，于此画界，到彦之败处也。		为一，南至观嘉嵛会澧水。汨水，平江东百十里，源出江西宁县，至平江东南合纯、卢二水，又西南会昌水，下流合罗水，所云汨罗水也，西北入洞庭。		

下荆南道，	提督，抚治，行都指挥使司， 辖郧阳、九溪、永定并清浪、镇远、铜鼓、偏桥七处。 府西汉中平利界五百六十里，南襄阳均州界九十里。	郧阳，裁，简，减，土薄民淳，中上。县七。秋米一万二千四百石。 府东连汉沔，西接梁、洋，为宛、洛、楚、蜀之要冲焉。 山险 古塞山，府东南，战国时楚城以备秦，今名大寒山。龙门山，府南七十里，有二崖对峙如门，水从中流。锡义山，府境内，一名天心山，方圆百	郧阳，古锡穴，汉锡县、郧乡、南丰州。中。四十一里。 黎子山，府东百里，昔曾置关于此，名黎子关。筑山，竹山西五里，筑水所出，昭烈屯兵筑口，即此水口也。方城山，竹山东四十五里，上平坦，四面险固，山南有城，周十馀里，春秋庸地有四方城，此其一也。	房县，汉房陵，或新城郡、迁州、保康军。僻，下。十五里。府西南三百十里。 竹山，古庸城，或上庸、安城。裁，僻，山险，中。四十九里。府东南二百八十里。 上津，古商国，秦商县。裁，僻，下。八里。府西北四百八十里。 水道 堵水，出陕西平利界，经竹山县南，	郧西，下，山险。八里。府北二百九十里。 保康，下，山险。十里。府西北二百里。 竹谿。同上。九里。府西二百六十里。	郧阳。	房县， 竹山。

		里，形如城，四面有门，上有石坛，列仙所居处也。		东入汉。吉水，出上津西，源出鹘岭，过县西南百里入汉江，俗呼夹江。			
	抚民副使。东德安随州界二百十里，南承天荆门州界百八十里。	**襄阳**，秦南阳地，后荆州治此，或南雍州、襄州、山南道、忠义军。州一，县六。秋米六万三千七百石。次冲，上。府外控关、洛，内连江、汉，山川深固，南北之冲，	**襄阳**，临汉江，烦。三十五里。	**宜城**，楚鄢县，秦邓县，或率道，汉南省入。裁，颇冲，中。十七里。府东南百三十里。**南漳**，汉临沮地，或重阳、沮州、思安，中庐省入。简，下。三十五里。府东北百四十里。	**穀城**，古穀国，汉筑阳或义城、酂州、洛阳城。裁，烦，冲，冗，上。四十八里。府西百八十里。**光化**。古穀国，汉阴、酂二县地，或阴城、乾德、光化军。中。三十七里。府西北百八十	**襄阳**，襄阳护。	**襄阳**，

分守太和山参议。	而水陆之会也。 山险 虎头山，府南五里，元阿术登此指汉东白河口曰：若筑垒于此，襄阳粮道可断也。遂筑鹿门、新城诸堡。岘山，府南七里，即羊祜登处。百丈山，府南三十里，元兵逼襄阳，来兴国以百船侵百丈山，即此。太和山，均州南百二十里，山有二十七峰，三十六岩，	**均州**。汉武当县，或始平、齐兴郡、兴州、武当郡及军。山僻，中，裁。二十九里。府西北三百九十里。秋米五千四百八十六石。 山险 老鸦山，南漳南五十里，上接文阳洞，下接三泉山，周四百馀里，洞险峻幽深，人不能上。八叠山，南漳西六十里，司马懿凿山开道，屈曲八	**枣阳**，汉蔡阳，或南荆州、昌州、广昌、春陵郡。僻，下。四十五里。府东北百四十里。 荆山，南漳西北八十里，三面险绝，惟西南一隅通人径。《山海经》云：其阳产铁，其阴多赤金。顶有池，旁有石室，相传卞和宅也。	里。水险 白河，府东北，源出南阳邓州界，枣阳西南之滚河、光化东南之泌河，皆合此同入汉。蛮河，发源房县界，经南漳，清凉河入焉，至宜城西南六十里入汉江，亦名夷水。襄水，府西北，源出府北七里之柳子山，北流为檀溪，南流为襄水，又名涑水。		**均州**。

		十四涧，五台，五井，三泉，三潭，初名仙室，又名太岳，中有最高峰曰天柱，曰紫霄，即武当山也。牛头山，州东北五十里，山高险，曾于此置关，因上有石如油瓶，名油瓶关。四望山，南漳南三十里，东望襄阳，西望房县，南望荆州，北望穀城，皆见，亦名大府。	叠，故名。鸡头山，南漳西百八十里，北临漳水，一名临漳。	资山，枣阳东南六十里，上深邃阔远，可以耕种，修篁大木，环山之民资焉，故名。赤眉山，枣阳东北八十里，赤眉尝经此山，地名北寨。穀城山，穀城县西十里，上有石城。九十九冈，枣阳东，宋邢居实诗：岐路剧羊肠，重冈九十九。	附考 樊城，在府城北。邓城，府城东北二十里，元攻襄阳，于其旁筑牛首等十城，据津要以绝其援，今城址犹在。南漳县南有荆山，《禹贡》所云北据荆山者也。		

湖北道，	南长沙安化界百二十里，东岳州华容界二百六十五里。	**常德**，秦黔中，汉武陵、义陵、建平、武州、朗州、沅州、武正、武顺、武平军，又鼎州、永安军。县四。秋米六万九千四百三石。府多水患，民贫，又冲。 府左包洞庭之险，右控五溪之要，为荆渚之唇齿焉。	**武陵**，本临沅，武州、和丰。冲，烦，中。四十五里。 山险 武山，府西三十里，山畔有盘瓠口，水出其下为武陵溪，其溪流入沅江。霞山，府南百里，有淘金场。灵岩山，桃源北七十里，五洞相通。壶头山，即马援战处，有石穴，援穿此以避暑，在桃源西二百里。	**桃源**，本沅南地，渌罗。山险，颇冲。三十一里。府西八十里。 **龙阳**，本索县，或汉寿、辰阳、鼎口。简，中，颇冲。二十九里。府东南八十里。 沧山、浪山俱在龙阳西南九十里，各有水，相合出江，名沧浪水。军山，龙阳东百二十里，潘濬讨樊伷屯此。	**沅江**。本益阳地，或乐山、安乐、桥江。裁，简，下。五里。府东南三百五十里。 水道 洞庭湖，龙阳、沅江境内。	**常德**。		

总督，辰、沅兵备。西贵州镇远界六百五十里，东常德桃源界百四十里。	辰州，本黔中地，或沅陵、卢溪郡、酉阳。颇冲。州一，县六。秋米五万一千三百石。府环山复岭，带水深溪，险固而广远，控诸蛮之咽喉，为中土之屏蔽。 山险 明山，沅州北二十里，周二百馀里，为州主山，冈峦重复，环抱州城。双髻山，州西南五十里，古镇江寨，二	沅陵，北溶驿。烦，冲，上。山川险峻。五十八里。 沅州。亦黔中地，或巫州、潭阳郡、溆州，又懿州、卢阳、怀化、峨溪。上，冲，烦。二十七里。府西二	泸溪，本沅陵地，或卢州、武溪驿。裁，山川险峻，中。十二里。府西六十里。 辰溪，汉辰阳，或建昌、灵州、巫阳城。裁，下，颇冲。八里。府西南百十里。 黔阳，汉镡城地，或龙标、朗溪、黔江城。中。二十二里。州西南八十里。	溆浦。本汉义陵地，溆溪。上。三十四里。府南二百七十里。 关隘 奖州寨，沅州西百里，古州名。托口寨，在黔阳，九卫诸蛮之冲也。洪江寨，在黔阳东百六十里之洪江溪。竹滩铺，黔阳西北二十里，控扼要路。铜安铺，黔阳东北二百五十里。茭托铺，黔阳东北百六十里。	辰州， 沅州，平溪。沅州西南百六十里。	镇溪。泸溪西二百三十里。

		峰并耸如髻。保牢山，州东百里，昔人保聚其中，以牢险得名。高明山，州东百三十里，高峻为诸山之冠。罗公山，黔阳东南百六十里，周五百里，四面险绝，顶有池，广数十里，山南有沙溪与武阳江合，北流分两溪，西北有地平坦数百亩，岁大旱，此处独稔，名熟平。	百七十里。山川险峻。 双石崖，黔阳南九十里，有二石对立，亦名屏风崖，三面如一，景泰时土人避乱于此，因筑寨置戍，名安江双崖城。红旗洞，溆浦东三十里，五代马希范曾屯其上，山高脊平，可屯数万人。又县北二十里有楠木洞，亦险峻。	**麻阳**。古奖州，后沅陵、辰溪地，又龙门、招谕县、锦州。裁，简，下。七里。田土肥饶，山川险曲。州北百三十里。 水道 酉水，府西北五里，出酉阳，一名酉溪。辰水，府城东，源出府东一百四十里三唔山。㵲水，沅州西，亦名㵲溪。溆水，溆浦西三十里，亦名溆溪。	自安江寨至茭托铺，皆溪洞傜贼出入要路。刘尚城，府西南百二十里，今虽废，犹足以控扼诸蛮。		

		西晃山，麻阳南五十里，与东南五十里之齐天山俱峻耸。		四水并入沅水。五溪，在卢溪西百八十里之武山下。《水经》曰：雄溪、樠溪、酉溪、潕溪、辰溪，五溪之名也。武溪，卢溪西百三十里，即马援所攻者。			
	沅、靖分巡，参将。	**直隶** 西贵州黎平府界百六十里，南广西柳州融县界百八十里。	**靖州**。亦黔中地，溪洞，诚州，又徽州、渠阳，永平省入。山瘴，烦，僻，中。	**会同**，旧狼江寨，或三江。僻，下。二十八里。州东北百里。	**绥宁**。唐溪洞，徽州，或莳竹县。瘴，民悍，僻，中。三十五里。州东百十里。	**靖州**。	**天柱**，靖州西北二百里。

		靖州旁通诸郡，咽喉百蛮，山川险阻，为湖南之保障。 山险 侍郎山，州南百八十里，与广西分界。宝溪山，州城东北，下有溪，大抵洞中诸溪多产金，故名。古城岩，州西三十里，洞穴深广可六七里。	二十二里。县三。 飞山，州西北十五里，俗呼胜山，比诸山最高峻，突起双峰，四面斗绝，下甚平广，夷人保险处也。宋置飞山堡。旺溪山，会同西百六十里，四山相照二十馀里。福湖山，通道北六十里，宋时通道广西，正出此间。佛子岭，通道东百里，接广西境。	**通道**，唐恭水，又罗蒙。裁，瘴，民薄，下。五里。州南百里。 关隘 丰山堡，会同境。黄石寨，绥宁境内。收溪寨，通道南五十里，自寨至广西佛子坡三十里，设巡检防守。大田堡，在州境。	水道 沅江，会同西百五十里。郎江，会通西南百五十里。渠河，州城东，源出佛子岭，下合众流，环州城，会于郎江。雄溪，会同东百里。九溪之名，曰雄，曰辰，曰郎，曰潕，曰龙，曰叙，曰桂，曰武，曰酉，而雄为众水之会，故名雄，亦名洪江。洗马池，飞山上，旧屯兵处。		**汶溪**。靖州西北二百五十里。

上湖南道	兵备副使。 南广东连州界四百八十里，西宝庆邵阳界百二十里。	**衡州**，衡阳、湘东、衡山。中。州一，县八。米四十一万四千八百九十七石。 府襟带烝、湘，控引交、广，山川秀拔，湖右之奥区也。 山险 石门山，桂阳西北六十里，有岩穴如门，岿水自蓝山穿此西注，舟筏皆经其下。衡山，衡山县西三十里，五岳之一也，盘绕八百里，七十二峰，十洞，十五岩，三	**衡阳**，汉承阳、酃县地，后烝阳及新城、重安。颇烦，冲，五十一里。	**衡山**，古麇国，汉湘南地，湘西县省入。烦，冲，中。二十三里。 **耒阳**，秦耒县，或耒阴，又耒阳州、耒江驿。颇冲。二十八里。府东南百二十里。 **常宁**，本耒阳地，或新平、常宁州。颇冲，七里。府西南百二十里。	**安仁**，安仁场、永安镇。裁，冲，中。二十八里。府东二百里。 **酃县**。本茶陵地，裁，下。十九里。府东三百四十里。	**衡州**。	常宁。

十八泉，二十五溪，九井，九潭，九池，有最大者五峰，祝融尤其最也。马阜山，耒阳北二里，山势高大，盘据二十馀里。侯计山，耒阳东七十五里，有七十峰，亦名侯憩，谓武侯尝憩处。	**桂阳**。旧郡名，或平阳县，又桂阳军，或路或府。简，僻，山险，楚、粤关要，府东南三百里。 熊耳山，安仁东南七十里，状如熊耳，有远天洞，可容万家。 万阳山，酃县西南八十里，周三百里，多古木怪石。舜峰山，临武西北二里，上平而北垂，邑民避难，曾据此筑棚拒守。	**临武**，汉县，或隆武。山川险害。瘴，中。三十四里。州东南百二十里。 衡山，七十二峰，自回雁至仙上七峰，在衡阳界，自祝融至天柱五峰及巾子、金简等五十五峰，俱在衡山界，馀吐霞至岳麓诸峰，则在长沙府境。 水道 烝水，府城北，水气如烝，出宝庆	**蓝山**。南平。次冲，瘴，中。三十八里。府西南三百里。 小江水，安仁南，源出郴州，经县界合茶陵洣水入湘。又永乐水亦出郴州清溪，流经安仁北，流至衡山义塘江，北合洣水入湘。肖水，在蓝山南，亦名舜水，源出道州宁远九疑山，东流经蓝山、桂阳州会春陵水。

桂阳，宁溪，蓝山西二十里。均隶茶陵卫。

		杨梅峰，安仁西十里，马殷将侯阳頵屯此以备南汉，宋沈通父子亦保障于此。	邵阳界，东流至衡阳境，会清扬水，又东流经府城北会于湘。耒水，府北，出郴州之耒山，西北流经耒阳、衡阳界，至耒口入湘。	桃源溪，在酃县西四十里，源出云阳五洞，北至桃源江口，又至茶陵州，合洣水下流入湘。		
西广西全州界百四十里，南广西富川界四百二十里。	**永州**，汉零陵，晋营阳，或永阳。僻，中。州一，县六。秋米六万八千石。	**零陵**，汉泉陵，应阳，祁阳省入，湘口驿。山川险阻，冲，淳，平。二十八里。	**祁阳**，本泉陵地，梧溪在南，民恶土饶，中。十三里。府北百里。	**东安**。本零陵地。裁，山险，淳，下，僻。八里。府西九十里。	**永州**，	**东安**，隶永州卫。
	府后依列嶂，前阻重江，山川深固，屹然名郡。	**道州**。营阳、南营州、营道、江华郡。山险地	**宁远**，汉泠道，或唐兴、延昌、延熹。	**永明**。汉营浦地。裁，瘴，淳，中。十八里。	**宁远**。道州城。	**宁远**，永明。

		山险 祁山，祁阳北十五里，远望如城壁焉，与众山绕县西面。八十四渡山，东安北百五十里，山势重复，流水萦回，经此凡八十四渡。九疑山，宁远南六十里，山有朱明、石城等九峰，峰各有一水，四水流贯南海，五水北至洞庭。	饶。三十五里。府南百十里。烦，僻，上。米九千三百五十九石二斗。濂溪，在州西二十里。 白鸡山，道州西北六十里，险不可登。春陵山，宁远东北七十五里，山相连，形势秀拔，春陵水出焉。冬冷山，江华南百三十里，接广西贺县界。石门岭，府东五十里，有双石门崛起如城壁，有石	瘴，山险，刁，烦。六十三里。州东七十里。 **江华**，汉冯乘地，或营溪。裁，瘴，淳，下。四里。州南七十里。 澹山岩，府南二十五里，岩有二门，壁立千仞。穿岩，道州西四十里，形如圆廪，可容数万人，岭东西两门，通道其间，望之若城门，又如偃月。	州西七十里。 水道 潇水，源出九疑，南流至三江口，东北至府城外，北流会于湘。永水，出府西南百里之永山。营水，出道州西四十五里之营山。舜源水，出九疑舜源峰，流至宁远南六十里，折而北。掩水，出永明治西大掩山，转而东，数水与沲水合潇水入湘。沲水，江华东，亦出九疑，流至县分为二，又十里经三江		**江华** **锦田**，江华东二百里。 **枇杷**，永明东南三十里。 **桃川**。永明西南四十里。以上三所俱隶宁远卫。

			如楼阁然。黄檗岭，府东南百二十里，东接道州，中有黄檗洞。都庞岭，永明北五十里，东北连掩山，西南连金峡镇，一名永明岭，王翦降百越，以谪戍五万人戍五岭，此其一也。	关隘 黑石关，府城西北；湘口关，潇、湘二水合流处；大桥关，府北六十里，俱永州卫兵戍守。雷石镇，府南六十里。顺化镇，府东二十里。杉木镇，府东百里，抵道州界。鸣水镇，府西南百里，抵全、道二州界。四镇皆前代置。	口，潇水、营水、舜源水次第合焉，北流至府入湘。祁水，出宝庆邵阳县界，东北流至祁阳北，又东入湘。遨水，出广西富川，流入永明县界。		

		直隶 东江西龙泉县三百九十里，南广东韶州乳源县界百九十里。 州控引交、广，襟带湖、湘，环山川之胜，处形势之雄。 山险 黄岑山，州南三十六里，郴水出此，一名黄箱山，即五岭之一第二骑田岭是也。其支曰梅岭，为楚、粤之关，与诸岭连，	**郴州**，汉桂阳郡，或敦州，郴阳省入。獐，盗，中。十四里。县五。 土富山，永兴东南三十里，山有银井。漏天山，宜章东八里，万山环合，多雨少晴，故名。莽山，宜章南百十里，接广东韶州界，延袤六十里，有九十九山。 水道 郴水，出州之黄岑山，流至州城东，	**永兴**，汉便地，或安陵、高亭。裁，獐，淳，简，中。二十里。州西八十五里。 **宜章**，汉郴县地，或义章、高平。同前，下。七里。州南九十里。 **兴宁**，亦郴县地，又汉宁、阳安、晋宁、晋兴、资兴、管子壕。下。十五里。州东北百里。	**桂阳**，汝城、卢阳县，又郡，义昌、郴义。同上，下。十五里。州东南二百四十里。 **桂东**。义昌，上犹寨。同前，下。五里。州南二百八十里。		**郴州**，广安。桂阳东十里。

		山横南北，寒暖气类顿殊。	下流合耒水、白豹水入湘水。孤山水，桂阳东南十七里，屈曲北流百五十里入江西南安府界。	屋岭水，在桂阳南六十里，分南北流，南流为屋岭水，流百里与广东仁化县大江合。章水，有大章、小章二水，俱出州南黄岑山，流至宜章，共六十五里，而合入武水。			

下湖南道。	东江西宜春界二百五十里。	**长沙**，古荆，楚黔中，或湘州、潭州、钦化、武安军。上中。州一，县十一。米九万八千石。 府南限五岭，北界洞庭，控交、广之户牖，据楚、蜀之咽喉，所以弹压上游，为湘、湖之重镇。 山险 大富山，府北七里，亦名罗洋山，峰峦峻拔，流水萦带，为一郡之胜。智度山，府北五十里，	**长沙**，秦湘县，汉临湘，或龙喜、常丰。烦，上。三十五里。 **善化**，本长沙、湘潭二县地。烦，中。二十里。	**湘潭**，秦湘南，建宁省入。上。二十二里。府西百里。 **湘阴**，秦罗县，或吴昌、岳阳郡、罗州。上。四十六里。府北百二十里。 **宁乡**，汉益阳地，或新阳、新康、玉潭镇。上。二十一里。府东北百二十里。 **浏阳**，本临湘地。民顽，烦，上。七十一里。府东北百五十五里。	**益阳**，汉县。颇冲，中。二十三里。府西北二百里。 **湘乡**，秦湘南地，连道省入。上。四十五里。府西二百十里。 **攸县**，汉名，或攸水。刁，上。四十五里。府西南三百六十里。 **安化**。本益阳地，又称梅山地。裁，简，境多山洞之奇，中。十九里。	**长沙**，	

		高数百丈，环二百馀里，众山罗列，内黑石峰最高。岳麓山，善化西南，即衡山七十二峰之一。关山，善化东四十五里，叠峰峭拔如城，路仅通一车。大湖山，浏阳治西，三峰鼎峙，中有巨湖。大围山，浏阳东北百五十里，旧名首禅山，顶有白沙湖，广袤五十馀里，流分四派，一名浏水，其三入岳之平江、豫章之分宁、袁之万载，冈		**醴陵**，本临湘地。烦，冲，中。二十八里。府东百八十里。 水道 汨罗水，湘阴北七十里，源出豫章，流经湘阴分二水，一南流曰汨水，一经古罗城曰罗水，至屈潭而合，故曰汨罗，西流入湘。邵河，在安化西，源出靖州绥宁县涧谷间，由宝庆至本县界，下益阳，入洞庭。	府西三百六十里。 关隘 乔口镇，府西北九十里。 附考 古罗城，湘阴东六十里。五寨，俱在安化县：曰梅子寨，县西五里；七里寨，县东南七十里；首溪寨，县东北九十里；白沙渡寨，县西北百二十里；游浮寨，西南九十里。宋时梅山獠为边患，太宗平之，因立此以防御。	**茶陵**。		
			茶陵。汉县，或为军。狡猾，颇僻，上。五十里。府西四百八十里。米四万二千六百六十五石零。 浮泥山，安化东北八十里，岸壁峭绝，浮壤沃饶，土人攀援而树艺之。					

		峦围绕，盘踞四县，因名。东台山，湘乡东十五里，南连华盖山，下瞰涟水，有平石，山若台，亦名凤皇山。韶山，湘乡南四十里，西有三峰，山势绵亘百馀里，湘潭、湘乡诸山皆其麓也。道吾山，浏阳北十五里，东连宝盖山，西接洞阳山，形如莲花，亦名莲花峰，崖高百馀丈，径路二十四曲，内有龙湫。	大峰，安化东七十里，有七十一峰，其南接大、小仙山。龟台山，益阳东南二里，相传鲁肃屯此。五溪山，益阳西北五十八里，亦名军山，潘濬讨五溪蛮，营此。磊石山，湘阴西百里，旁连青草湖，北接巴陵，下临湘口，山石嵯峨相叠，因名。大雾山，宁乡南五十里，山势峻拔，	青草湖，湘阴北百里。云阳湖，湘潭西六十里，有四十八泉，惟一泉居中，多云气，灌田三千顷有馀。浏阳水，源出大围山，有二源，曰大溪、小溪，合流经浏阳县西名渭水，过县前名浏水，西入湘水。连水，在湘乡东南，有二，一出宝庆邵阳界龙山，一出安化东百馀里之珍涟山，			

		霜华山，浏阳西八十里，名石霜，南接醴陵，北抵洞阳，山峻水激石成霜，故名。火光山，浏阳东北九十里，北抵豫章，西接巴陵，峦峰叠翠，最为奇观。司空山，攸县东四十二里，南接云阳，连山峻拔，左右有三十六峰。	云雾常覆其上，宋刘廷佐屯此以御金兵，高六十里，周百四十里，草木畅茂，鸟兽群聚，汨水出焉。云阳山，茶陵西十五里，上有偃霞等七峰。记云：云阳之墟，可以隐居。黄罗岩，安化西南百二十里，四面悬崖壁立，有小径攀援而上，宋、元季世人多避兵于此。	合流九十里会资水，绕县南二百里之破石冈下，转至县南，汇为潭，又东过石潭百馀里入湘水。洣水，攸县东七十里，源出酃县诸泉，经茶陵西北至攸县朱溪与攸水合。攸水，攸县东十五里，一名伯水，源出江西安福县封侯山，西流经县东百二十里之凤岭，至城东与洣水合，又至茶陵江口入湘。			

三十六湾水，在湘乡南，本湘江，北流至县南，经江口，乃分一派，东流为三十六折。靖港，长沙西北五十里，李靖讨萧铣时置。

西靖州绥宁界三百十里。	**宝庆**，邵陵郡、建州、邵阳、南梁州、敏州。中上。州一，县四。米五万五千七十四石八斗。 府接九疑之形势，据三湘之上游，控制溪洞，连络交、广，盖湖、岭之要冲也。 山险 龙山，府东八十里，秀峰四出，顶有龙池，泉分二派，一入湘乡为涟水，一入邵阳为邵	**邵阳**，汉昭陵，又昭阳、建州。上。四十六里。	**城步**，新苗，险阻，有瘴，下。十三里半。府西南四百二十里。	**新化**。本徭洞五寨，后迁白沙白石坪。裁，下。二十六里。府北百八十里。 关隘 巨口关，府北五十里。白马关，府东北五十里。石羊关，府东二十里。紫阳关，州东百五十里。	宝庆。	武冈。
		武冈。汉都梁、夫夷二县地，或武攸，建兴省入。僻。四十三里。府西南二百八十里。米一万八千九百四十一石。 樟木山，新宁西南四十里，下多徭民，鸟言夷面。花溪山，新宁东南七十里，夷徭环之。	**新宁**。本夫夷地。简，裁，瘴，中。八里半。州南九十里。 水道 夫夷水，出广西全州界，过新宁南，都梁水自武冈南来会焉，至府城北合邵水，西北流过新化城北，下径安化、益阳、沅江县入洞庭湖，总名			

		水。高霞山，府南百八十里，根盘永州东安、祁阳界，相接四望山，极高，周四十里。梅山，新化南五里，极高险。文仙山，新化南百里，亦名文斤，层峦叠出，耸秀淩空，山有三峰，半山有龙池。	首望山，府西南百馀里，界邵阳、新化间，山势磅礴，周百馀里，俗名望云山，汉武陵郡沅陵县之南境也。府南界诸山，上自靖州绥宁入境，高峰插天，迤逦而东，为五岭之首，南麓为桂林、义宁、永宁、灵川、兴安诸州县，北则城步、新宁地。	资水，为九江之一。邵水，源出龙山，西北流至府城东入于资水。高平水，源出首望山，径新化西南百里高平废县南，又东径邵阳界入资水。《水经注》：高平水出武陵郡沅陵县首望山，西南径高平县南，又东入邵陵县界入于邵水。按邵水即资水也，以水径邵陵，因名。其发源龙山者，亦曰邵水。			

		宣慰司二	卫军民一，外境来隶七	宣抚司四	安抚司九	州三 所军民一，外境四。	长官司二十四，外境来隶一。
隶湖北道	隶都司。西保靖宣慰司界二百二十里。	永顺，唐溪州，或灵溪郡、下溪州。州三，长官六。 司依山为郡，四通八达。				南渭， 施溶， 上溪。	腊惹洞，麦著黄洞，驴迟洞，施溶溪，白崖洞，田家洞。
隶湖北道	隶都司。北永顺宣慰司界四十里。	保靖。宋保靖州。长官二。 司四山环抱，溪水中流，亦形胜处。					五寨，宣慰司南百八十里。 筸子坪。宣慰司南百五十里。

隶上荆南道	隶都司。东荆州巴东县五百里，西酉阳宣抚司九百里。	施州卫，东接荆、楚，西抵巴、蜀，山川环峙，屹为重镇。 山险 客星山，卫西五里，复岭重障，宛延磅礴，南连雪岭，高出云霄。石乳山，卫西七十里，周百馀里，多生乳，故名。都亭山，卫北三百里，崇冈深麓，	施州，或亭州、清江、庸州。三里。领宣抚司四，军民千户所一。 水道 清江，一名夷水，自绍庆发源，绕卫城而东，入荆州境。万顷湖，大田所西南二百里。 关隘 五峰寨，卫东二里连珠山下。深溪关，	施南，卫东百里，领安抚司四。	东乡五路，领长官司五。		摇把洞，下爱茶洞， 隆奉蛮夷。	上爱茶洞， 镇远蛮夷。
					忠孝，			
					忠路，领长官司一。		剑南，	
					全洞，领长官司一。		西坪蛮夷。	

		映带左右，下多良田广囿。东门山，卫东南二百里，旧有关，古夷夏分界。小关山，大田所东百里，亦古置关处。按雪岭即猿啼山也。	在大田所阳路。土地关，在木栅、忠洞路口。胜水关，与虎城、野熊、野牛凡四关，俱在忠建宣抚境。硝场，大田所北百里，悬崖数千丈，下有河渡，其半崖一孔若城门，产硝土。	散毛，卫西三百二十里，领安抚司二。	龙潭，			
					大旺，领长官司二。		东流蛮夷，腊壁洞蛮夷。	
				忠建，卫东二百五十里，领安抚司二。	忠洞，高罗领长官司一。		木栅。	
						隶施州卫。隶施州卫。	镇南，卫南二百五十里。唐崖。	

				容美，卫东南二百十里，领长官司四。			椒山玛瑙，石梁下洞，	五峰石宝，水尽源通塔坪。
						大田，卫西北三百五十里。		
	清浪参将。		清浪，镇远，偏桥，五开，守御千户所四。	隶九溪卫。	桑植。九溪卫西北四百里，领美坪等二十八洞。	中潮，黎平，亮寨，龙里。		臻剖六洞横坡。在贵州镇远府境，隶镇远卫。

		旧志：五卫俱隶湖广都司。旧志：瞿唐卫隶湖广行都司。	**铜鼓**。以上在贵州境。 **瞿唐**。在四川夔州府治东北。			以上守御千户所四，俱在贵州黎平府境，隶五开卫。	

四川第十

按四川之地，重山叠岭，深谷大川环绕境内，壤土沃饶，材物殷富，号天府矣。且西界蕃部，南阻蛮落，东瞻则据吴、楚之上游，北顾则连褒、斜之要道，故奸雄窃命，恒睥睨乎此焉。然而得其人则可守，非其人亦易失也。是故阴平之谋黜，刘氏辱于传车；内水之备疏，而谯家遂去授首。诚得其心腹而当乎窍会，虽曰险扼哉，取之亦犹掌握耳。

四川古梁州地，汉益州，唐剑南及山南东、西道，宋东、西川路，元置省及西蜀四川道，今为四川等处承宣布政使司，治成都。左右布政使二，左右参政三，粮储一，分守二。左右参议三，雅州管粮一，分守二。领府七，州二十，县百四，长官司四，军民府四，属长官司四。宣慰司一，属安抚司二，属长官司五。宣抚司二，属长官司二。直隶安抚司一，直隶长官司一。总为里千二百五十零，旧户十六万四千一百一十九，口二百一十万四千二百七十。夏秋二税共米麦一百二十万六千六百六十石，丝六千三百三十三斤，棉花七万二千八百五十一斤。

盐课提举司一，在成都。领仙泉等盐课司十五，龙州等卫所额办折色小引盐一十万九千一百七十七引。成都、建昌等府卫额办课茶共四十八万九千八百八十五斤有零。

四川都指挥使司，隶右军都督府。都指挥三，掌印一，佥书二。领卫十二，属所四十九，宣抚司二，安抚司七，长官司二十二。守御千户所一十一，属长官司二。招讨司一。又行都指挥司，隶右军都督府。领卫六，属所三十四，长官司五。守御千户所八，本都司所属马步官军九千六百馀员名。

提刑按察使司，按察使一，副使七，清军一，提学一，兵备松潘一，威茂一，建昌一，重夔一。佥事九，管屯一，分巡四，兵备安绵一，叙泸一。分道四。

巡抚都御史一，巡按御史一，驻成都。副总兵一，驻松潘。

王府：一。蜀府，高十一，封成都，护卫。郡，十四：崇宁，崇庆，保宁，永川，罗江，黔江，德阳，石泉，汶川，庆符，通江，南川，内江，华阳。分封澧州。

四川舆图 补注

一、嘉陵江，源出陕西凤县嘉陵谷，经广元，过剑州，至保宁府城西，阆水、巴水、渝水，皆此江之异名也，南入顺庆界，又东至合州钓鱼山下合宕渠，从东北而至州之南，又与涪江合，抵重庆府入大江。

一、巴江，源出大巴岭，至巴州东南分为三流，中央横贯，势若巴字，流合清水江，至重庆东北合州而合嘉陵江。或曰阆水与白水合，曲折三面如巴字也。

一、白水江，出陕西阶州乱山中，流至昭化，清水江合焉，同入嘉陵江。详见陕西。

一、宕渠江，源出巴山，流经达、蓬等州，至渠县治东，经顺庆州东北界，至合州东北而与嘉陵江合，其处名曰渠口。

一、马湖江，源出沈黎，实大渡河之支流也，亦曰金沙江，又曰泸水，经马湖府蛮夷长官司东南，至叙州境流合大江。武侯渡泸，即此江之上流也。

一、岷江，亦曰汶江，出岷山，经茂州城下，西南至威州，又过汶川，转而东南过灌县，至金灌口分流，至新津与县南之大皂江合，下流入嘉定州东，名为通江，东南入叙州府，入泸州东，亦曰泸江，流经合江县，转入重庆府南，至涪州合黔江，过忠州万县、云阳、夔州治南入瞿唐峡，过巫山至湖广归州而出峡焉。志称巫峡关夏水溢峡流百里间，滩如竹节，波浪汹涌，舟楫多惊焉。按江之经眉州东蟇颐山下者，名玻璃江。

一、青衣江，源出芦山县东南，流至雅州而合沫水，经名山县及洪雅、夹江入嘉定州而与岷江合。又南溪南十五里亦有青衣江。

一、邛水，源出雅州邛崃山，名长喷江，以其喷涌而流也，绕州城东北而经邛州南，亦曰邛水，亦曰南江，䣺水自西合焉，又斜江自东入焉，其下流至新津县而入大江。

一、涪水，源出龙州，经鱼溪寨南，至江油，过剑州境，南入绵州，安昌水、潺水皆合焉，下流入潼川州，东南合中江，历遂宁而入嘉陵江，又经合州，至重庆府城北而合大江。

一、金沙江水自云南武定府入会川卫城西北二百五十里，东流合泸水，至黎溪州而入东川府之西境百五十里，一名纳夷江，一名黑水，又经乌蒙西南境二百六十里接马湖江而合流。其江有岚瘴，隆冬过之亦必汗流，惟雨中夜渡无害。

一、盘江，镇雄府西百五十里，流入贵州，为广西左江上源。

四川舆图

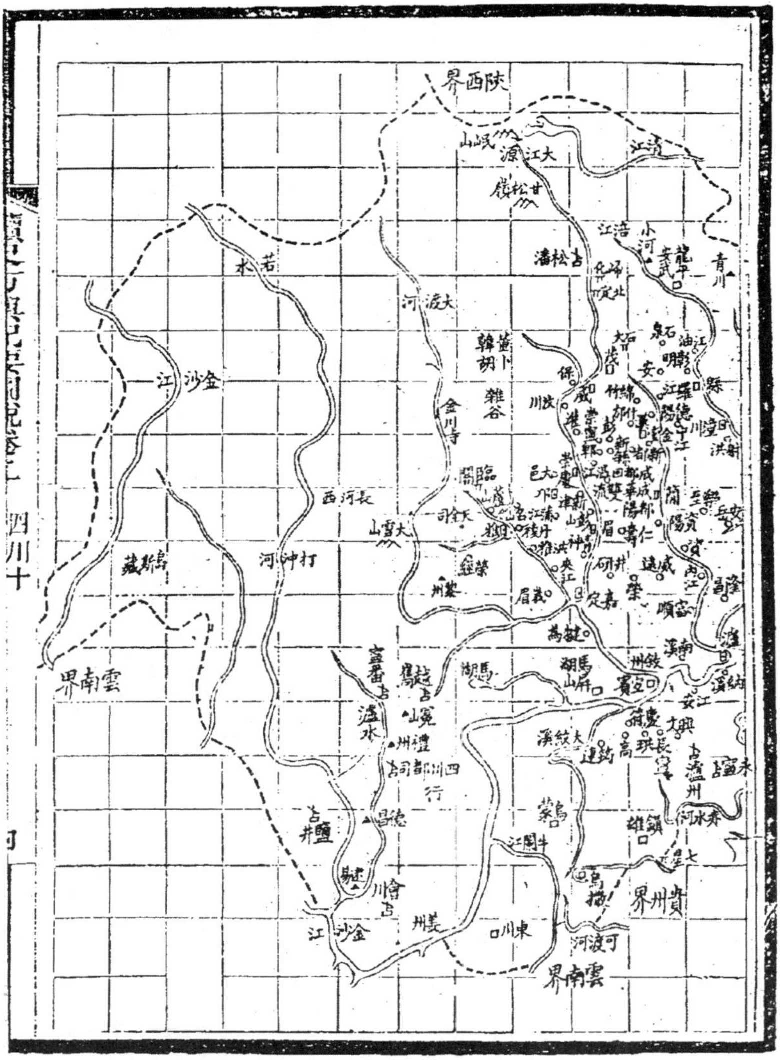
四川十
陕西界
岷山
大江源
甘松岭
涪江
松潘
大渡河
若水
金沙江
长河西
大雪山
打冲河
乌斯藏
云南界
金川寺
杂谷
临关
威州
茂州
保县
成都
嘉定
黎州
眉州
马湖
宁番
盐井
建昌
会川
金沙江
东川
贵州界
永宁
泸州
马湖
可渡河
云南界

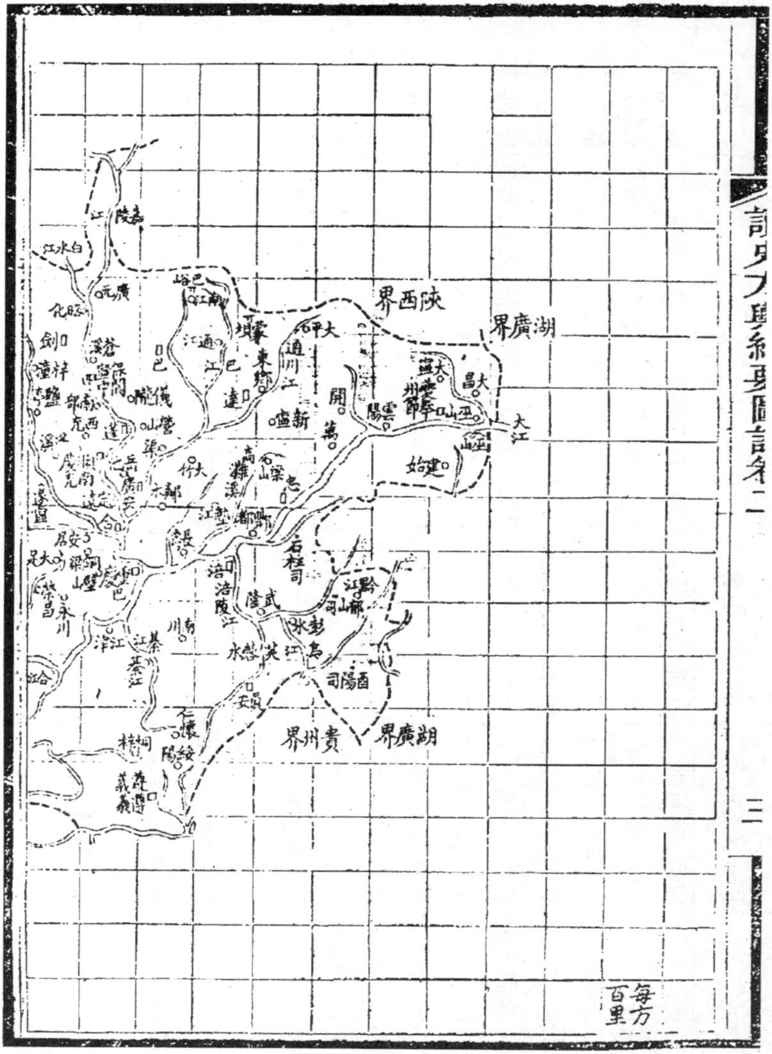
嘉陵江
白水江
陝西界
湖廣界
大江
建始
石砫司
酉陽司
貴州界
湖廣界
每方百里
三

道		府七又军民府四	州二十　附郭	并外县一百零四，长官司八，其属卫所长官见后。		卫	所
川西道	巡抚， 巡按， 盐课提举， 兵备副使驻新都。 至京师万七百里，至南京七千二百六十里。	**成都**，秦蜀郡，汉广汉，唐南京。州六，县二十六。米十六万九千石零。府境山川重阻，沃饶而险固，称都会焉。乃若绵州据涪水上游，为水陆四冲之地。汉州咽喉所在，臂视诸郡。而威州则屏蔽西北，古雄镇也。简州实当东面之冲，盖亦重地云。	**成都**，冲，烦，平衍，上。十四里。 **华阳**，冲，烦，平衍，上。十一里。	**双流**，汉广都县，或宁蜀郡。平衍，中。五里。府西南四十里。 **温江**，汉郫县，或万春。平衍，中。七里。府南五十里。 **金堂**，汉雒县及新都地，又怀州省入。平衍，僻。府东七十里。 **仁寿**，汉武阳；晋西城戍，怀仁郡、普宁县、隆山郡、	**新繁**，繁县。平衍，下。四里。府西北六十里。 **新都**，汉县，后新都郡，又始康、兴乐。烦，中。九里。府北六十五里。 **资县**，汉资中，或盘石，又资阳郡、资州。依山，冲，烦，中。七里。府北六十五里。	**成都右、中、前、后**， **成都左护**， **宁川**，府治东四里。	

		山险 玉垒山，灌县西北十九里，县西有玉垒关，乃夷人往来之冲也。青城山，灌县西南五十里，岷山连峰接岫，千里不断，此第一峰也，其前接成都高台、天仓、天国诸山。彭门山，彭县北三十里，两峰对立如阙，名天彭山，其北有大隋、		陵州、陵井监、仙井监、隆州。剧，中。十三里。府东二百里。 **井研**，武阳地，后西阳郡、蒲亭、始建。僻，中，要。四里。府东百五十里。 **郫县**，古郫邑，犀浦县省入。简。九里。府西二十九里。 **石泉**，汉广柔县地，又汶山地，石泉军。	**灌县**，汉郫县、绵虒、江源三县地，后都安、盘龙、导江、灌州、灌口寨、永安军，青城省入，淳，下。七里。府西四十里。 **彭县**，古彭国，秦繁县，后晋寿、东益州，又九陇、濛州、彭州、濛阳郡、威胜军。僻，下。六里。府北九十里。 **安县**，汉汶江县，后汉石泉军、安州、龙安，神泉省入。		**灌县**，隶松潘。

		中隋、九陇诸山，皆拔峭。岷山，茂州北列鹅村，一名鸿蒙，即陇山南首，故称陇蜀，又名汶焦山。其跗曰羊膊，江水出焉，直上六十里，岭之最高者，遇大雪开，望见成都。鸡宗山，茂州南四十里，宋人于此置鸡宗关。七盘山，汶川北三十里，有七盘路。高硐山，威		其西北有松岭关。六里。简，下。府北九十里。 **内江**，本资中县地，后汉安戎、中江。淳，冲，中。十六里。府东四百三十里。	裁，简，下。七里。府北八十里。 **崇宁**。本郫县、导江、九陇三县地，后唐昌县，又归化、彭山、永昌。下。二里。府西北九十里。 水道 二江，一汶江，一流江，经府城南七里。志云：李冰开二渠，由永康过郫入成都为内江，一渠由永康过新繁入成都为外江。		
			简州，汉牛鞞县，后阳安、武康郡、清化军。依山负谷。二十一里。刁，冲，烦，中。府东百五十里。	**资阳**。淳，简，中。七里。州北百二十里。			
			崇庆，汉江原县，或汉原、晋原、晋	**新津**。汉武阳县，后周犍为郡治此。			

		州北三十里，三面悬崖，唐维州治此。定廉山，威州东南四十里，有盐溪在其阳。金堂峡，在金堂东南五十里，两山夹峙，河流其中。重龙山，资县治北，山翠盘曲，隐若龙转，乃资中之胜也，上有天池，大旱不竭。将军山，内江北八十里，因薛万	康、犍为、唐安郡。二十二里。僻，淳，中。府南百十里。	滨江。七里。淳。州东南十里。	大皂江，温江西南，源出岷山，东流入府界。资江，资县东四十里，水深百丈，为群川总会之所。金堂河，在金堂东二十里，自岷山流至县界，经简州资阳、富顺至泸州合大江。绵水，出绵竹之西北紫岩山。		
			汉州，汉雒县，广汉郡治此，晋新都国，或德阳郡。淳，简，中。九里。府东北百二十里。	什邡，汉县，或方亭。僻，淳，简，下。四里。州西三十里。 绵竹，汉县，后晋熙、孝水。七里。州西二十五里。 德阳。本绵竹地，元德州。淳，简，下。六里。州北六十里。			

参将，兵备副使。	彻屯此而名。铁山，井研东北六十里，出铁刚利，武侯取为兵器。石矩山，仁寿东北，山有石壁如城，亦名石城，绝顶望见峨眉。玉京山，资县西南五十里，山势峻险。磨玉山，井研西南三十里，据嘉、眉、荣、隆四境。三隅山，在仁寿东、西、南隅，县居其中，环合有自然之势。	**绵州**，汉涪县，或巴西、潼州、金山郡，元以魏城省入。淳，烦，冲。六里。府东北三百六十里。	**彰明**，本涪县地，晋侨汉昌县，后昌隆、昌明。淳，下。三里。州北九十里。 **罗江**。亦涪县地，后万安。淳，冲，下。三里。州南九十里。	洛水，出什邡西之洛通山，交流于汉州之东境，南至新都北，合入湔水，东南入江。平谷水，威州北，与后谷溪、谷水同入大江。湔水，在石泉治东，源出玉垒山，东南至江阳入江。潺水，在绵州东五里，源出潺山，下流入涪水，合罗江水。源有金银矿，民得采以为业。	**茂州**。隶松潘。
		茂州，古冉駹国，汉汶山郡，后绳州、汶州、会州、通化郡，汶山县省入。僻，简，下。夷杂。四里。府西北五十里。	**汶川**，汉绵虒，或汶山、汶川郡，宋威戎军。裁，下。六里。州南二百里。		

			威州。古冉駹，唐维州，或中州城。夷、汉杂。裁，僻，下。六里。府西四百五十里。	**保县**。冉駹地，隋薛城戍，唐薛城县。下。四里。州西四十里。 关隘 茂州南四十里有鸡宗关，北三十里有魏磨关，西四十五里有七星关，东九里有积水关。威州东有镠绳桥，辫竹为绳，上施木板，长三十丈，通蕃汉路。灌县西有蚕崖关，东有玉垒关，要地也。	附考 八阵图在新都北三十里牟弥镇。志曰：武侯八阵图凡三，在夔州者六十有四，方阵法也；在牟弥镇者百二十有八，当头阵法也；在棋盘市者二百五十有六，下营法也。		**威州**。隶松潘。

川北道	北陕西汉中宁羌界五百九十里。	**保宁**，本巴国，秦巴郡，或巴西、南梁州、北巴、盘龙郡、阆中郡、保宁军、安德军。上。州二，县九。米二万石零。 府居梁、洋、梓、益之冲，凿山为门，缘阁通道，诚天险也。而广元尤称咽喉之会，盖南北之关津也。 山险 大剑山，剑州北二十五里，亦名梁山，西接岷、峨，东引荆、衡，蜀人	**阆中**，秦旧县，隋阆内。淳，烦，中。十里。	**苍溪**，秦宕渠地，汉汉昌。淳，冲，烦。六里。府北四十里。 **南部**，汉充国县，或西水省入。简，中。九里。府南十里。	**广元**，秦葭萌，后汉寿、晋寿、兴安，及益州、黎州、利州、绵州、义成、益昌郡、宁武军。冲，烦，简，中。三里。府北三百五十里。 **昭化**。汉葭萌，后益昌、义成郡。淳，简，下。二里。府北四百里。 关隘 南津关，府城南，临嘉陵江。锯山关，府东三里盘龙山后，为汉、沔冲	**利州**。广元县治东。	**保宁**。
			巴，宕渠及化成，或梁广，又归化、清化郡。烦，中。二十六里。府东三百五十里。	**通江**，诺水、壁州、始宁、巴郡、曾口。淳，中。六里。府东北五百五十里。 **南江**。正德九年置。州北二百里。			

		以此为外户，因其峭壁中断，两岸相对如门，如剑之植，故曰剑门。又有小剑山，与之相连。又北有汉阳山，峰亦高峻，上插云霄。龙楼山，南部西北五十里，峰顶峭拔，众山拱揖，洴溪环绕其下。大获山，苍溪东三十五里，南面峻险，宋江环其下，宋余玠徙阆州	剑，本梓潼地，后安州、始州、隆庆、普安郡、普安军、剑阁城。淳，简。三里。府北三百二十里。 平梁山，巴州西二十五里，上平，四面石壁如城，宋时巴州治此。得汉山，通江东百二十里，上有石壁如城，可容数千人。 九曲山，昭化西九十里，山势盘回九曲。龙门山，昭化西百四十里，	梓潼，汉县，或安寿。简，下。二里。州西南二百五十里。 江油。本秦之氐、羌地。淳，简，下。二里。州西南三百里。 自卫岭，昭化西南五十里，接剑门。七盘岭，广元东北百七十里，亦名五盘。十二峰，巴县北四百里，巉岩耸秀，大小十二峰。龙岩，剑州北七十里，可坐百人。	要之路。梁山关，府东十里之灵山麓，与梁山连，故名。和溪关，府东南二十里，路通巴地。米仓关，巴州北五十里。渡口关，昭化南。剑门关，剑州北境，武侯因立为剑阁，姜维退师守此以扼钟会。潭毒关，广元北九十里潭毒山上，下瞰大江，路皆滑石，登陟颇险，为蜀口之险要。		

		治此。七曲山，梓潼北十五里，山腹有路，盘转七曲。马阁山，梓潼北百二十里，峻峭崚嶒，极为险阻，邓艾伐蜀，悬车束马，由此出江油，因名。青崖山，府东南十里，一名千佛崖。	一名葱岭，石穴高数千丈如门。石燕山，广元西北八十里，极高峻，梯格乃能登。大巴岭，通江东北五百里，与小巴岭相接，所云九十里巴山也。	州西亦有龙岩，与此同。水险 小潼水，出剑州境，扬帆水自西合焉，经梓潼流入嘉陵江。葭萌水，出广元境通平镇，历旧恩阳县，至巴县与巴江合流。宋江，源出汉中南五十里之废廉水县，经苍溪东入嘉陵江。	广元北四十里有望云关，山势高耸，若望云然。又北百二十里有七盘关，极险峻，县东北六十里有百丈关。		

	顺庆，汉充国、安汉地，或宕渠郡、果州、南充郡、充州、永宁军、东川府。中。州二，县八。秋米七万一千石。府境山川环绕，形势奇胜。山水险要伏虞山，仪陇东五十里，为一方险要处。八濛山，渠县东北七十里，八峰起伏，时有烟霞之气濛	**南充**，本汉南充国县。烦，冲，中。十里。	**西充**。本安汉县地，后西充国，梁木兰郡，或晋城，流溪省入。中。八里。府西七十里。			
		蓬，亦宕渠地，后伏虞郡，宣汉、安固、大寅等县，又咸安、蓬山郡、蓬池、相如县。上。十里。府东北百四十里。	**营山**，亦宕渠地，或朗池，良山省入。淳，简，下。四里。州东六十里。	**仪陇**。汉阆中县地，或隆城郡、方州，蓬池、伏虞二县省入。淳，烦，下。八里。州北百八十里。		

广安。	**岳池**，本安汉、南充地，新明、和溪省入。烦，中。十五里。州西六十里。 **邻水**。简，中。十七里。州南百二十里。	**渠县**，亦宕渠地，后流江、渠州、宕渠郡、邻山郡。淳，简，下。十一里。州北百二十里。 **大竹**，邻山、邻水二县省入。淳，中。十八里。州北百六十里。 金城山，仪陇治北，以象山环向如雉堞，因名。云山，蓬州东南二十里，余玠徙州治处。	**广安**。本宕渠、垫江、安汉三县地，唐为渠、果、合三州地，宋广安军、渠江县，又宁西军。淳，烦，中。三十一里。府东二百十里。 宕渠山，渠县东五十里，亦名大青山，其山极峻险，不可登，东西有二石门可以出入。	之，张飞、张郃相拒处。篆水，广安东北五里，江中滩石纵横，湍流奔急，呼为三十六滩。邻水，大竹南二百里，中有大小碛，悬流十馀丈，县以此名。云山，蓬州东南二十里，余玠徙州治处。

东顺庆西充界二百六十里。	**直隶** 潼川据涪江上游，盖水陆冲要之地。 山险 东山，州东四里，阜若长城。独坐山，射洪东南二十里，射江、涪江合流，此山卓然孤立，故名。龙固山，盐亭西六十里，四面陡绝，可以固守。董叔山，盐亭东，隔弥江水，孤峰绝岛，峭壁千仞，旧名潺亭山。	**潼川**，汉广汉郪县，后梓潼、新都郡、新州、新城、昌城、梓州、东川、武德军、静戎军。淳，烦，上。六里。县七。米三万石零。 会军山，中江东南百六十里，昭烈入蜀，遣张飞、赵云略地至此，百姓以牛酒犒师，因名。铜官山，中江西南九十里，与可濛、私镕等山皆产铜。	**射洪**，本郪县，后射江省入。依山谷，中。四里。州南六十里。 **盐亭**，本广汉地，或北宕渠，永泰、东关二县省入。冲，烦，下。三里。州东百里。 **中江**，蜀伍城，后玄武、凯州、飞乌、铜山省入。冲，烦，下。五里。州西百二十里。 水道 射江，射洪东南	**遂宁**，汉德阳，或遂州、石山郡、武信军。僻，中。十七里。州南二百四十里。 **蓬溪**，本广汉地，后小溪，长江省入。依山。淳，烦，中。六里。州东三百二十里。 **安岳**，本牛鞞地，崇龛、安居等县。僻，中。二十里。州南三百八十里。 **乐至**。简，僻。七里。州北三百三十五里十五里。		

		鼓楼山，盐亭东百二十里，高五千丈。又蓬溪亦有是山，双峰对峙，可望数百里，蜀人烽火处也。负戴山，盐亭西，自剑门南来，起伏四百馀里，至此而蹲，上有飞龙泉，味甘美。	飞乌山，中江南百七十里，最峭拔。	十里，合涪江。又东有大弥江，北有小弥江。中江，在中江东南，夹流有二源，南江来自绵州，东江来自旧涪城，至县东南之玄武山而合涪江。沈水，射洪东，东汉臧宫破公孙述将延岑于此。梓潼水，在盐亭东南，源自剑州废阴平县，经梓潼入绵州境，至此下白马河注涪江。	补遗 长乐山，遂宁西，形如盘龙，顶平。玉堂山，遂宁北，极耸秀，县之主山也。灵泉山，遂宁东十里。数峰壁立，有泉自岩滴下成穴，甘美不竭，宋杨大渊守灵泉山是也。铜盘山，遂宁东，四面陡绝，人莫能上。风门山，蓬溪南，四面险绝，尝有清风，因名。		

川东道	西成都内江界三百八十里，东夔州万县界六百四十五里。	**重庆**，本巴郡，后永宁、巴都郡、楚州、巴州、渝州、南平郡、恭州。州三，县十七。米三千五百石零。 府境北绕群山，南连众水，会川蜀之津要，控瞿唐之上游，地险势固，诚攻守之资也。 山险 重壁山，府西百三十里，亦名巴山，四面高峻，	**巴县**，秦、汉江州县，后巴城，壁山省入。冲，上。九十三里。	**江津**，本江州地，治僰溪口，或江阳、七门郡，万寿省入。颇淳，烦，中。三十八里。府东百八十里。 **长寿**，楚黔中地，汉枳县。同前。二十二里。府东三百三十里。 **大足**，静南省入。刁，冲，中。二十七里。府西三百七十里。 **永川**，本壁山地。	**綦江**，古綦市。僻，下。四里。府南二百里。 **南川**，汉江州枳县地。僻，淳，简，下。五里。府东三百十里。 **黔江**，隋石城。僻，下。一里半。府东千二百里。 **安居**，僻，淳，简。十三里。府西百三十里。成化十二年置。 **壁山**。僻，烦，	重庆。	黔江，

中皆平原，中有孤山，西北险绝，东南稍平，故名。昆嵝山，府东北七十里，林壑深翠，据渠、合之境。钓鱼山，合州东十二里，上有天池，大旱不涸，宋余玠移合州治此。寨山，合州西二十里，峭峻如剑，昔人保聚于此。武胜山，定远治东，旧名飞龙峰，元人驻兵于此以攻合州。		刁，冲，烦，中。三十五里。府西三百十里。 荣昌，本内江地，唐昌州、昌元。僻，淳，中。二十七里。府西三百十里。	颃。十二里。成化十三年置。水险黔江，自思州发源，经五十八节名滩，与施州江合流，经彭水等县，凡五百馀里，与岷江会于涪州东，以出黔州，故曰黔江。渝水，自阆中来，流至府城东与涪渠合，自渝上合州者，谓之内江，自渝由泸戎上者，谓之外江。四十八
	合州，古濮国，或宕渠郡、垫江、石镜、涪州、涪陵郡、巴川郡、赤水省入。颇冲，中上。四十二里。府北百五十里。	铜梁，巴川省入。淳，简，中。二十二里。州南九十里。 定远。本宋合州地，定远州。淳，烦，冲。十四里。州北百五十里。	

伏牛山，彭水东二百四十里，左右有盐井。瀛山，府南百二十里，岸壁峻拔，有四十八面之险。缙云山，府西百七十里，其山高险，林木畅茂，下有泉，东西分流。最高山，南川东南九十里，形势峻拔，视众山皆培塿。	**忠州**，汉临江县，后临江郡。烦，冲。七里。府东六百四十里。要。	**酆都**，本枳县地，南宾省入。冲。四里。州西二百里。**垫江**。桂溪省入。裁，烦，冲，中。十二里。州西北二百八十里。	渡水，南川东三十里，两山壁立，一水中流，湾环四十八渡。爇溪，江津东南三十里。夜郎溪，经南川流入江津界，又北入于岷江。七门滩，江津西七十里，有大石横江，凡七处，望之如门。 关隘 佛图关，府西十里，为重庆要津。米粮关，大足东		忠州。
	涪州，汉涪陵，后汉平、乐温，涪陵省入。淳，中。十二里。府东四百五十里。要。	**武隆**，本涪陵、枳县地。下。二里。州南百七十里。**彭水**。本酉阳地，后黔阳，宋以洪杜、洋水二县省入。僻，淳，下。八里。州南百四十里。			

					二十五里。化龙关，大足北三十里。铜罗关，府东二十里。石胜关，黔江县东。		
	东湖广巴东界三百十里，北陕西汉中平利界八百里，南湖广施州卫界二百六十里。	**夔州**，古庸国，后鱼复、白帝城、三巴、永宁、固陵郡。烦，冲，多淳。州一，县十二。米二万石零。 府凭高据深，当全蜀之东口，据三楚之上游，为水陆之形胜。其山峡之险，盖甲于天下焉。	**奉节**，巴东、永安、信州。夷、汉杂，淳，简，中。四里。	**巫山**，楚巫郡，建平郡。淳，颇烦，冲。四里。府东百三十里。 **人昌**，建昌、宜都、永昌郡、大宁监。僻，下。二里。府东二百里。 **云阳**，本朐𦛨地，后云安，或军。	**万县**，汉朐𦛨地，后南浦。烦，冲，刁。四里。府西四百五十里。 **开县**，汉汉丰，后永宁。简，中，刁。七里。府西四百七十里。 **大宁**，后周大昌	**瞿唐**。府治东北，属湖广都司。	

达州抚民	山险 寒山，巫山县东五十里，垂崖千层，绝壁万丈，其势高寒。记云：寒山九坂，最为峻险。又千丈山，在巫山东北。飞鸟山，巫山西南。狮子山，万县北八里，形类狻猊，四面险绝，惟鼻尖可登。又万县西十里有鱼存山，亦险峻。		冲，中。九里。府西百七十里。 新宁，旧县，三冈省入。淳，烦，中。七里。府西六百四十里。 梁山，宋梁山军，元为州。十里。府西六百里。	地，宋以盐井地置监。淳，下。三里。府东北三百里。 建始。汉巫县地，或业州。僻，下。六里。府南五百里。 关隘 瞿唐关，府东八里。鬼门关，府东北三十里。铁山关，达州西三十里。深溪关，州东北千三百里。野相关，建始南百三十里。
		达州。本宕渠境，后宣汉、东关郡、万州、通州、通川郡。简，中。八里。	东乡，淳，顽，下。五里。州西南三百八十里。 太平。正德十年置。	

		宝源山，大宁北二十五里，山半有穴，出泉如瀑，即盐泉也。鲤城山，开县西四十里，四面陡绝，中有浦多鲤，因名。	府西北八百里。峰门山，梁山县东十五里，山高大，两岸对峙如门，故名。滟滪堆，在瞿唐峡口江心，突兀而出，冬见夏没，土人有如象马之占。石城山，在达州西五里，四面峭绝。	二里。州西北三百二十里。 水道 开江，开县南，自新宁流经本县，清江自东境来合焉，南过云阳入大江。	附考 瞿唐峡，在府东，旧名西陵峡，乃三峡之门，两崖对峙，中贯一江，滟滪滩当其口。巫峡，巫山东二十里，即巫山也，与西陵峡、归峡并名三峡，连山七百里，略无断处，非亭午夜分，不见日月。又巫山十二峰，沿峡百七十里。		

下川南道	叙泸兵备。东泸州江安界百四十里。	**叙州**，古僰国，汉犍为郡，或戎州、六同郡、南溪郡。瘴。县九。秋米十万石零。 府负山抱江，险阻之区，而舟车之冲也。 山险 朱提山，府西五十里，产银处也。石城山，府西南百里，环列如城。汉阳山，庆符北八十里，诸葛平西南夷，驻军于此，山腰有龙洞。	**宜宾**，汉僰道，或外江、宜宾。烦，冲，上中。二十八里。水险 锁江，府城北，两岸大石屹立，昔人因置铁锁横截其处，控扼夷寇，故名。石门江，府西百三十里，俗号横江，又名小江，源出乌蒙，经府境与马湖合，中有滩，其水常若钟鸣，名曰钟滩。金川，富	**庆符**，汉南广，或祥州。淳，简，中。六里。府南百二十里。 **富顺**，汉江阳，或洛源郡。盗，上。十一里。府东北百八十里。 **南溪**，亦南广地。淳，冲，烦，中。十九里。府东百二十里。 **长宁**，本江阳、汉阳地，或为军。民夷，中。十五里。府东南三百七里。	**高县**，古夜郎地，长宁军。僻。十七里。府西南百五十里。 **筠连**，古夷地，唐定川州。简，下。四里。府西南三百五十里。 **珙县**，古西南夷部。僻，简，下。八里。府南三百三十里。 **戎县**。古夜郎地，名大坝都。僻，下。十一里。府东南三百四里。	**叙南**。府治东。	

		凌云山，富顺治西，大江前横，一峰突兀，相连有玛瑙山。阁梯山，高县南，峭壁如阁，路如梯。	顺东，一名中江，源自汉州，流过县西，至泸州入大江，中有石堆两层，前三后七，如台曜象。荣溪，富顺西二十里，源出成都仁寿县，合金川入大江。石笋滩，南溪西三十里，江涨险甚，穷冬水落，岸有石，长数十丈，如笋。	关隘 摸索关，府南三百里。落捍关，府南五百里。闹造关，府西南五百十里。	附考 虎头城，在富顺西南六十里之虎头山，高六十里，形如虎踞，因山为城，不假修筑。姜维屯，在府城南，群峰环秀，一峰突立如笔，高千仞，顶平正，姜维曾屯兵于此。青衣江，南溪南十五里，桓温伐蜀处。又县东二里龙腾山，下瞰大江，有石梁长四丈馀，最险固。		

东叙州宜宾界四十五里，南乌蒙蛮夷长官司界百十里。	**马湖**，古僰国，汉牂牁、犍为郡地，唐马湖部，元为路。僻，下。二十里。长官司四。米二千石零。 府地近泸戎，山溪险恶。	**泥溪**， 水险 马湖，在府西百七十里，湖居山顶，长二十里，广七里，中有土山，可居四百馀人。又马湖江，在蛮夷长官司南，源出沈黎境，群溪尽会于此。	**平夷**，府东南四十五里。 **蛮夷**，府西百八十里。 铁锁滩，府西四十五里，即马湖江下流，两岸石壁峭立，夏秋水涨，舟行甚艰。其东又有鸡肝石滩、峻滩。	**沐川**。府西五百二十里。 山险 雷番山，府西三百八十里，草甚毒，经过头畜必笼其口，行人亦必缄默，若高声，虽冬月必有雷霆之应。		
军民。 东乌撒界三十里，西乌蒙界	**镇雄**，古屈流大雄甸，宋芒布部，元芒布路，洪武时为芒部军民府，嘉靖	山水险要 乐安山，府北二百里。数峰挺立，为叙州、芒部之界山。	**怀德**，本卻佐砦，嘉靖三年改置。府西百五十里。	**归化**，本夷良砦，嘉靖三年改置。在府西南。		

二百四十里，北叙州珙县界二百二十里。	三年改镇雄府，设流官，后仍土官。山僻，夷。一里。长官司四。 芒部山川险扼，地势崎岖，为西南之保障。	白水江，府西北二百八十里，黄水溪、勿食料溪，此其会流处也，转流入叙州府界注于大江。	**威信**，本毋响砦，嘉靖三年改置。在府南。 苴斗河，府南二十五里，源出六丈山箐，经府南二十五里之阿赫关，合纳冲河入七星关河。	**安静**。本落角砦，嘉靖三年改置。在府西北。 纳冲河，源出府东五里乌通山，过府东十里南流入苴斗河。		
军民。 北叙州界六百三十里，南东川界百三十里。	**乌蒙**，古窦地甸，汉牂牁地，元乌蒙路。山僻，夷。土官。一里。 乌蒙地高山险，倍过于蜀。	山水险要 凉山，府西百里，高百馀里，绝顶平衍，风气甚肃，为叙州、芒部限。	金沙江，府西南二百六十里，源出吐蕃，过府境，又东北经马湖府为马湖江。	罗佐关，府北二百五十五里。 索桥，府南百三十里，与东川分界。		

	军民。东贵州宣慰司界二百五十里，西乌蒙界百九十里，北镇雄界二百十里。	乌撒，古巴凡兀姑，后为巴的甸，宋乌撒部，元为路。山僻，夷。土官。一里。府当蛮夷之中，山高地险，为西南之冲要。	山水险要 大隐山，府东南二里。乌门山，府东北百四十里，两岸相对如门。翠屏山，府东二百里，山峦秀拔，宛如翠屏。千丈崖，府西南七十里，下临可渡河。	盘江，府西百五十里，源出府境乱山中，流经府南九十里，谓之可渡河，即广西左江上源也。府西三十里有七渡河，府西南百十里有九十九渡水，皆流合焉。	七星关，府东南百七十里，顶有七峰，置关其上。老鸦关，府东三百里，毕节卫戍守。天生桥，一在府东八十里众山中，一在府东北百里，石梁横截，拱架如桥，俱为府境控扼之处。	乌撒。隶贵州都司。	七星关。在府东南，初属乌撒卫，永乐中改隶贵州毕节卫。
	军民。东乌撒界百二十里，西会川卫界三百里。	东川，旧閟畔部。山僻险，杂。一里。土官。无城。	山水险要 绛云弄山，府西南二百里，高峻百里，有十二峰，一名乌龙山，下临金	牛栏江，府东南百里，自寻甸流入境，江阔水急，夷人用木筒贯以藤索，系两岸，人过	金沙江，一名黑水，自云南武定府流入境，经府西百五十里，有金沙渡，夷人刳大槽以		

			沙江。	则缚于筒，用游索往来相牵以渡，曰索桥。	渡，下流历乌蒙至马湖府为马湖江。		
	东成都内江界二百六十里，西雅州界二百里。	直隶 嘉定有三峨、二江，名胜为西南冠冕，然东连江阳，北接广汉，则又冲要之地也。 山险 峨眉县有大中小三峨山，环接于县之西南，回曲千里，南北有台，重岩复涧，莫测其数，州境名山最多，是其	**嘉定**，本犍为、蜀郡地，梁青州，或眉州、峨眉、嘉州、平羌郡、眉山郡、嘉庆军、嘉定路，又龙游。滨江，烦，中。十里。县五。米四万石。 水道 阳江，在州治西，蜀南方之水交委于此，名洪水，一	**峨眉**，汉南安，或平羌，罗目省入。僻，中。六里。州西八十里。 **夹江**，龙游、平羌地。中。十五里。州西北八十里。 **洪雅**，夹江地。简，中。沿江。成化十八年置。 洪雅川，在洪雅县西七十里，绕县界	**犍为**，本南安地，玉津并入。八里。州南百里。 **荣县**，亦南安地，和义郡。下。七里。州东二百里。 **威远**。隋威远戍。僻，淳，下。四里。州东二百里。		

		首也。旧志：脉自岷山来，延袤五百馀里。	名溗水。渎江，发源温江县，经双流县界，东流至州东合岷江。	而入夹江县境，县以此川名。			
		直隶 眉州远接岷山，近环峨岭，江山明秀，富于人文。	**眉**，汉武阳、南安地，或齐通郡。滨江，中。三里。县三。米八千石。 山险 蟇颐山，在州东，自象耳山连峰壁立，西瞰玻璃江五十馀里，至此磅礴蹲踞，形如蟇	**彭山**，汉武阳，或灵石。淳，简，下。五里。州北四十里。 **丹棱**，本南安地，或齐乐。中。五里。州西八十里。 **鼎鼻山**，彭山南十馀里，刘宋时朱龄石伐蜀，谯纵寨此	**青神**。本南安地。淳，冲，中。四里。州南八十里。		

			颐，故名。大旺山，州东南五十里，自蓑颐山南趋，或起或伏，至此峰峦屹立，回拱州城。峨眉山，州南二百里。详见前。	以御之。熊耳山，青神西。志云：望帝以褒谷为前门，熊耳、灵关为后户也。			
	东重庆江津界百五十里，南永宁宣抚司界二百十里。	**直隶** 泸州肘江负山，控制边陲，且有盐井鱼池之利，称丰沃焉。	**泸**，汉江阳，或泸川郡。依山沿江，淳顽半，烦，冲，上。七十里。县三。 山水 方山，州西南四十里，山有八面，下瞰大江。连天山，江安南七十里，	**纳溪**，本江阳地。淳，简，中。三里。州南四十里。 **合江**。汉符县地，或安乐县。简，中。二十里。州东百二十里。	**江安**，本江阳地，后汉安县，施阳省入。瘴。二十里。州西南百二十里。 关隘 龙透关，州南七十里。倒马关，纳溪南百三十里，路		

			回旋曲折，高峰矗天。资江，州北，源出雒昌山，经资县、富顺县合大江。		通云南、交趾。石虎关，纳溪县南百里。绥远寨，在州境。安远寨，在江安南七十里。		
	西雅州芦山界四十里，东成都新津界五十里。	**直隶** 山险 鹤鸣山，大邑西北，形如覆瓮，上有七十二穴，应七十二候，东西二溪，出其两腋，东有天柱峰、青霞嶂，皆峻绝处。铜官山，州东南八里，产铜。	**邛**，秦临邛，或蒲原郡，元以临邛省入。洪武九年降为县，成化十九年复升为州。依山，僻，中，淳顽半。十里。县二。米二万石零。	**大邑**，安仁省入。烦，冲。七里。州北六十里。 水道 斜江，州东七十里，源出鹤鸣山东，斜流入合州南五里之邛水。蒲水，蒲江南，源出名山下，合南河口出新津入岷江。	**蒲江**。本临邛地，后广定县。简，中。三里。州西南百里。		

上川南道	兵备副使，管粮参议。 东嘉定夹江界八十里，西天全六番招讨使司界五十里。	**直隶** 雅州右据碉门，左连蒲水，为川蜀之襟要，夷落之咽喉。 山险 自由山，荣经东二十里，高出群山之表。邛崃山，荣经东，本名邛筰，故邛人、筰人界也，冬夏积雪，上产邛竹。鸡止崖，荣经西二十五里，本名栖止，其崖临大关山之险，至此路方平坦，行者可以止息也。	**雅**，秦严道县地，后蒙山郡，或卢山郡、永平军。淳，简，中。四里。县三。米八千石。 大关山，荣经西八十里，极险隘，当西南夷要路。百步山，芦山北四十里，路接蛮界，仅百步，险隘难行。崖钵山，县西百里，上耸云汉，莫测其高。九折坂，在邛崃山，路阻峻，回折九曲乃至	**名山**，本严道地，或汉嘉、蒙山。三里。州东北四十里。 **荣经**，本严道地。淳，简，下。三里。州西南百二十里。 关隘 金鸡关，州北二十里金鸡山，一名鸡栋关。金沙关，州东北二十里。天险关，荣经东北四十里，据邛崃山九折坂之险。紫眼关，	**芦山**。本严道地。下。三里。州西北百里。 三江渡，芦山南十里，通天全六番。碉门寨，即荣经之和川镇，雅州西通番之路有三，灵关一，碉门一，始阳一，惟此最险，两山壁立，一水中流，设禁门以限华夷。雄边寨，荣经西北，宋之屯营也。绳桥，在州境，近天全多功山		雅州。

			其上，即王尊叱驭处也。	荣经西北三十里。大关，荣经西八十里，旧名邛崃，番夷要害处也。飞仙关，芦山南五十里，古漏阁也，极险处。临关，芦山西北六十里，旧名灵关，其关一人守险，可以御百也。	路，旧名高桥，以绳架栈，下瞰峡江，亦险要处也。		

		宣慰司	卫军民一，	宣安抚招讨	所守御十二军民一隶外守御一　属所四	长官司三十七直隶一
隶川西道。	隶都司。副总兵，兵备副使。	西吐蕃草地界四百八十里，北陕西洮州八百六十里。雪岭面东南，洮河界西北，山川险峻，雨雪多寒。山险 雪栏山，卫东三十里，山势蟠延，四时积雪。甘松岭，卫西北三百里。	松潘，古氐羌地，汉护羌校尉，后龙涸郡、扶州、松州、交川郡。极边，徼瘴。领安抚司四，守御千户所一，长官司十七。大分水岭，卫北二百三十里，山高峻，水分二流。又卫北九十里有小分水岭。风洞山，卫东五十里，上有风洞。	八郎，麻儿匝，阿角寨，芒儿者。	小河。卫东百九十里。关隘 镇夷关，卫西二十五里。西宁关，卫南三十里。安化关，卫南四十五里。新塘关，卫南七十里。归化关，卫南百里。北宁关，卫南百二十里。浦江关，卫南百五十里。望山关，卫东十里。雪栏关，卫东三十里。风洞关，卫东五十里。黑松林关，卫东七十里。三舍关，卫东九十里。小关子，卫东百二十里。镇革堡，卫南五十五里。已上俱有戍兵防守。	占藏先结簇，麦匝簇，蜡匝簇，者多簇，白马路簇，牟力结簇，山洞簇，班班簇，阿昔洞簇，祈命簇，北定簇，勒都簇，包藏簇，阿用簇，阿昔簇，思囊儿簇，潘斡簇。

	隶都司	叠溪所南至茂州卫界三十里，北至松潘卫界六十里。犛牛峙其左，汶江拥其右，排栅按前，云峰耸后。	**茂州**，在茂州治东，领守御所二，长官司五。 叠溪山水 蚕陵山，在所城北。犛牛山，所东五里。排栅山，所南五里。云峰山，所东六里，高耸凌云。	旧志：叠溪所隶都司。 汶江，所西三里，出松潘，流经所西南，与黑水合流入茂州。	**威州**，在威州城内。 **叠溪**，汉蚕陵县，后翼州、临翼郡、卫山、翼水、峨和等县。长官司二。 关隘 **南桥关**，所南五里。小关，所东五里。叠溪桥关，所西五里。彻底关，所南三十里。中桥关，所南十五里。永镇关，所北四十里。镇平关，所北六十里。	**静州**，茂州东一里。 **岳希蓬**，茂州北二里。 **叠溪**，所城北一里，渴卓五寨属之。	**陇木头**。茂州东四十里。三长官俱隶茂州卫。 **郁郎**。所西十五里，松平五寨属之。
隶川北道	隶布政司	东汉中府沔县界四百里，西北松潘卫三百三十里。	水道 青川溪，司东百二十里，出西番界，下流合白水入	**龙州**。汉阴平，或平广、江油郡、平武、龙门、雍村、武都。	山险 崆峒山，司西北十里，山谷深险，西接番界。羊盘山，司东北六十里，有石径九曲如	附考 栈阁，在司东，邓艾伐蜀，置秦陇	

		宣抚司境山川重险，缘以剑阁，阻以石门，峭壁云栈，连亘百里。	嘉陵江。又司东有醍醐水，亦流入嘉陵江。 关隘 胡空关，司西北，明初并置羊昌、铁蛇、和平、大鱼等关。	夷猓杂。十二里。	羊肠。司东南百里有凤朝山，形如凤翔。箐青山，司东南十里，重峰叠障，树木森郁。马盘山，司东南百二十里，高三千丈，形如马，盘旋而上，重峦叠障，行者难之。石门山，司东南百七十里，与氐、羌分界，两壁相对如门，邓艾伐蜀屯此。	等阁道十二，明初开设松潘，又置飞仙阁道，共二十五处。	
	隶都司。	所境当白草番之后路，东抵白水阳平关，北通青塘岭，直达阶、文，秦、蜀閒襟要处也。	西至龙州宣抚司百二十里。 关隘 北雄关，在所北。又杲阳、迪平、白水、三牢、明月、三路口等关俱在所界。		青川。后魏马盘县，唐青川县。 山水 大雄山，所北十里，山形峻峭。白水江，所东三十四里，邓艾伐蜀尝作浮桥于此。青川溪，在所南，下流入于嘉陵江。		

隶上川南道	**行都司**。司治建昌卫城。建昌兵备副使。	建昌本汉越巂邛都县地，后会无县、傢郡、严州、西宁州、巂州、建昌路。去成都南千四百馀里，去黎州六百馀里。行都司领卫六。地据西南之冲要，山川控带，土田膏沃。 山险 越巂南五十里有小相公岭，山势高耸，石磴崎岖。	**建昌**，附郭。唐台登县。 **建昌前**，附郭。两卫领守御千户所四，长官司三。 **宁番**，邛都地，元苏州。司北百九十里。守御千户所一。 **越巂**，汉邛都阑县地，或邛部郡。		**礼州后**，汉苏示县，或亮善郡、苏祁、笼么城。 **礼州中**，二所俱在卫北六十里。打冲河中前，本邛都地，或沙野城。卫西百四十里。 **德昌**。阿屈部、德昌路。卫南百四十里。 **冕山桥**。宁番东百二十五里。	**昌州**，卫南二百里，元德昌路治此。 **威龙**。卫西南四百四十里，夷名巴翠部。 **邛部**。越巂治东。	**普济**，卫西南二百四十里。 关隘 双桥关，盐井东八十里。古得关，盐井西二百八十里。永昌关，全川西三十里。迷郎关，会川南六十里。大龙关，会川西六十

		盐井西北七十里有铁石山，出砮石，烧之成铁，为剑最利。会昌东三百里有密勒山，产银矿。	司北二百八十里。万山中，边夷。领长官司一。 **盐井**，汉定莋县，唐昆明，或香城、柏兴。司西三百里。领守御千户所一，长官司一。 **会昌**。汉会无县地，或清宁郡、武安、麻龙。司东南五百里。领守御千户所一。	小相公岭关，越嶲南二十里。晒经关，越嶲北二百八十里。	**镇西**。嘉靖中析置，属越嶲卫。 **打冲河中左**，元泸州地。盐井北百六十里。 **迷易**。会昌西八十里。 泸水，都司南十里，源出吐蕃，南入金沙江。《元史》云：其水深广多瘴；春夏常热，源可燖鸡。大渡河，越嶲北，源出吐蕃，下与叙州马湖合。	**马剌**。盐井南五百里。元落兰部。 水道 打冲河，在打冲河所治西，源出吐蕃，流合金沙江。东河，在冕山桥所东三里，源自小相公岭，流合泸	里。甸沙关，会川北百六十里。松平关，会川南百八十里。沙陀、罗陀两关，俱宁番东百七十里。

			北山关，宁番北二十里。乌角关，宁番南五十里。		西南烟瘴，惟此与金沙江为最。凡番夷往来，渡大渡河，故名。	沽河，下注金沙江。	
	隶布政司。	南越嶲卫界九十里，西杂道长官司界百三十里。 安抚司境西接吐蕃，南邻大渡，山川险扼，蜀之西门。《唐志》云：黎州城三面并临绝涧。	水道 大渡河，源出吐蕃，经司南九十里，东经嘉定州入于岷江。《九国志》：黎州三面阻大渡河。汉水，源出飞越山，经司南二十里东入岷江。	**黎州**，古花都，汉沈黎，或汉源、洪源、登州。附所一。 关隘 黑崖关，司西二十里。清溪关，在大渡河外，韦皋凿此以通群蛮，号曰南道，为重镇。	**大渡河**。在司治西北隅，隶都司。 山险 大田山，司西南三十里，下有大井水田。冲天山，司东八十里，高峻参天。避瘴山，司南九十里，近大渡河，夏秋岚瘴，惟此可避。和尚山，司东百里，盘纡数曲方至其顶。通望山，大渡河南，接嶲州诸山。邛崃山，司北五百里，即荣经东之邛崃也，道至险，有长岭、弄栋、八渡	飞水山，司东北三百五里，与荣经接界，险恶不通人路。画崖山，司西北二百五十里，亦险峻，外	

					之难。登高山，司西五里，峰峦高耸，下瞰城中。	即生番界。飞越山，司西北，为沈黎西境要害，唐于此置飞越县。	
	隶都司。	东雅州界五十里，西西番长河西宣慰司界百四十里。	招讨司四境抵接雅、黎，控带夷落，盖西蜀之藩篱也。	天全六番。元碉门黎雅长河西宁远。	山水 禁山，司治西南，两岸对峙，峭拔险隘。和水，司南四十里，源出蛮界罗岩川，下流入雅州平羌江，东注岷江。	关隘 禁门关，司治西。紫石关，司西七十里。俱雅州戍卒所守。	

隶下川南道	隶布政司。东贵州偏桥卫界四百八十里，北重庆府綦江县界三百五十里。	播州。秦夜郎、且兰地，唐郎州、遵义、播川郡。安抚司二、长官司六。宣慰司土地旷远，跨接溪洞，重山复岭，陡涧深林，形势实拊贵州之背。又司境卫一，所一，隶贵州都司。	兴隆。在重安长官司东三十里，隶贵州都司。 山险 龙岩山，宣慰司北四十里，怪石巉岩，东有定军山，宋杨端驻军处。罗蒙山，真州司南九十里。旧志：此山之高，远瞰罗蒙。万丈山，草堂	草堂，司东百二十里。 黄平，宋黄平府。司东南四百里。	黄平。在安抚司治南，隶贵州都司。 水道 乌江，宣慰司东七十里，源出水西蛮地，经司南湘江、洪江、仁江合焉，经思南府涪州入岷江。芙蓉江，真州司南，源出西南夷界，东流径思义寨，北流入黔州界。湄潭水，宣慰司东百里，下流	播州，附郭。 余庆，司南百六十里。 白泥，司东南三百里。 重安。司东南四百里。 关隘 乌江关，司西南乌江旁。三渡关，司东八十里。黑	容山，司东二百二十里。 真州。宋绥阳县，元珍州。司东北二百里。

			司东南二十里，崖壁高万丈。		入乌江，经思南府达于黔江。斋郎水，司北百里，下流径泸州合江县入岷江。	水关，司西九十里。大平关，司北百里，在大楼山上。	
	隶布政司	东播州界二百里，西泸州江安县界百五十里。 宣抚司环城皆山，上通云南，北连川、广，水陆交通，分界于此。	**永宁**，在宣抚司治西南。 **赤水**。宣抚司东南百二十里。二卫隶贵州都司。 水道 赤水河，宣抚司南百四十里，源出芒	**永宁**。秦蜀郡地，唐蔺州，宋泸州境，元永宁路。领长官司二。又司境卫二，守御所一，属所四。隶贵州都司。	**普市**，守御所在九姓长官东百四十里，隶贵州都司。 **阿落密**，赤水卫南四十里。 **摩尼**，赤水卫北四十五里。 **赤水前**，赤水卫南百里。 **白撒**。赤水卫南四十里。自阿落密以下四千户所俱属赤水卫。 山险	**九姓**，司西南百三十里，本蛮夷地，元立夷民罗氏、党氏为把总，后改长官司。 **太平**。司西南二百五十里。 关隘	

			部界水脑洞，下流经赤水卫，又东北合于永宁河。永宁河，有三源，经司南合为一，东北径泸州境入于岷江。		土保山，司城内。海漫山，司城北，延袤八十里，如海水之汗漫。红崖山，司东北二十里，多赤石。雪山，赤水卫北二十里，高险幽阴，积雪春尽始消。 隶布政司。 平茶长官司治西有岑仰山。又司西二十里有白岁山，高耸插天，冬有积雪漫顶则岁稔，故名。	鱼浮关，司东三里。雪山关，司东南百二十里。赤水河关，司东百五十里。雪山、赤水二关俱赤水卫卒戍守。 平茶。本黔中地。北至酉阳宣抚司界五十里，西南界贵州铜仁。	

隶川东道		隶重庆卫。 隶重庆卫。	东至重庆黔江县二百里，东北至夔州府九百四十里。 西北至重庆府九百五十里，东至湖广保靖宣慰司界三百里。	**石砫**，汉牂牁地。一作石柱。 **酉阳**。汉县名，唐务川县、宁夷郡，宋酉阳州。	宣抚司东南二百里有鼓楼山。又司南百五十里有大峰门山，两崖壁立，中通人行。 宣抚司西北百八十里有酉阳山，接黔江县界。司东北九十里有三江，亦曰酉水，有三小溪流合焉，又合平茶水，东径辰州入沅江。	**石耶**，酉阳宣抚司南七十里，元石耶军民府。 **邑梅**。元佛乡洞，北至酉阳宣抚司界百三十里。石耶、邑梅二所俱隶重庆卫。	

福建第十一

按七闽之境，海抱东南，山连西北，重关内阻，川溪交流，虽封壤约束，而山川秀美。福州一方，居然都会。其所产则银铁金之饶，丝葛鱼盐之美珍奇错出，甲于天下。其民勤农服贾，安业乐生，大江以南称奥区焉。建宁当浙之冲，险要视诸方为最。邵武虽列在上流，非咽喉所存也。汀、漳土旷而民悍，旁接赣、粤，祸患易生，而奸慝渊薮漳为甚矣。福州北境实通温、括，出奇走险，必有在焉，而海陬是患，未足以尽之也。延平据乎中枢，兴、泉僻近海澨，其大略尤可议也。

福建古越地，汉领于扬州部，唐初隶江南道，设观察使，宋置福建路，元设省及福建闽海道，今为福建等处承宣布政司，治福州。左右布政使二，左右参政三，粮储一，分守二。领府八，州一，县五十三。总为里三千七百九十七里，旧户五十万九千三百，口三百八万二千八百七十七。

夏秋二税共米麦八十八万三千一百一十五石，丝棉一百七十四斤，绢六百匹，纻六十五斤，钞一万七百七十九锭。

福建都转运盐使司一，在福州。领盐课司七，岁办盐价银八千八百七十八两。

福建都指挥使司，隶前军都督府。都指挥三，掌印一，佥事二。领卫十一，属所五十六。所一十七。建宁行都指挥使司，都指挥三，领卫五，属所二十二。守御千户所四，所属马步官军四万八千二百馀员名。

提刑按察司，按察使一，副使四，巡海一，清军一，提学一，建宁一。佥事五，兵备一，长太一，汀漳一，同安一。分道四。

提督军务兼巡抚都御史一，巡按御史一，或清军一。俱驻福州。

福建舆图

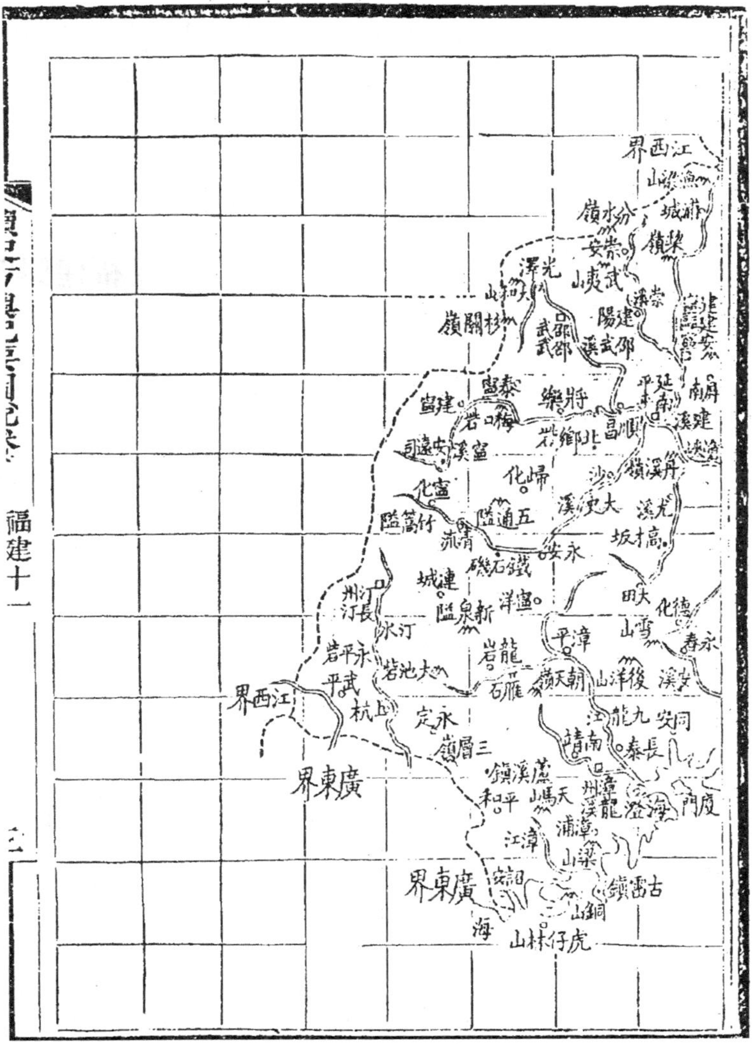
福建十一
江西界
分水嶺
崇安
武夷山
光澤
杉關嶺
崇溪
建陽
邵武
邵武溪
建寧
泰寧
將樂
順昌
延平
南平
建溪
歸化
尤溪
大田
永安
清流
寧化
連城
汀州
長汀
新泉
寧洋
龍岩
漳平
德化
永春
雪山
安溪
同安
武平
上杭
永定
廣東界
南靖
長泰
平和
漳州
龍溪
海澄
廈門
漳浦
詔安
古雷鎮
海
虎仔林山

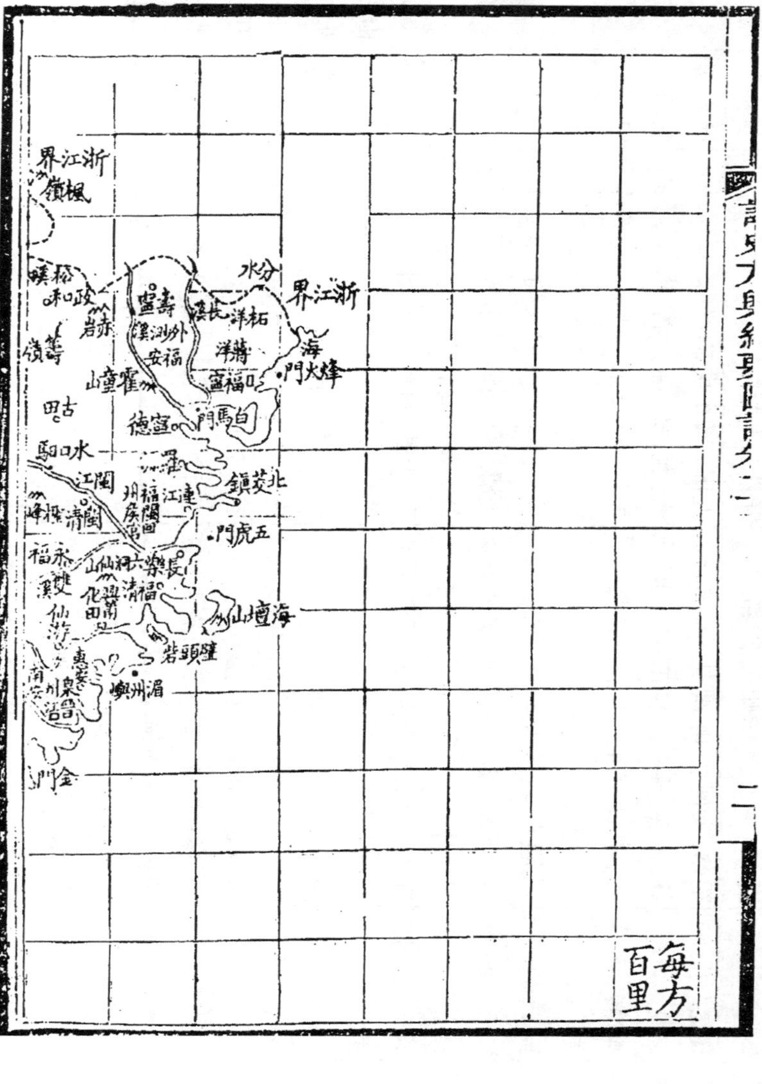
浙江界
楓嶺
分水
浙江界
壽寧
長溪
柘洋
福安
霍童山
古田
寧德
白馬門
福寧
烽火門
海
水口驛
閩江
北茭鎮
連江
五虎門
長樂
福清
海壇山
莆田
仙遊
湄洲嶼
金門
每方百里

道	四	府八	州一 附郭	并外县五十六		卫十六	所十七
福宁道	巡抚，巡按，都转运盐使。至南京二千八百七十里，至京师六千一百三十三里。	福州，秦闽中，闽越、冶县、晋安、晋平郡、彰武军。山多，烦，上。州一，县十二。秋米六千五百石零。府南望交、广，北睨淮、浙，连山距海，为东南都会。 山险 琅琦山，府东海中，控扼海道。黄檗山，福清西南三十里，林峦重复，泉石幽胜。	闽县，汉东冶、侯官，或长乐。上中。百八十里。 侯官，汉侯官都尉。六十三里。 怀安，闽县地。中下。四十五里。 水道 海，府东南境。南台江，府南十五里，江浒有越王钓龙台，因名。闽江，府西南。西峡江，府东南，印溪	古田，汉东侯官地。烦，瘴，盗，中下。五十三里。府西北百八十里。 闽清，唐梅溪镇。简，瘴，裁，中下。七里。府西北百二十里。 长乐，唐新宁，或安昌。盗，上中。百十五里。府东南百里。 连江，晋温麻。简，中。三十五里。府东北九十里。	罗源，唐永贞。简，瘴，裁，下中。十六里。府东北百五十里。 永福，唐永泰。简，瘴，裁，下上。百三十里。府东南百二十里。 福清。唐万安，或永昌。近海，盗，下中。四十五里。府东南百二十里。	福州左、右、中， 镇东，福清。	梅花，长乐东。 万安，福清东南。

	山水 大姥山，州东北，有三十六峰。州东南及宁德、福安皆沿大海。	之水流经此，接仙琦江。 **福宁**，唐长溪县。海盗出没，中。五十一里。府东北百四十五里。米二万八千五百石零。	**福安**，唐长溪地。中中。三十三里。府东北四百九十五里。	**宁德**。唐感德场。东洋，中下。四十五里。府东北二百二十三里。	**福宁**。	**定海**，连江东北，隶福宁卫。 **大金**。州南八十里。
巡海副使。东海岸九十里，北福州永福界八十里。	**兴化**，亦闽中地，或太平军、兴安州。烦，难治，中。县二。米六万石零。 府界泉、福之交，海道舟车所会，而山川明秀，甲于闽中。	**莆田**，晋晋安县，莆阳驿。烦，难治，上中。二百九里。 山险 壶公山，府南二十里，高百仞，顶有泉，其脉通海。又府北五里有陈岩山，峰峦泉石，无与争胜。	**仙游**。清源。盗，裁、僻，烦，上中。十三里。府西七十里。 二飞山，仙游北五里，其山宛延百里，屹立为二，如鸟展翼。湄洲屿，府东南七十里，海中与琉球国相望。	水道 木兰陂，府东北二十里，自泉州之德化、永春及仙游三邑西流而下，合池谷之水三百有六十，会流至此，灌田千有馀顷。	**兴化**， **平海**。府东九十里。	**莆禧**。府东，隶平海卫。

			志称南揖陈岩，北枕壶公者也。				
	市舶提举司。 东海岸百三十里，西漳州长泰界百五十里，南海岸百二里。	**泉州**，梁南安郡，隋泉州，宋平海军。难治，上中。县七。米十一万九千石。 府近接三吴，远连二广，襟带岭海，称为闽、粤奥区。 山险 泉山，府北八里，一名齐云山，又名北山，峰峦高耸，上有美泉，郡以此名。卧龙山，惠安西北，屹立千丈，	**晋江**，晋安县。刁、烦，上中。一百五十三里。 绣屏山，德化北，层崖峭壁，若巨屏然。其西北又有戴云山，山顶高耸，雄跨数里。太湖山，德化西，四面崔嵬，山顶宽平，广数丈，有池。三合岩，惠安北，连延万叠，三峰耸绝，不可攀跻。	**南安**，吴东安，唐丰州。四十八里。府西十五里。 **永春**，本南安地，或桃源。十四里。府西北百二十里。 **德化**，本福州永泰地，唐析置。十三里。府西北百八十五里。 彭湖屿，自府城出东海，舟行三日至此，环岛三十六。嘉禾屿，同安海中，延袤百里，民	**安溪**，或清溪县。裁，盗，瘴，刁，中下。十八里。府西百五里。 **同安**，唐大同场。盗，瘴，刁，冲。四十八里。府西南百三十里。 **惠安**。唐晋江地，宋析置。三十五里。府东北五十里。 水道 海，府东及同、惠东南皆滨海，自府正东海行二日至	**泉州**，**永宁**，府东南。	**福泉**，晋江东南。 **中左**，同安西南。 **金门**，同安东南。 高 **浦**，同安西南。 **崇武**，惠安南。俱隶永宁卫。

		状若伏龙。三贯山，永春西北，三峰秀拔，势若贯天，西有大羽山、白岩山，重冈复障，不一而足。乐山，永春东北，周数十里，时有乐声。		居千户，一名厦门。	高华屿，又二日至龟鼊屿，又二日至琉球国。		
武平道	东延平顺昌界百二十里，西江西建昌新城界百四十里。	邵武，吴建安，隋抚州。山溪险峻，微瘴，简。县四。米六万二千五百石。 府山溪宛延，居四州之上游，为瓯闽之西户。	邵武，冶县、昭武。微瘴，中。二百八十里。 金铙山，在泰宁西，山极高大，盘跨建宁、泰宁、宁化三县。道人峰，在府南，负长溪，面	光泽，宋财演镇。僻，简，中。五十二里。府西八十里。 水道 紫云溪，府北，俗名大溪，东流至延平界。又府	建宁，本将乐地，或绥城、永宁镇、永安场。微瘴。五十二里。府西南二百二十里。 泰宁。刘宋绥城地，后归化镇。五十一里。	邵武。	

	山险 天池山，府东，顶有池，广数亩。七台山，府东南百里，连跨汀、延、邵三郡。云岩山，光泽南，苍翠秀丽，高出云表。百丈岭，建宁北、闽、楚分界，鸟道悬绝。	槜水，秀拔为群山之冠，其险处名罗汉岩。白云峰，光泽西南，其峰高峻入云霄。峨眉峰，泰宁北，周四十里，高数十丈。杉关岭，光泽北，邑人往来浙者道此。	北有樵溪，府西北有丽溪，皆胜处也。	府西南百四十里。		
南福州古田界百二十里，西汀州清流界三百二十五里。	**延平**，本东冶县地，延平军、剑州、镡州，又南剑州。烦，冲，中。县七。米六万六千三百石。	**南平**，延平镇，又永平镇、龙津县、剑浦。淳，烦，上中。九十七里。 栟榈山，永安治北，志称峰峦岩	**将乐**，或镛州。盗，上中。六十四里。府西二百二十里。 **沙县**，沙村县。微瘴，上中。百十四里。府西百二十	**顺昌**，唐浆水场，又永顺。微瘴，颇淳，上中。五十八里。府西百二十里。 **永安**，沙县、尤溪地。瘴，民悍，	**延平**。	**将乐**，**永安**。

		府占溪山之雄，当水陆之会，七闽襟喉处。 山险 九龙山，府南百里，山有九峰，宛延如龙。封山，将乐北，其山高大，群峰环拱，为一邑镇。百丈山，将乐北百八十里，与江西分界，悬崖绝壁，高出群山。	岫，几十馀所，云路蒙胧，草木畅茂。永安东南有斗山，亦高峻灵异。双髻山，尤溪西北二十里，峭壁万仞如双剑。凤山，顺昌西二十里，峰高百仞，西北二十里有景灵山，相对峙立。七台山，顺昌西七里，高峰绝壁，凡数千丈。梅仙山，顺昌北七十里，界瓯宁、顺昌间，山顶平坦，广	里。 尤溪，唐县。瘴，刁，僻，上中。百九里。府南百五十里。 水道 三溪，在府南，自顺昌、沙县来曰西溪，自尤溪来曰东溪，二溪合于剑津，乡人呼为丁字水者曰南溪，南合尤溪，抵福州入海，谓之三溪。剑津，延平治东，建宁、邵武二水合流处，雷焕子过此，佩剑跃入津，	烦，中。六十五里。府西南二百里。 大田，嘉靖十五年置。下上。四十里。府西南四百里。		

			袤数百里。赖岩，尤溪西三十五里，有洞广三四里。	化为龙，故名。			
建宁道	分巡副使，行都司。 北江西上饶界三百二十里。	建宁，汉东冶县，置东部，吴建安郡，或建州、镇武、永安、忠义等军。简。县八。米十六万三千石。 府居闽岭上游，为东南胜地，束水带山，号称名胜。 山险 赫曦台山，建阳西，高万仞，其顶	建安，亦冶县地。烦，中。百四十里。 瓯宁，百九十九里。 温岭，崇安治西，延亘数里、五代时立镇于此。分水岭，崇安西北。石雄岭，二水发其下，一入江西，一入福建。柘岭，浦城西二百八十里，	建阳，或嘉禾。烦，中。二百十里。府北百二十里。 崇安，温岭镇，宋崇安。中上。八十四里。府北二百四十里。 浦城，汉兴、吴兴、武宁。中上，刁。百五十八里。府东二百四十里。	政和，本宁德地，关隶镇。居万山中。上，简。五十九里。府东百六十里。 松溪，松源镇，又县。简，上。六十八里。府东二百四十里。 寿宁。杨梅村。上。二十五里。府东二百五十里。	建宁、左右。	浦城。

		平旷。武夷山，崇安西南三十里，峰峦大者三十六。三髻山，崇安南，三峰鼎峙，为万山宗。盖仙山，浦城北九十里，一名浮盖山，抵衢、信、括三州，泉石奇胜。渔梁山，浦城北乐平里。旧志云：十大名山，此其一也。	与丽水县分界。	水道 东溪，在府东，一名建溪，至府城西，与出崇安分水岭之西溪合，名大溪，抵福州入海。交溪，建阳东南，合武夷九曲水交注东山下，南达建溪，经福安入海。	关隘 分水关，在分水岭，界江、闽之间，乃入闽之第一山也。梨关，浦城北安乐里，路通衢州江山县，一名梨岭。			
漳	兵备佥事。西江西	汀州，晋新罗县，唐临汀郡、鄞江。	长汀，唐名衣锦乡。颇烦，瘴，中上。	宁化，本沙县地，唐黄连。中上。	连城，堡名，宋莲城县。颇简，中。	汀州。		

南道	赣州瑞金界八十七里，南广东潮州程乡界三百里。	僻，简。县八。秋米三万三千七百八十石。 府居山谷斗绝间，西邻赣、吉，南接潮州，梅岭亦形胜地也。 山险 金山，上杭西十里，产金。羊厨山，上杭西南百里，高岩怪石最多，据汀、潮二州之界。灵洞山，武平西十里，下有灵石汤泉，大洞三十六，小洞二十	五十一里。 翠峰，府东十五里，壁立千仞，云烟出没，非晴明不见其顶。双峰，府东南三百里，高入云汉。新路岭，府西六十里，峭险壁立，行者病焉。石门岩，连城东七里，双石对峙，壁立万仞。潭飞磜，宁化南，重冈复岭，环布森列，登陟极难，磜居其中，坦然而平，山环水合，有田有	六十里。府东北百八十里。 上杭，本龙岩地，太平场。烦，饶，中上。六十里。府东北百八十里。 武平，旧场名。瘴，盗，刁。十九里。府西南二百十里。 清流，宋置县。微瘴，中上。七十九里。府东北二百十里。	三十二里。府东南百七十里。 归化，明溪镇。瘴，盗，烦，淳。四十五里。府东北二百八十里。 永定。本永安地。瘴，盗，裁，淳。十九里。府南三百十里。成化十四年置。		上杭， 武平。

		八。梁山，武平东三十五里，岩石峻险，其形叠出，上有白莲池。白云山，连城西百里，峰峦层秀，高出云表。	池，草木茂深，易于藏聚，宋时寇作乱于此，未几平之，因置南平寨。象洞，武平南百里，其中广阔，号九十九洞，宋于此置寨。		水道 鄞江，出府东之翠峰山下，一名东溪，流合东南正溪。汀水，源出府北境，由府南入海。		
	南广东潮州五百五里，东南至海二百里。	漳州。漳浦郡。地险民悍，盗贼出没，中。县十。米十一万六千石。府东南极际，控扼沧滨，襟喉闽、越。	龙溪，梁县。烦，中。九十四里。	漳浦，或怀恩。盗贼出没，烦，冲，上。四十四里。府南百里。 龙岩，苦草镇、新罗。瘴，中。十八里。府西四百里。	漳平，成化七年置。简，瘴。三十五里。府西三百二十里。 平和，本南靖地，正德十四年置。十二里。	漳州，镇海。漳浦东北九十五里。	六鳌，漳浦东南。 铜山，诏安东。

		山险 梁山，漳浦南。古记云：梁山，闽中之望也，有大峰十二。将军山，漳浦西南九十里，接诏安界，唐将陈元光征蛮，筑城于此。欧寮山，诏安北，一名大帽山，南北二峰挺出。	水道 九龙江，府东北，一名北溪，源出汀州上杭、连城及延平沙县界，至府东出峡为柳营江，昔人以为漳州东偏之险。又漳江，在漳浦南。石塍溪，漳浦西二百五十七里，出江西、闽、广之交，水甚恶，徒涉则足黑，饮之则病瘴。	南靖，或南胜。僻。十六里。府西四十里。 长泰，本南安之武胜场。十二里。府南三十七里。	府西南二百五里。 诏安，南诏地，嘉靖九年置。狡，中。二十六里。府南二百里。 海澄，嘉靖四十四年置。四十三里。府东南五十里。 宁洋。隆庆元年置。十一里。府北四百里。		玄钟。诏安南海滨。俱隶镇海卫。

海防 考附

八府东南皆滨海，倭夷倡乱，沿海肆毒，国家既设卫所巡司以控之于陆，又设水寨以防之于海。初有烽火门、南日、浯屿三寨，后增小埕、铜山二寨。论者曰：三寨乃正兵，二寨乃游兵也。闽海第一险要在烽火门一寨，宜分作二艅，径至镇下门地方屯扎，而三沙、流江量拨巡哨，以遏内侵。小埕则分一艅至西洋屯劄，一艅量拨巡哨，以固内地。南日则分一艅直至松下屯扎，一艅直至旧南日屯扎，而磁澳、草屿量拨巡哨。浯屿则分二艅，一艅至湄洲屯扎，一艅至料罗屯扎，而峰上一带量拨巡哨。铜山则分二艅，直至旧浯屿屯扎，一艅直至州上屯扎，而官仔、走马一带量拨巡哨。此汛地所当知者也。其会哨则烽火至西洋与小埕会哨，小埕至百丈与南日会哨。盖倭贼之来，由北而南则镇下门，当以烽火门全力守之，而嵛山次之；西洋当以小埕全力守之，旧南日次之；浯屿又移而上，以全力守湄洲，而于平海卫前与南日会哨；铜山又守旧浯屿，与浯屿会哨。五寨兵力，各分作一大艅，俱自北守，紧急外洋门户。故烽火必北以浙江镇下门为界，南以西洋为界；小埕必北以西洋为界，南以南茭为界；南日必北以南茭为界，南以平海为界；浯屿必北以平海为界，南以担屿为界；铜山必北以担屿为界，南以环林为界。此汛地边均兵力足用之道也。

广东第十二

按广东界岭、海间，北负雄、韶，足以临吴、楚，东肩潮、惠，可以制瓯、闽，高、廉门户，西捍交、桂之梯杭，岛屿藩篱，外控黎、夷之喉舌，阻隘崎岖，滩流险恶，稽其形势，亦足以雄长一隅也。是故尉佗自王于前，刘龑称尊于后，虽是卑浅不足深论乎？安在非一世之杰焉。且地据海陆之富，珍奇珠贝，星罗棋置，故莅兹者不必饮贪泉之水，无不怀染指之心，攘夺既极，盗贼遂兴，兵戎踵至，今日之凋残，大略可想见焉。噫，得其会潘美偏师克岭、海而有馀，失其时张、陆诸公保崖山而不足，况非其时并非其人乎？

广东古百越地，汉置交州部刺史，唐置岭南道，后分为岭南东道，宋为广南东路，元置广东及海北海南道，今为广东等处承宣布政使司，治广州。左右布政使二，左右参政二，岭东一，岭西一。左右参议三，岭南一，海北一。领府十，属州七，县六十九。总为里四千二十八里，旧户四十八万三千三百八十，口一百九十七万八千二十二。夏秋二税共米麦一百一万七千七百七十一石。

广东盐课提举司，领盐课司一十四；海北盐课提举司，领盐课司一十五。二司本折色银盐价并引价银共三万七千三百八十两。

广东都指挥使司，隶前军都督府。都指挥三，掌印一，佥事二。领卫十五，属所六十六。守御千户所四十五，本都司所属马步官军三万九千四百馀员名。

提刑按察使司，按察使一，副使四，驿传清军一，兵备一，提学一，屯田一。佥事七，屯盐一，岭东一，岭西一，海北一，岭南一，清远一。分道五。

总督两广军务都御史一，俱驻扎广西梧州。巡按御史一，清军一，俱驻广州。市舶提举司广州。镇守太监一，裁。平蛮将军总兵官一。

广东舆图 补注

一、浈水，志云：出南雄北大庾岭，经府城南，一名保水，至城西与凌江水合，昌水来会焉，环抱郡邑，始兴远近诸水悉入焉。韶州府城东南有武水，出郴州临武县，经宜章、乐昌，又南流合浈水，名曲江，又名虎溪，崖岩峻阻，水流危急，亦曰泷水，流入广州南海入北江，合流达海。

一、西江，一名大江，自广西诸蛮地发源，经邕、横、浔、容、藤州，有绩水、漓水与此合于苍梧，经德庆府与浈水合入于海。

一、东江，自赣州安远县南流达龙川河源，至惠州府东，西流过博罗入广州界，至南海县入海。

广东舆图

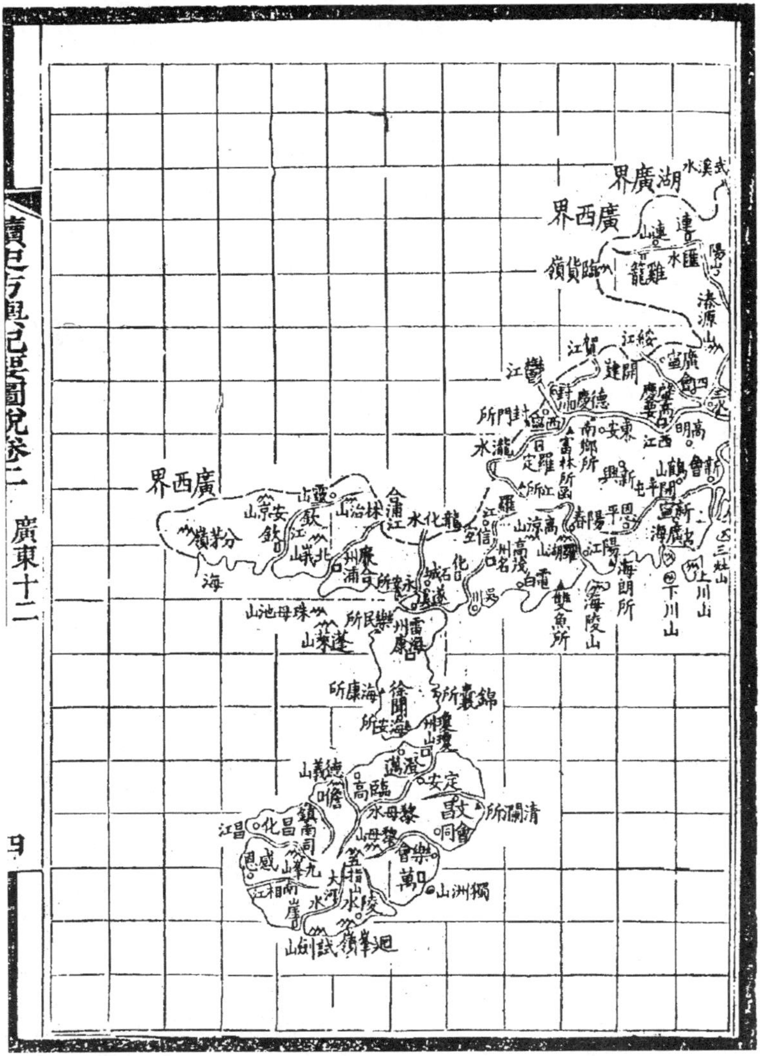
讀史方輿紀要圖說卷二
廣東十二
湖廣界
廣西界
廣西界
分茅嶺
欽
安京山
廉州
合浦
雷州
海康
徐聞
海安所
錦囊所
瓊州
澄邁
臨高
定安
文昌
會同
樂會
萬
獨洲山
儋
昌化
感恩
崖
陵水
新會
新寧
廣海
陽江
電白
化州
石城
遂溪
信宜
高州
茂名
羅定
德慶
封川
開建
連山
陽山
上川山
下川山
海陵山
雙魚所
海朗所
清瀾所

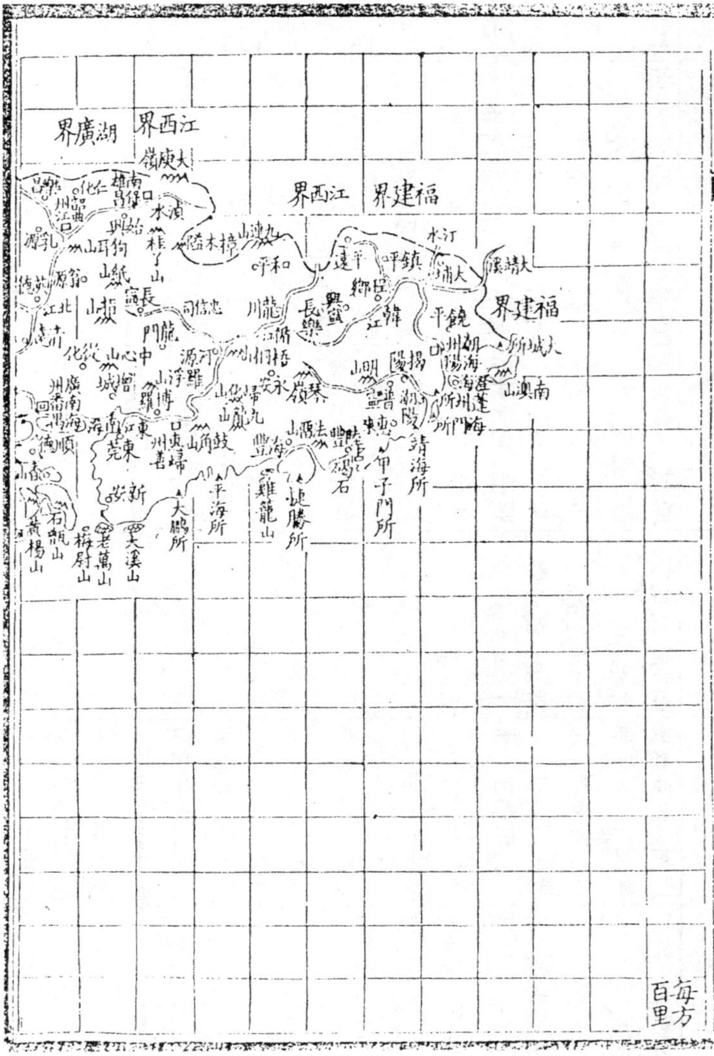
江西界
湖廣界
大庾嶺
福建界
江西界
九連山
和平
鎮平
大埔
福建界
長寧
龍川
長樂
興寧
平遠
程鄉
饒平
海陽
揭陽
潮陽
澄海
大城所
南澳山
永安
博羅
東莞
新安
歸善
海豐
陸豐
惠來
碣石
靖海所
甲子門所
平海所
雞籠山
捷勝所
大鵬所
大溪山
老萬山
每方
百里

道	五	府十	州七　附郭	并外县七十五		卫十五	所四十五
岭南道	巡抚，巡按，市舶提举，盐课提举。府至南京四千三百九十里，北京七千八百三十五里。兵备佥事。	广州，古百越南越地，秦南海郡，或番州、清海军。烦，上。州一，县十五。米三十二万石零。府抱山带海，总百越而连五岭，险阻之邦，都会之区也。山险双女山，去府城十里，潘美伐南汉，汉遣使请和，美挟使径渡诸险，至于双女山，遂降。	南海，或咸宁、常康、胥江。上。百三十九里。番禺，或熙安、怀化、涟湖。上。三十里。	增城，或东官郡。山险，中。九十八里。府东九十里。顺德，南海地。近海，烦，上。百六十五里。府西八十里。东莞，宝安、铁冈。上。百八十里。府东南二百五十里。新宁，本新会县地，弘治十一年置。六十里。府西南三百二十里。	新安，万历元年置。僻，简，下。二十里。府东南二百六十里。香山，旧镇。海中，中。三十六里。府南百五十里。新会，冈州、义宁。烦，上中。二百三十八里。府西南二百三十里。三水，隆庆中置。简。五十一里。府西南百四	广州左、右、前、后，南海，东莞。广海，新会。	增城，香山，新会，东莞，新宁，

		尧山，一名凌山，在海中，高四千丈，交趾皆见之。石门山，府西三十里江中，两山对峙，汉杨仆讨南越驻此。虎头山，东莞西南五十里海中，有大小二虎山，俗言虎头门，外夷入贡必道此。大奚山，东莞南二百里海中，有三十六屿，周三百里。陈峒山，增城		**从化**，十八里。府东北百五十里。**龙门**，瘴，裁，下。十七里。府西南三十里。	十里。**清远**。汉中宿，或清远郡，政宾省入，横石。裁，简，下。十七里。府北二百五十里。	**清远**。	**从化**， **大鹏**，东莞东南。 **连州**。
			连，汉桂阳，或阳山、熙平、连山郡。山险地瘴，猺贼出没。二十里。府西北五百六十里。绿屏山，新会北十里，周八十馀里，环绕县治。厓山，新会南八十里，	**阳山**，含洭。山瘴，裁，简。六里。州东北百里。水道 海，在府东南二境，浩淼无际，东流闽、浙，南通岛夷，入海处曰古斗。东江，自惠州博罗西流至南海县入海。增江，	**连山**。本桂阳、广德。近湖广、广西。裁。二里。州西二百五十里。关隘 湟溪关，在阳山县，汉武诛建德，兵出桂阳，下湟水，在此地；阳山关，阳山北，当骑		

		北二百五十里，脉从庾岭来，势卓立，相对有虎门，亦雄胜。三灶山，香山南三百里海中，周三百馀里。	即南宋亡处。峡山，清远东三十里，一名中宿峡，崇山峻屿，中通江流。大罗山，清远西二百五十里，脉自阳山来，西抵广西怀集县，徭僮多居其中。顺巾山，州东北四里，自顺而降，争高叠秀者以万数，皆西北朝拱于九疑。	出陈洞山，东南流，合防水，经增城东，至番禺入海。琵琶洲，府东南三十里，有山阜如琵琶，闽、浙舟楫入广者多泊此。	田岭路；皆秦置。莲花寨，增城北百里。		
	北湖广郴州桂	**韶州**，南海、始兴、番州、东衡州。阻险，烦，冲，中。	**曲江**，汉名。临泷、良化省入。中。三十六里。 山险 灵君山，乐昌东北	**乐昌**，汉曲江地，或梁化、平石。十三里。府西北八十里。	**英德**，浈阳、洭州、英州、英德路。冲，中下。		韶州。

阳　　界二百二十里。	县六。米五万石。韶州控扼五岭，为粤东门，盖所以唇齿江、湘，咽喉交、广者也。	四十五里，高数千仞，周数百里。监豪山，乐昌境内，岸岫如垣，所谓泷中即此。风门山，乳源西五里，两山夹立，中通一境。腊岭，乳源四五里，峭拔，为五岭之一。皋石山，英德南十五里，一名浈阳峡，浈水抱东，其中极高。	仁化，亦曲江地。六里。府东北八十里。乳源，本曲江、乐昌二县地。六里。府西百里。	十里。府西南二百二十里。翁源。浈阳，或清远郡、洭州。下。十二里。府东南九十里。水道曲江，一名相江，即浈水、武水回合处，流至英德南，又名始兴江。泷头水，英德南十里。出翁源东一百三十里之灵池，过龟冈，至此与浈水合，甚险隘，潘美疑刘鋹有伏处也。		

	东江西赣州信丰界二百四十里，北南安大庾界八十里。	**南雄**，雄州、保昌。临江，瘴，冲。县二。米二万五千石。 府居两路襟喉，控带特重。 山险 天峰山，府北八十里，陡峻凌霄，元末乡民避兵于此。	**保昌**，或浈昌、南雄州。瘴，简，中。四十里。 油山，府东百二十里，高千仞，有小穴出油，人取利。 大庾岭，一名梅岭，府北八十里，壁立峻峭。又有小庾岭，在保昌东。 杨历岩，府西北二十里，顶方，广百馀丈，泉石种种奇异。	**始兴**，吴斜阶，或正阶。瘴，简，僻，下。七里。府西百十里。 水道 凌江水，在府城西北六十里，有昌水来合此，共入浈水。水经境内者悉入浈。	关隘 秦关，府东北四十里。旧记：大庾岭横浦有秦关，后为怀化驿。梅关，大庾岭上，两峰壁立，最高且险。		南雄。
岭西	参政，兵备佥事。东广州南海县	**肇庆**，汉苍梧、合浦地，后绥建、高要郡、端州、信安	**高要**，博林、平兴省入。烦，冲。百里。	**四会**，秦县，始昌省入，南绥州、须州。僻，冗。	**阳江**，汉高凉地，后海安、南恩路。简，中。	肇庆。	四会，阳江，

道	界九十里，西广西梧州苍梧界四百里。	郡、兴庆军。烦，冲，上。州一。县十一。米十万石。府阻山滨海，居上游之界。 山险 高要峡，即高峡山，一名羚羊峡，在府东三十五里，吴步骘取南海，战于峡口，即此。顶湖山，府东北五十九里，雄峻为一方之胜，顶有湖。海陵山、阳江		六十里。府北百三十里。 **高明**，裁，僻，简。十八里。府东南六十里。 **阳春**，本高凉地，及春州、南陵郡。瘴，简，下。二十四里。府南二百四十里。 **庆宁**，嘉靖三十七年析四会地置。十二里。府西北二百九十里。	五十里。府南三百四十里。 **新兴**，汉临允，或新宁郡、新州、索庐、新昌。简，中。三十八里。府南二百四十里。 **恩平**。恩州、南恩州。贼，同前，下。二十二里。府南二百七十里。		新兴， 阳春， 海朗，阳江东南五十里。

		西南七十里海中，延袤三百馀里，一名罗洲，张世杰白厓山溃围而出，至此死焉。铅坑冈，阳春北，出铅银沙矿。	**德庆**，汉端溪，或晋康郡、康州、永庆军。猺民杂，简，冲，中。六十三里。府西二百里。 水道 漠阳江，出阳春北八十里之云浮山，南流合罗凤、石绿水，经阳江县南三十里之北津港入海。志云：东南海洋，类皆阻于石，舟行径丈馀，故贼不敢出入。古武水，府东八十里，一名清岐水，	**泷水**，晋龙乡、平原，或泷州、永熙郡。贼，僻。二十五里。州南百五十里。 绥江水，四会治南，一名滑水，又名绥建水，出广西怀集县，由峡中曲折而下，至此与县北百里龙江会焉。泷水西南八十里有泷水出猺境大水山，滩石奇险；东南六十里有上乌水，亦急峻，下流与泷合。	**封川**，汉广信，或成州、封兴、苍梧郡、临封郡。淳，瘴，简，中。十四里。州西百五十里。 **开建**。本封阳地，或南静郡。四里。州西北二百十里。		**德庆**，**双鱼**。阳江西百五十里。

			南入大江，自昔设关屯兵用武处。				
	北广西梧州岑溪界百三十里，南海岸百三十里，西廉州石康界二百四十里。	**高州**，汉高凉，或高兴郡。山瘴，盗贼出没。州一，县五。米六万六千石零。 府山环土厚，名胜为多。	**茂名**，或潘州，南巴、潘水省入。近山，猺贼出没，瘴，简，中。四十六里。	**电白**，或郡，海昌郡，良德、保宁省入。裁，僻，瘴，中。四十六里。府东北四十五里。	**信宜**。唐信义、南扶州、窦州，特亮、潭峨、怀德省入。简，瘴，猺贼，裁，下。五十里。府北八十五里。	**神电**。电白东南百八十里。	**高州**， **信宜**， **宁川**，吴川东南。
		山险 鉴山，电白北二里，旧有宝山银坑。来安山，化州北八十里，险峻入云，昔人避兵于此。	**化**。罗州、石龙、南石州、辨州、陵水郡。简，瘴。三十七里。府西南九十里。 水道 高源水，在信宜西	**吴川**，隋名干水，零绿省入。裁，简，瘴，下。二十七里。州南七十里。 鉴江，府北，出鉴山下，萦绕城郭，	**石城**，或罗州、廉江县。裁，僻，瘴。四十六里。州西百十里。		石城。

			北百里，至城西南会潭峨水，名潭峨江。入县有窦江，东北八十里有丽水江，皆境内名川也。按窦江有二源，合入海。南廉水，在石城东，源出容县界，东南流入海，通廉州合浦县。	合陵罗水东南入海。按陵水出广西北流县扶来山下，南流七十里与化州北九十里罗水合，所云陵罗，未知是否。又吴川治西有吴川水，志云自鉴江分流至限门入海者。	硇洲，吴川南百四十里，屹立海中，宋端宗驻此。限门、吴川南三十里，其门隘狭，曲折纳三川之水放于海。 关隘 北额寨，电白土保宁乡。那黎寨，茂名下博乡。硇洲寨，吴川南四都。		
岭东道	兵备佥事。 北江西赣州龙南界六百三十里。	**惠州**，梁化郡、循州、龙川郡、海丰郡、祯州、博罗。冲，烦。	**归善**，欣乐县，苦竹。上。四十五里。 山险	**博罗**，秦县，罗阳省入。莫村。上。五十六里。府西北三十里。	**龙川**，秦县，或雷乡、雷江。裁，简，瘴，中。八里。府东北四百里。	**惠州**，	**龙川**，

		县十。米一万七千石。 府接梅、潮而连汀、赣，襟山带海，称为名胜。 水道 新兴江，河源西，石碛峻险，东南流五百五十里入槎江。通海河，兴宁北七十里，合长乐吴田、东溪、西溪共六十一溪，至潮州入海。	罗浮山，博罗西北三十里，广州分界，一名博罗，高三千六百丈，周三百馀里，岭十五，峰三十二，泉石奇胜难名。嵩螺山，长乐南九十里，峰峦连亘，起归善、海丰，终于潮州，是一方之镇也。	长宁，本归善及韶州英德二县地，隆庆三年置。六里。府西北四百里。 海丰，晋东官郡地，或陆安。裁，僻，下。四十里。府东三百里。 河源，休吉县省入，石城。冲，中。十里。府北百五十里。	长乐，旧镇。十里。府东北四百八十里。 兴宁，或齐昌府，裁，中，盗。七里。府东北百十里。 和平，正德十三年置。四里。府东北二百八十里。 永安。隆庆三年析归善、长乐地置。七里。府东北二百五十里。	碣石。海丰东南百二十里。	长乐， 平海，府南。 海丰， 捷胜，海丰。 河源， 甲子门。海丰东。

北福建汀州上杭界三百十五里，东海岸百五十里。	**潮州**，义安郡、东扬州、瀛州、潮阳、凤城。烦，上。县十。米十六万四千石。府居闽、粤之界。 山险 大河山，府北二百里，高百馀丈，周四十里，因西有大河，故名。	**海阳**，晋县。冲，上。百七十里。	**揭阳**，汉县。烦，僻。七十八里。府西北七十五里。 **潮阳**，晋县，武宁。上。三十六里。府南百三十里。 **程乡**，萧齐置，或敬州、梅州。贼，瘴，裁。十八里。府西北三百里。 **澄海**，嘉靖四十二年析饶平、揭阳、海阳三县地置。五十五里。府东南六十里。	**饶平**，本海阳地，名三饶，成化十四年置。瘴，僻，中。四十六里。府东二百里。 **大埔**，嘉靖五年析饶平县地置。裁，中。二十里。府东北百六十里。 **惠来**，本潮阳、海丰二县地，嘉靖四年析置。裁，中。三十里。府西南三百里。 **普宁**。嘉靖四十三年析潮阳地置，	**潮州**。	**大成**，府东北二十里。 **海门**，潮阳。 **靖海**，潮阳。 **程乡**， **蓬洲**。揭阳。

				平远，嘉靖四十三年析程乡及惠州府兴宁地置。四里。府西北三百八十里。	名安普，万历十年改今名。十四里。府西南百二十里。		
海北道	东海岸十里，西南海岸二百里。	**雷州**，汉徐闻县，或合州、南合州、东合州、海康郡、雷江。冲，中。县三。米五万五千石。 府地滨炎海，有道可通闽、浙。	**海康**，简，冲，中。三百里。 山险 围洲山，遂溪西南二百里，旧名大蓬莱，绝高大，民以采珠为业。	**遂溪**，隋椹川、铁杷二县，新安。中，瘴。四十八里。府北百八十里。 水道 老鸦洲，抵琼州界四里。	**徐闻**，汉名，或齐康、隋康、英利。中，瘴。九十里。府南百五十里。	**雷州**。	**海康**， **乐民**，遂溪。 **海安**，徐闻。 **锦囊**。徐闻。
	参议，兵备佥事，盐课提举。	**廉州**，秦象郡地。瘴，下。州一，县三。米三万六千石。	**合浦**，汉县。瘴。二十六里。	**石康**，合浦。十里。府北三十里。		**廉州**。	**永安**，合浦。

	北南宁横州界三百六里。	府环山而居，凭海为郡。	钦。合浦地。裁。十里。府北百四十里。 水道 廉江，府北三十里，即合浦江也，一名南流江，又名晏江，西南入海。	灵山。简，下。三十里。州北二百十里。 关寨 如昔寨，钦州西百六十里交趾界。			钦州，灵山。
海南道	兵备副使， 右参将辖南北海。 北海岸十里，南海岸千一百三十里，东西海岸皆四百馀里。	琼州。汉珠崖。烦。州三。县十。米八万石。府无瘴，所属俱瘴。 府外抱大海，中盘黎洞，而州各据一隅，广大不啻千里。 山险	琼山，汉瑇瑁。上。一百四里。	澄迈，汉苟中。中。五十六里。府西六十里。 临高，唐临机。中下。六十七里。府西百八十里。 定安，裁。二十六里。府南八十里。	文昌，汉紫贝。中。三十八里。府东百六十里。 会同，裁，下。七里。府东南三百五十里。 乐会。裁，下。十二里。府东南三百五十里。	海南。府城。	清澜，文昌。

		黎母山，定安南四百里，高大，亦名大五指山。又有水五派，流绕四州，悉入于海。	**儋**，汉儋耳郡。上中。四十六里。府西南百七十里。	**昌化**。裁，下。九里。州南二百九十里。	水道 建江，定安治北，出五指山下，南入海。金仙水，万州北，出五指山，入海。海口港，接雷州，亦名海口渡。		**儋州**， **昌化**， **万州**， **南山**，陵水。 **崖州**。
			万，本文昌地。简，中。二十九里。府东南四百七十里。	**陵水**。隋置。裁，下。九里。州南六十里。			
			崖。汉珠崖郡地，或振州。简，中。十五里。府南千一百十里。	**感恩**。汉九龙，隋改今名。裁，下。九里。州西北三百二十里。			

海防 附考

广东三路虽并称厄要，而东路尤甚，盖惠、潮与福建接壤，漳舶通番之所必经，议者谓潮州为岭东巨镇，柘林称南粤要区，抚背扼吭之防，不可一日缓也。而靖海、海门、蓬州、大成诸所，又皆跬步海涛，所赖以近保三阳，远卫东岭。若惠州、海丰，东南滨海，捷胜、平海、甲子门皆瞬息生变，惠、潮守备驻劄，固有以严其防矣，然不如柘林为要也。柘林乃南粤海道门户，据三路上游，番舶自福趋广，必从此入，且水寨有一日之远，警报易阻，无柘林则无水寨，即无潮、惠，故当以此为津要之首，而靖海、碣石、甲子门等处递加防固，此守东路之上策也。广州郡环大洋中，哨楼船亦不可缓，使贼来犯柘林一路，有以遏其冲，势难越中路之屯门、虎头门等澳，而南头澳可停船以待潮，或据为巢穴也，故险患尤甚，此守中路之急务也。若西路则高、雷、廉一路，逼近占城、暹逻、蒲腊诸番，岛屿错列，防闲或懈，变在肘腋矣。神电一卫，所辖皆高州南岸也，琼州又其外户也，心腹尽为黎处，郡守封疆，悉皆滨海，防维之责难尽。崖州旧有参戎，果无旷厥官哉，此西路所当经画者也。

广西第十三

按广西之境，当岭南右偏，虽三江襟带，提封亦广，然内阻徭峒，外迫边关，形势残缺，虽有贤豪崛起，诚知其难也。苍梧一道，夙称要会，桂林而北，足以驱驰，要其得失，亦在尺寸之间，而非鞭箠大略也。若夫保疆息患之道，吾姑取已往之说，综其利害焉。说者曰：广西风壤气习，大略与广东异。府江绵亘八百里，半为苗夷所有，阻兵江道，肆为寇掠，不但古田、荔浦遭其吞噬也；浔州大藤峡跨在黔、郁二江之间，诸蛮巢穴凭焉，剽窃四出，迫则投窜，虽有藤州五屯所扼其咽喉，未始减也。若夫西延六洞与武冈、邵阳接壤，皆徭据之，为桂林北境之祸；柳、庆以西，则八寨实为盗区，洛容、怀远并罹荼毒，而宾其咽喉矣。右江一带，岑氏最强，思恩既已残破，泗城犹婴樊之虎，计非削弱不可也。且南控两江，坐蹑交阯，桂管保障，其在是乎？

广西古之百粤地，汉领于荆、交二州刺史，唐隶岭南道，后置岭西道，宋属广南西路，元置广西两江等道，后设行中书省，今为广西等处承宣布政使司，治桂林。左右布政使二，左右参政三，管粮一，苍梧一，桂平一。左右参议二。柳州一，浔州一。领府一十一，内羁縻四；属州四十六，内羁縻三十三；县五十七，内羁縻四；长官司二。总为里一千一百八十二里半，旧户十八万六千九十，口一百五万四千七百六十七。夏秋二税共米麦四十三万一千三百五十九石，钞一百四锭。

广西都指挥使司，隶右军都督府。都指挥三，掌印一，佥书二。领卫十，属所五十五。守御千户所二十一，仪卫司一。本都司所属马步官军一万二百馀员名。

提刑按察使司，按察使一，副使五，清军一，提学一，分巡二，府江一。佥事四，分巡四。分道四。

总督都御史一，镇守太监一，平蛮将军总兵一，驻梧州。见广东。副总兵一，驻桂林。巡按御史一，或清军一。俱驻桂林。

王府一：靖江府，高从孙，封桂林，一千石，护卫一。

广西舆图 补注

一、漓江与湘江俱出兴安南七十里之海阳山，流五里而分，南为漓水，一名桂江，汉讨南粤，戈船将军出零陵，下漓水，即此也。行二百馀里，至府城下，境内诸水悉合焉。又合府南五十里之相思江，经平乐府城南，有荔水自柳州发源，经修仁、荔浦而来入焉，过梧州府城西合大江，抵广东番禺入海。或名始安江，即桂江也。

一、大江二，左江出交阯广源州，经龙州南曰龙江，入太平府，经崇善县境，诸水悉会，绕府城东西南三面，名府前江，流至南宁府西五十里之合江镇，

合右江。右江出峨利州，或曰富州，历上林洞，过田州东南境，亦至合

江镇而合左江，名曰大江，亦曰郁江，又曰南江。经浔州府城南，府北黔江之水合焉，是为浔江。至藤县北绣江之水合为藤江，又名镡江，总曰大江。至梧州府城南合桂江，又东直抵广州番禺入海。汉武使驰义侯发夜郎兵下牂牁、会番禺，即此也。

一、湘水与漓水同源，北为湘水，合越城峤水至全州，州北五十里之洮水、灌阳南九十里之灌水悉入焉，入永州界为湘江。

一、龙江，源出庆远天河县石岸岭，府南之洛蒙江合焉，流入融县境，县东之融水会焉，历柳城而合于柳江，至宜宾南，都泥江自迁江分流合贺水至此，又合雷江入柳江，自为大江。自迁江、象州抵浔州，亦曰黔江，亦曰北江，趋城南而合郁江，曰浔江，东至藤、梧，至广州入海。其详见于后。按所载诸水，大略舆图中有异同，存以俟考焉。

广西舆图

讀史方輿紀要圖說卷二　廣西十三

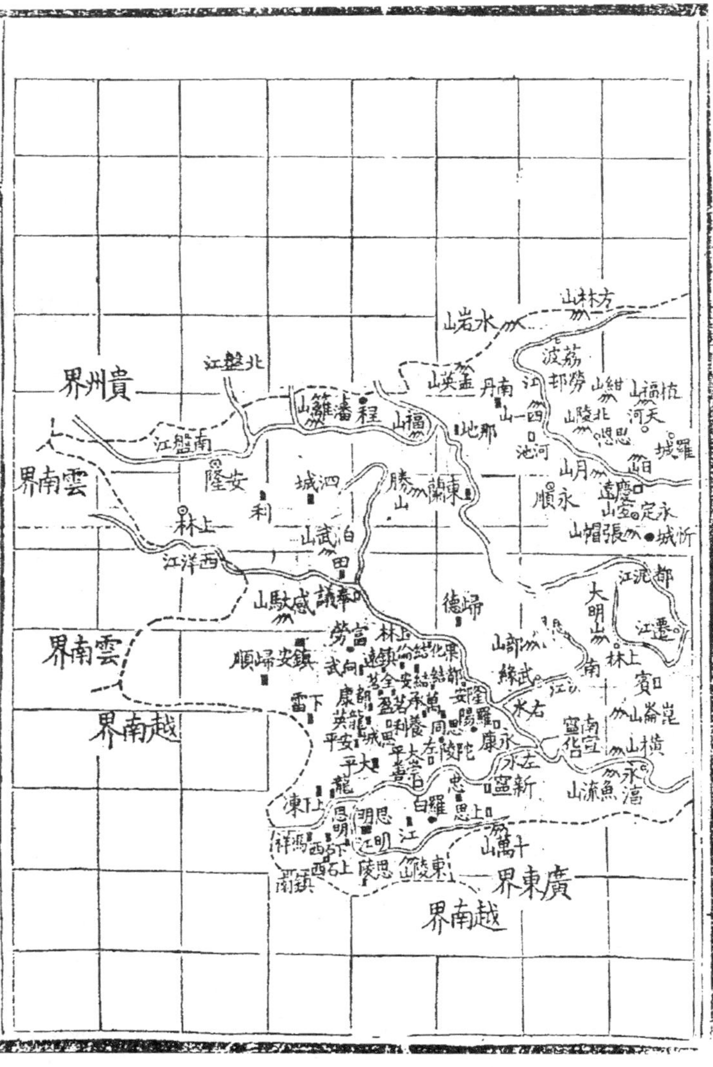

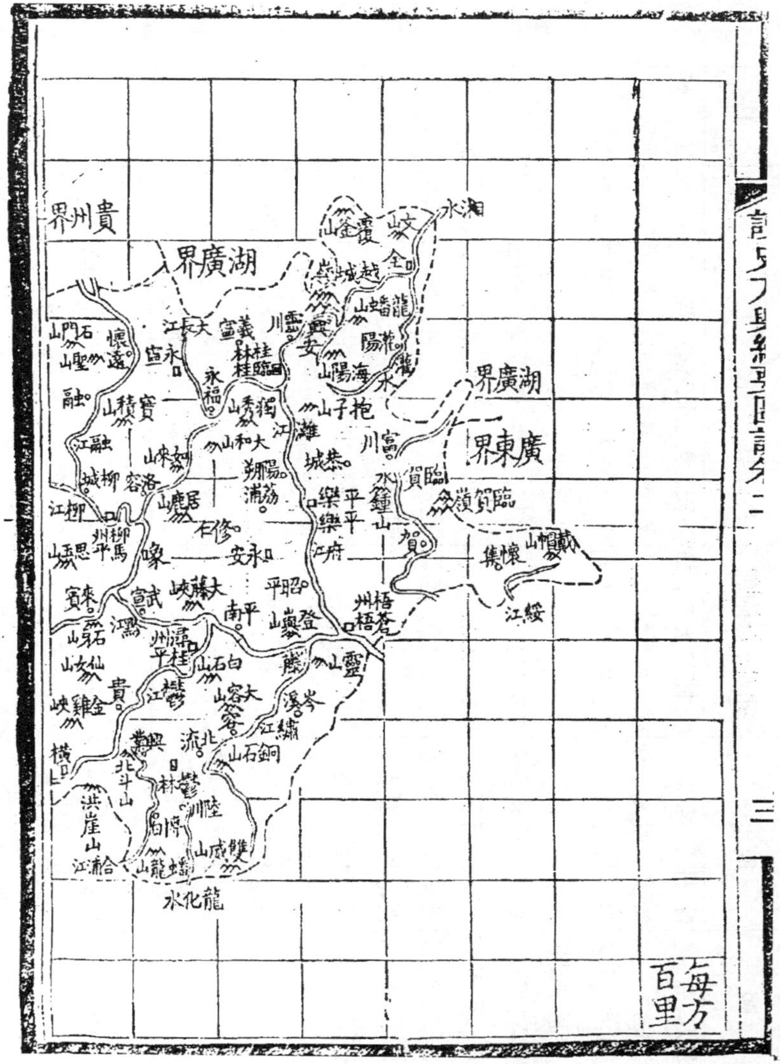
貴州界
湖廣界
湘水
湖廣界
廣東界
化龍水
每方百里

道	四	府十一	州四十六附郭	并外县五十七		卫	所
桂平道	巡抚，巡按。东湖广道州界六百里，北武冈州界三百八十里，至南京四千二百九十五里，北京七千四百六十三里。	**桂林**，秦郡，始安、始建、桂州、建陵、静江、临桂。烦，上。州一，县九。米十二万五千石零。府居五岭之表，控两越之交，被山带江，为西南都会。 山险 普安山，府南三十里，山势宛延，回翔其顶，有泉四时不竭。百丈山，灵川北十五里，一名把丈山，重峦叠	**临桂**，始安，福禄、慕化省入。烦，上，百三十九里。 〇隆庆四年改古田县为永宁州，以永福、义宁二县属焉。	**兴安**，唐临源、全义、溥州。裁，简，中。二十里。府北百三十里。 **灵川**，唐县。烦，中。五十里。府西北五十二里。 **阳朔**，或归义。裁，简，中。十三里。府南百四十里。	**永福**，唐名。裁简，瘴，中。十二里。府西南百里。 **义宁**，旧镇。裁，徭贼多，中。十三里。府西北八十里。 **古田**，唐纯化，又古县。裁，简，下。十里。府西百五十里。 **理定**。烦，冲。五里。府西南百六十里。 水道	桂林中、右，广西护。	

		嶂，绵亘数里。始安岭，府西一里。图册云：秦开五岭，此其一也。越城岭，兴安北三里，五岭之最西岭也。屏风岭，府东北五里，一名程公岩，断石屹立，高百馀丈，中有平地，可容百人。	全。汉洮阳、零陵地，隋湘源。烦，上。八十九里。府东北二百五十里。 关隘 严关，兴安西南十七里，两山对峙，势极险隘。昭义关，灌阳东六十里。香烟寨与禄塘、长乌、羊状、峡石、磨石、获源共七寨，俱在全州界，宋置。吉宁寨，灌阳西八十里，在县境者又有洮水、灌水二	灌阳，零陵地。裁，简，僻，下下。八里。州南九十里。 附考 回涛堤，府东南，筑以捍桂水。	黄源水，古田西，经永福、临桂界入漓江。癸水，府城东。志云漓江流二百里合癸水，即此也。西湖，府西三里，环浸隐山六洞，阔七百馀亩，胜概甲于一方。灵渠，兴安北，其源即漓水，秦戍五岭，命史禄凿此以通舟楫，汉马援南征，饷道亦出此，历代皆加修浚。	全州， 灌阳。	

		寨，宋置。				
东广东广州连山界五百里，南梧州苍梧界四百二十里，北桂林灌阳界三百四十里，西桂林阳朔界六十里。	**平乐**，始安、乐州、昭州、昭潭。多傜，简，中下。州一，县六。米二万六千石零。 府崇山峻川，为岭表之襟喉。 山险 西山，府西，漓、乐二水流合处有巨石八尺，屹立水中。萦山，府东九里，山势萦回，有九峰，险不可陟。秦山，富川北百八十里，高二千馀丈，北连道州	**平乐**，立山、永平省入。裁，僻，中下。六里。 **永安**。立山。傜多，獐重，裁。五里。府西南百六十里。米一千石零。	**恭城**，裁，多傜，中下。一里。府西北百里。 **富川**，汉县，或富水。裁。二里。府东北二百六十里。 **荔浦**，汉县，唐荔州。裁，獐，下。三里。府西北七十五里。 昭冈潭，府东二里之考盘涧口有十六滩，志云：静江至梧州，滩泷三	**贺县**，临贺，或郡，又临庆、绥越郡、贺州。裁，简，獐。六里。府东二百八十一里。 **修仁**。或建陵郡、晏州。同上。二里。府东北百四十里。	**平乐**， **贺县**， **富川**。	

		橘山，贺县东二十五里，有七十一峰，旧有铜冶，山多橘。临贺岭，贺县境，五岭之一也。记曰：大庾、始安、临贺、桂阳揭扬，是名五岭。	水道 富江，富川东，亦名灵溪，南流合贺县东之贺水、临水，下流入海。乐川水，府西，源出道州东。有诞山江，恭城有平川、西水等江会入漓水。	百六十所，昭潭其中分处也。自昭潭以上至静江不甚险，下至梧则石锐滩高，水有湍急之势矣。			
苍梧道	总制， 分巡佥事， 总兵， 参政。 东广东肇庆封川界	**梧州**，汉广信、苍梧郡、交州。烦，冲，上。州一，县九。米一万石零。府地总百粤，山连五岭，前引长江，	**苍梧**，猛陵，戎城省入。傜多，瘴轻，烦，冲，上。二十二里。	**藤县**，猛陵地，或建陵、永平郡、宁风。冲，烦，上中。四十四里。府西六十里。 **容县**，汉合浦地，或荡昌、铜州、	**岑溪**，或永业郡、南义州。裁，僻，瘴，下。七里半。府西南二百九十里。 **怀集**。汉四会地，或怀远，傜水省入。		梧州， 怀集， 容县，

	三十里，南高州信宜界百八十里。	后连原阜，极水陆之冲，不特咽喉桂、柳，亦唇齿湖、湘者也。 山险 石人山，藤县南三里，山势峭拔，下临深渊。容山，容县西北二十里，山极迥阔，藤、容、北流、兴业诸县，郁林、高、浔诸州分据其麓，皆以此为望。宴石山，博白西南六十里，山皆盘石，壁立峭绝，北临大江，中有流泉。		容州。裁，僻，瘴，中。十六里。府西三百四十里。	中，裁，瘴。四里。府东北百二十里。		
			郁林。汉郡，或郁州、兴业、南流。简，僻，中，瘴。四十三里。府西三百三十里。 铁围山，兴业南十馀里。山有四门，东门通人行，有岩窦泉流之胜；南门半有土基，相传古敌楼也；西、北二门多石，不通人行。	**博白**，唐南州，或白州。裁，简，瘴，下中。三十三里。州西南七十里。 **北流**汉合浦地。裁，僻，徭多，瘴，上中。二十里。州东四十五里。 水道 绣江，藤县东南，源出高州，经容县与藤江合流。	**陆川**，南岩州、龙豪、公平。简，瘴，中下。十五里。州南七十里。 **兴业**，石南，兴德省入。徭，瘴，中下。七里。州北七十里。 怀溪水，在怀集县，合马宁、化兜等水，经广东四会县入南海。		**郁林**， **五屯屯田**。藤县西北百里，隶都司。

		又县西四十里有伏割山，产象。句漏山，北流东北七十五里，石峰千仞，有岩水、洄曲、宝圭、白沙等洞，普照、独秀等岩，而独秀岩尤擅林洞之胜，有石室可容数千人。 附考 石寨，在句漏山，方圆约二顷，环以十二峰，一名巫山寨。	古名铁城，州尝治此。将军岭，博白东北二里，狄青讨依智高尝驻此。又县南五十里有绿秀岭，林木菁葱，因名。白石山，在郁林州，志云：周七十里。赤水峡，藤县东六十里李白岩北，两崖壁立，一水中流，林木郁然，岚气朝夕不散。	又容县南有容江，过藤、梧入海。南流江，在州南，源出大容山，州北西望江，州西定川江皆合焉，至博白县境南立水、饮马、陵马诸水皆入焉，又南经广东之廉州府悉入于海。	昆仑水，陆川东三十里，经廉州石康入海。东安水，府东四十里，入封川界。马门滩，北流西南四十里，马援曾凿此，馀二石双立如门，水流其中。又藤南有鸭儿滩，极高峻。系龙洲，府东七里，在大江中，俱有民居林木。		

左江道	兵备佥事。 东宾州界百二十里，南广东钦州界百三十里。	南宁，汉领方县，后晋兴郡、宣化县、南晋州、邕州、朗宁郡、建武军。多商贾，冲，上。州四，县四。米四万七千石零。 府外临交、海，内连溪洞。而横州地势险阻，尤为诸郡之咽喉。 关隘 昆仑关，在昆仑山上，宋狄青破侬贼处。合江镇，府西五十五里。又有迁隆镇，去府四程。永平寨，府西境，	宣化，朗宁、如和、思笼省入。猺少民多，上。五十二里。	武缘，乐昌、封陵省入。裁，冲，猺，上。十五里。府北八十里。	隆安。嘉靖七年置。中。十里。府西北百八十里。 山险 武号山，府南十里，山势雄武，拱揖城郭。马退山，府北十五里。旧记：山亘数百里，尾盘荒陬，首枕大溪，诸山朝拱。苦竹山，府北十五里，多苦竹。思玉山，府东六十里，跨柳州境。昆仑山，府东九十里，极险，故设关于此。	南宁， 驯象。 横州。	武缘。
			横，本高梁地，宁浦、缘州、横县。有猺，冲，上中。十五里。府东二百十里。	永淳，淳州、永定、峦州。裁，中。七里。州西一百三十里。 水道 八尺江，府东南六十里，出广东钦州界，北流合郁江。武流江，横州东五十里，出广东灵山界，至此转合州西南五十里之槎江。			
			上思，迁隆。改土归流。三里。米六十七石。府西南三百里。				
			归德，改土。一里。米百十石。府西二百五十里。				

		志云：去府十程。又有古万等寨，宋置。	**果化**。改土归流。一里。府西北三百二十里。二州初属田州府，弘治十八年改今属。隆庆六年增置新宁州，在府西二百里。万历十八年又置下雷州，在府西五百八十里。俱属南宁府。	秋风江，永淳北十里，亦出灵山，入郁江。邕溪，府西十里，源出钦州。	横山，府东八十里，高峻，宋置横山寨于此，为市马之所。秀林山，横州西十里，林木秀郁。镆铘山，武乡东五十里，山势崎岖，古有镆铘关。望仙坡，府城东，狄青等征侬贼尝驻于此。		
	参议，参将。东梧州	**浔州**，桂平、浔江郡。简，中。州一，县三。米二万六千零。	**桂平**，汉布山，浔州，后陵江省入。瘴少，中，上，裁，	**平南**，晋武城、大同、武林省入。中。三十七里。	**贵县**。汉广郁，或阴平、定州、南定州、尹州、怀泽郡。	**浔州**，**奉议**。贵县。	**贵县**，**向武**。贵县。

	藤县界百六十五里，西南宁宣化界五百十八里。	府环山带川，黔、郁称雄胜。 山险 白石山，府南六十里，有独秀峰。南山，贵县南二十里，有二十四峰，峭拔甲于一郡。又有东山、西山、北山，分绕四面，皆不逾三十里，俱称胜云。大藤峡，府西北百五十里，大山夹江，绵延数百里，山势险峻，中多猺人。	简，冲。二十四里。 武靖。成化三年置，改土。府东北二十里大藤峡内碧滩、马流滩之閒，万历末州废为武靖镇。会仙岩，在白石山上，磴道险峻，冠于一方。罗丛岩，府西南六十里，其岩明爽可容三四百人，洞壑诸胜，为郡伟观。	府东百三十里。 水道 龚江，在平南东南，一名都泥江，西通邕、宜二江，东过藤、梧会诸川入海。宝江，贵县西二里，一名浔江，来自宾州，入郁江。铜鼓滩，浔江中，与碧滩、弩、思傍滩、研石滩为五滩，水石险隘，有声如雷。	上中，裁，简。三十六里。府西百四十里。		

<table>
<tr>
<td rowspan="3"></td>
<td rowspan="3">东交趾界二百四十五里，西龙州界二百里，北向武州界三百里，南江州界六十五里。</td>
<td rowspan="3">**太平**，汉丽江，宋五寨。傜，獐，中。五里。州十五，县四。米二千石零。府山川环绕，壤连交趾。
山险
金柜山，府城外江东，中虚可容百人。鳌头山，府东四里，屹立江心，春夏波涛冲激，有声如雷。青连山，府北五里。上下冻州亦有此山，自交趾广源州发脉，西连州治。拱天岭，</td>
<td>**崇善**，崇山。知土，近流。简，獐。二里。米二十八石六斗。初治府西北五十里，嘉靖十九年迁入附郭。</td>
<td rowspan="3">**永康**。康山。知土，今流。一里。简，獐。米百五十五石。府东北二百里。</td>
<td rowspan="3"></td>
<td rowspan="3"></td>
<td rowspan="3">太平后。</td>
</tr>
<tr>
<td>**太平**，瓠阳。知土，吏目流。下下。四里。府西北八十里。米二百三十九石，贡马。</td>
</tr>
<tr>
<td>**思城**，上下二州并入，知土。二里。府北百里。米百八十石，贡马。</td>
</tr>
</table>

		上下冻州南十里，山峻而长，连亘百里，东南接交趾，山头皆北向，因名。	**安平**，波州、安山。知土。五里。府西北百十里。米百九十三石，贡马。				
			养利，历阳。二里。府北百五十里。米百四十八石一斗五升。				
			万承，万阳。知土。二里。府东北百五十里。米五十石，贡马。				
			左州，左阳。知土，今流。四里。府东北百里。				

			米二百三十四石四斗。				
			全茗，连冈。知土。一里。府北百六十里。米百二十石，贡马。				
			镇远，古陇。知土。一里。府东北二百八十里。米九十九石。				
			思同，永宁。知土。四里。府东二百里。米八十石，贡马。				
			茗盈，旧峒。知土。				

			一里。府东北百六十里。米百三石，贡马。				
			龙英，英山，怀恩州省入。知土。二里。府北二百十里。米七十八石，贡马。				
			结安，旧峒。知土。一里。府东北二百二十里。米七十八石，贡马。				
			结伦，那兜，又结安峒。知土。一里。府东北二百三十里。				

			米百二十石，贡马。				
			都结，渠望。知土。一里。府东北三百三十一里。米九十八石，贡马。				
			上下冻。冻江。知土。一里。府西二百二十里。米百二石，贡马。	**陀陵**，骆驼。知土。徭，獐，下下。五里。府东北百五十里。	**罗阳**。福利。知土。一里。徭，獐。贡马，米百五十五石。府东三百里。		

右江道	参议， 参将。 东桂林修仁界二百三十里，西庆远天河界二百五十里，南南宁宣化界四百里。	**柳州**，马平、龙州、昆州、南昆州、象州、龙江城。中上，冲，烦。 县十，州二。米五万二千石。 府居岭峤之表，控蛮洞之交，山川名胜不亚于桂郡。 山险 新峒山，府西南十里，有洞可容百人。白面山，象州南七里，石壁屹立，横绝大江中，俗名挂榜山。圣塘山，象州东百馀里，高难登。	**马平**，汉潭中。裁，徭多，中上。七里。	**洛容**，象县省入。徭，獐，下下。五里。府东北百五十里。 **罗城**，琳州洞。獐，裁，简，中下。五十里。府北七十里。 **柳城**，龙城、龙州。县在左江东。裁，冲。十二里。府北七十里。	**怀远**，本牂柯夜郎境，王口寨、怀远军、平州、三江镇。下下。九里。府北三百十里。 **融县**，齐熙、东宁州、融州、义熙、清远军。七里。府西北二百五十里。 **来宾**。严州，循德、归化、武化省入。裁，中下。九里。府南七十里。	**柳州**，	融县左， 来宾中，

		宝积山，融县东五十里，两峰相连，产铁。堡积山，迁江东二里，叠石崔嵬，不通道路，山顶稍平，乡人避兵于此。	象，汉中溜、潭中地，阳寿。裁，筒，瘴轻，徭多，中下。十里。府东南百三十里。米三千石零。	武宣。唐武仙。裁，杂徭。中下。八里。州南百里。	象州右， 武宣，		
			宾，汉领方，临浦，安城郡。裁，无瘴，冲，上中。十五里。府南三百里。米一万一千石零。 关隘 古漏关，宾州南四十五里。镆铘关，在上林县南九十里，有镆铘山。	迁江，本邕州地，思刚州。裁，徭，瘴重，冲，下下。二里。州西百里。	上林。领方地，南方州、澄州。裁，僻，中上。八里。州西八十五里。 水道 柳江，府南门外，一名浔水，出怀远县，下流合龙江。 洛清江，洛容西百二十里，自桂林	南丹。 宾州，	宾州后， 迁江屯田。隶都司。

					府流至此。		
	兵备副使， 守备。 东柳州柳城界七十里，西利州界七百里，南宾州界百四十里。	**庆远**，汉交趾、日南，唐粤州，后宜州、龙水、庆远军、宜阳。简，中上。州四，县五，长官司二。米一万四十石。 府江山险峻，控扼夷蛮。 山险 天门拜相山，府城北，二峰如笋，崒嵂参天。暗岭山，思恩北二十里，山瘴崇叠，日光少见。	**宜山**，龙水，洛曹、古阳、述昆省入。裁，僻，边，傜，中下。三十七里。	**天河**，唐名。裁，多瘴，简，下下。十八里。府北九十里。 **永定长官**，宜山之归善等乡。土官。六里，百八十四村。米三百五十石。府西南六十里。	**忻城**，唐郡，或芝州。土官。多傜，瘴，下。三里。府南百十里。 **永顺长官**。宜山之述昆等乡。土官。六里，百二十四村。米三百五十九石零。府东南八十里。	**庆远**。	
			河池，唐智州地，富力，庭州，怀德省入。简，中下。十八里。	**思恩**，唐名，带溪寨、溪州。傜，瘴，下下。二十二里。州西百五十里。	**荔波**。宋州。裁，傜，多瘴。十六里。州西北百八十里。		**河池**。

		智州山，河池西四十里，绵亘百里，旧智州在此。 水道 乌泥江，忻城西六里。合龙江北流，过东水源等江入浔州界。江口渡，天河南二十五里。金城渡，河池东五十里，有巡检司。	府西二百十五里。初为县，弘治十七年升为州，领县二。				
			南丹，边蛮地，永、鸾、福、延四州省入。土官。下下，瘴。九里，今十二里。府西二百四十里。米七百三十石，贡锡。				
			东兰，宋兰州，安习、忠、文省入。土官。下下，瘴重。十二里，今二十四里。府西南四				

			百二十里。米三千三十石，贡马。				
			那地。宋地、那二州，又建隆县。土官。瘴多。三里。府西南二百四十里。米四百十石零，贡锡、马。				
	东广东钦州界三百里，西交趾界百三十里，南思陵州	**思明**，唐思明州。知土。瘴，下下。旧领州七，弘治十八年以上思州改属南宁府，至嘉靖时止存四州。米六百三十七石，	**思明**，知土。下下。一里。府西北。贡马。万历十一年改属太平府。 **上石西**，知土，今流。一里。府西。贡马。	凭祥县初属思明府，成化中改为州，直隶布政司。见后。			

	界八十里，北江州界四十里。	贡马、解毒药。府石山卓立，江水横流，亦藩屏处。 水道 明江，出上思州南六十里之十万山，绕府治北，流百八十里入龙州龙江。	万历三十八年改属太平。 **下石西**，知土。一里。府西百四十里。贡马。 **忠**，知土。下下。一里。府东。米二百十石。贡马。隆庆三年改属南宁府。 **禄**，府南二百馀里。宣德二年没于安南。 **西平**。下下。府西南二百里。宣德二年没于安南。				

东柳州上林界二百五十里。	**思恩军民**，唐羁縻州，正统五年改为府，知土，近流。瘴，下。二十里。初领县一，后裁。万历中置上映州属之，又以武缘县来属。	**凤化**。正德七年置。府北三十里。嘉靖八年裁，移南丹卫于此。				
西交趾广源州界三百五十里。	**镇安**。旧峒，宋置宣抚司，元为路，洪武二年改为府。知土。二里。属峒八十。瘴。米千二百五十石。初领州一。	**归顺**。旧峒，弘治九年升为州，隶镇安，嘉靖初改隶布政司。知土。米百二十石。一里，有计洞、禄洞一十六村。				

自田州以下至凭祥十四土州，又上林长官司二皆直隶布政司。	东南宁府界五百三十里，西泗城州界百十里，北庆远东兰州界二百五十里。	**田州**，来安府省入。初为府，嘉靖七年降。知土。瘴，下。米四千八百六十五石。领县一。	**上林**。一里。知土。州南二百八十里。	初田州府属有恩城州，在府北二百五十里，弘治末废。又上隆州在府北八十里，成化三年废。		
	东东兰州界三百里，西上林长官司界百二十里。	**泗城**，古磡洞。知土。下下。二里。米千六百四十石。贡银、驴。领县一。	**程县**。程丑庄。流官，近土。二里。州东北三百二十里。			
	西龙州界九十里，南思明府界百里，北太平府界十五里。	**江州**，江阳。知土。下下。三里。米二百二十石，贡马。领县一。	**罗白**。宋置。知土。州东北百里。米十五石。一里。			

东田州界十里，南镇安府界百二十里，西田州界十五里，北田州界一里。	**奉议**，知土，近流。米二百八十石，贡马。州城北有右江，出富州，至南宁合江镇与左江合。				
西镇安府界百二十里，北田州界百二十里。	**向武**，七里。知土。下下。米八百六十石，贡马。初领县二，今存一。	**富劳**。知土。二里。米二百十四石。州北三十里。	又州东十里有武林县，元置，永乐初省入富劳。		
南交趾界三百九十里，北思明府界百二十里。 东泗城州界八十里，南田州界二百五十里。	**思陵**，宋置。知土。十二里。下下。米八百石，贡马。 **利州**，阪丽庄。知土。下下。米八百石。二十五里。				

	贡马。				
东太平府界二百里。 州地在极边，控制南交，藩屏中夏。	**龙州**，唐置，元为万户府。知土。五里。米四百五十五石，贡马。				
西镇安府界十里，北向武州界五里，东龙英州二十里。	**都康**，知土。五里。米二百二十七石，贡马。				
东南思明府百里，东龙州界六十里，西交趾界七十里，北龙州界五十里。	**凭祥**。旧峒，洪武中置镇，永乐初升县，属思明府，成化十八年升为州。知土。十二里。米百六十石。				

		南云南富州界百五十里，东泗城州界百里。		**上林长官**，上林洞。土官。下下。十六里。米四百石。			
		北贵州宣慰司界八百里，西云南广南府界六百里，东泗城州界四十里，南上林长官司界二百里。		**安隆长官**。元置寨，永乐元年置。土官。下下。一里。米百五十一石。			
	迁江屯田、五屯屯田二千户所，俱隶都司。				迁江所旧在迁江县治东，嘉靖七年迁于县之东南境，接浔州府界，西达八寨，辖屯堡七十二，编户五里。		**迁江屯田**，

之水多入焉，蒙氏封为四渎之一。

一、礼社江，源自赵州白崖睑，至楚雄合澜沧江，绕元江府城东南入纳楼茶甸界为禄丰江，经蒙自县为梨花江，东南注于交趾清水江。

一、澜沧江，源出吐蕃嵯和歌甸，流经兰州西北三十里，东汉永平中通博南山道渡此，流经大理云龙州，经永昌东北境八十五里罗岷山下，亦接蒙化府，经府城西南境，马耳坡在其南岸，东流至顺宁府之东北境，又东至景东府东界，石齿嶙峋，波涛高涌，最为险阻，经府西南二百馀里而南入车里。

一、样备江，源出鹤庆府剑川州，经大理之浪穹县，过点苍山后会西珥海，绕赵州西南流入蒙化府西境，又流入顺宁府东北境，东南混流百馀里合于澜沧江。

一、潞江亦名怒江，源出吐蕃雍望甸，南流经路江司治北，两岸陡绝，瘴疠甚毒，夏秋不可行，蒙氏封为四渎之一。

一、大盈江有三源，一出腾越州东之赤土山，流为马邑河，一出州北之龍嵸山，渣为小湖，流为高河，一出州东南境之罗生山，流为罗生场河，绕州城，自东而北而西，三水并合为大盈江，又名大车江，南入南甸为小梁河，又以其经南牙山，亦曰南牙河，西南入干崖为安乐河，又经云笼山麓，亦名云笼河，自北折而西百十里为槟榔江，至比苏蛮界注金沙江入于缅中。

一、小梁河，在南甸东北三十里，流经干崖北，名安乐河，折而西，流为槟榔江。

一、麓川江，在芒市西，源出娥昌蛮境，流至司境，又至缅地合大盈江。

一、金沙江，源出芒市西南青石山，流入缅地合大盈江。

一、五岳：蒙氏封中岳点苍，在大理；南岳蒙乐，在景东；西岳高黎共山，在永昌之腾越；东岳乌蒙，在武定之禄劝；北岳玉龙，在丽江外。有名山七，兹不载。

一、四渎：墨惠江一，澜沧江一，潞江一，丽江一。

云南舆图

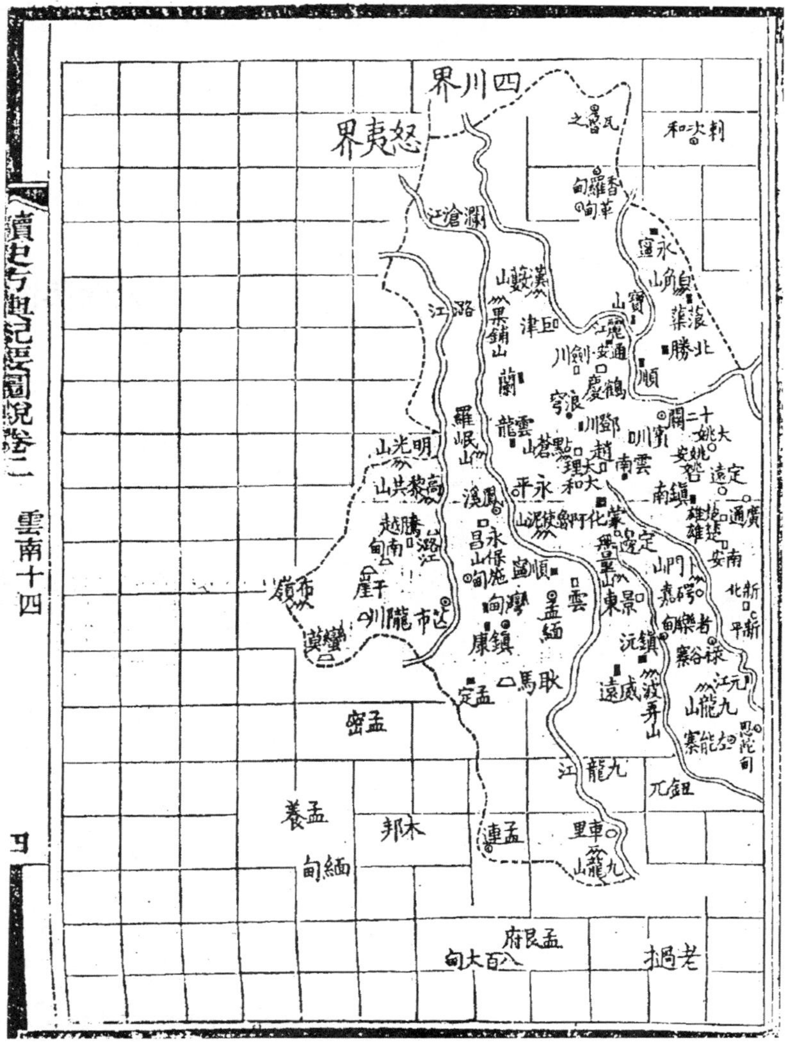
讀史方輿紀要圖說卷二
雲南十四
四川界
怒夷界
瀾滄江
潞江
明光山
高黎共山
騰越
南甸
干崖
隴川
芒市
永昌
保山
順寧
雲龍
蘭
永平
大理
趙
雲南
鶴慶
劍川
浪穹
鄧川
賓川
姚安
大姚
定遠
南安
鎮南
楚雄
廣通
蒙化
景東
鎮沅
威遠
孟緬
鎮康
耿馬
孟定
孟密
孟養
緬甸
木邦
孟連
車里
九龍江
九龍山
孟艮府
八百大甸
老撾
新平
新化
元江
北勝
永寧
麗江
寶山
通安
香羅甸
革甸
剌和
者樂甸

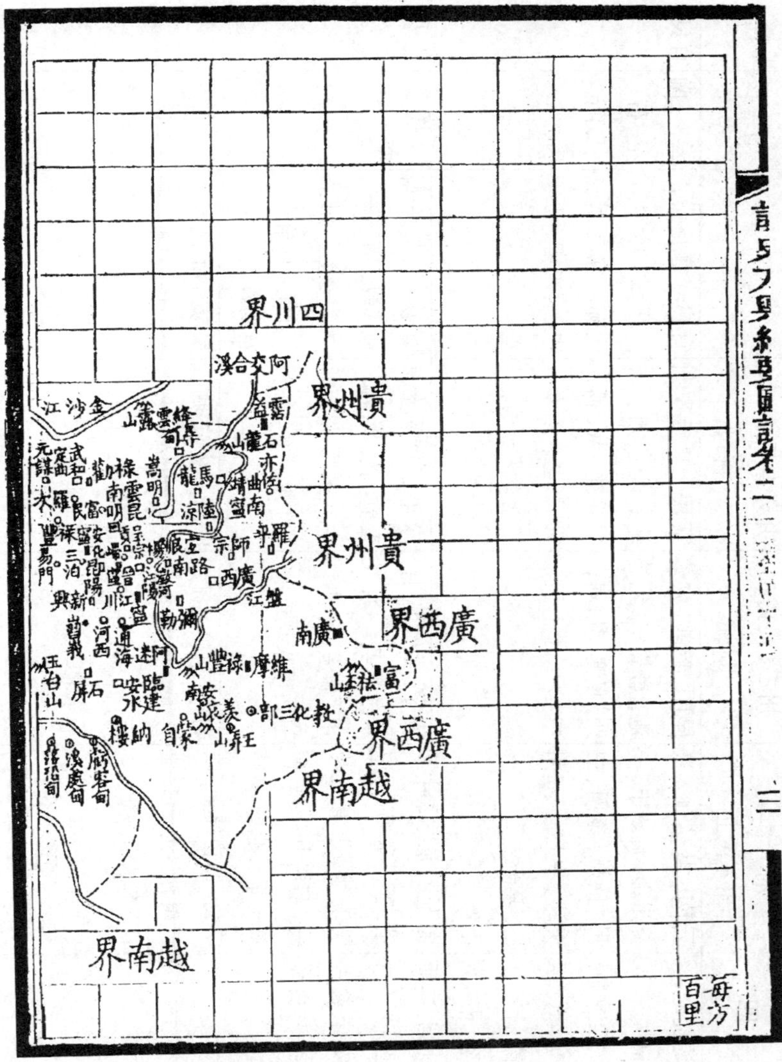
四川界
阿交合溪
貴州界
貴州界
金沙江
盤江
廣西界
廣西界
越南界
越南界
每方百里

道	四	府二十二 附军民卫一	州三十八又四 附郭	并外县三十三长 官司		卫十七	所
普安道	巡抚， 巡按。 府至京师万六百馀里，至南京七千二百里。 安宁盐井盐课提举司。	**云南**，楚滇国，汉益州郡，后建宁、宁州、昆州、善阐、中庆路。中上，烦。州四，县十。 山险 金马山，府东二十五里，西对碧鸡山，中隔滇池，下有金马关。碧鸡山，府西南三十里，北麓有碧鸡关。二山绵亘，映带滇池，为云南佳景。乌纳山，杨	**昆明**，附郭。汉滇池，唐晋宁，元善州，官渡。烦，冲，中上。二十七里。	**富民**，唐西宁州地，改黎州，或曰黎瀼。裁，简，僻。三里。无獐。府西北九十里。	**宜良**。唐昆州，元匡城、大池、大赤、宜良州。中。府东南百五十里。	云南左、右、中、前、后，	宜良，
			安宁，古螳螂川，汉连然县。烦，上中。知土。十里。府西南八十里。	**禄丰**，古禄琫甸蛮地。裁，简，冲，中。三里。州西北八十里。	**罗次**。唐乌蛮地。裁，简，僻，中。三里。州北九十里。弘治十三年属府。	广南。府城	安宁，
			晋宁，汉滇池地，昆州、阳城堡。简，僻，中。五里。府东北二十里。	**归化**，安江城、大吴笼。僻，裁，简，中。三里。州北二十里。	**呈贡**。元晟贡。裁，中。四里。州北六十里。		

总兵驻府城。	林西南十里，山周百馀里，西距呈贡，东接宜良，水草宜牧。呀嗳山，安宁西北五里，山有煎盐水。姚陵山，禄丰东北三十里，名骥琮笼山，群山中一峰耸拔，顶有泉及古寨。蒙低黎岩山，在易门南五十里，极高，下有平谷，宜牧。禄益恶危山，易门西百里，上有土城，昔善阐边戍之所。	**昆阳**，巨桥城。简，僻，中。四里。府南百五十里。	**三泊**，那龙城。裁，僻，中。州西北七十里。	**易门**。溇门。中下。三里。州西百五十里。	易门，
		嵩明，阿葛、金城、长州、长城郡、邵甸。简，中，少瘴。九里。府东北百三十里。 关隘 高峣关城，在昆明，关津总要处。金马关，在金马山下。碧鸡关，在碧鸡山北麓。	**杨林**，羊林。一里。州东南四十里。成化中省。水险 滇池，即昆明池，府南一里，亦名滇南泽，周广五百馀里，合盘龙江、黄龙溪诸水汇为此池，下流为螳螂川，中有大、小卧纳二山。	螳螂川，自滇池过昆阳，萦回安宁州治，至富民下入武定之金沙江。安宁河，源出安宁州，东经富民南，又至罗次为沙摩溪，至禄丰为大溪，至易门为九渡河，流入元江府界。	杨林堡。杨林东五里。

	东贵州普安州界百七十里，西寻甸府界百四十里，南广西府界百六十里，北四川乌撒府界二百九十里。	**曲靖军民**，汉味县地，后兴古郡、南宁州、石城郡。贼，无瘴。州四，县二。冲，烦。 府境旧有越州，今分入南宁、亦佐、霑益州。旧志云：曲靖之境，东通两广，西援四川，北连贵州，南上滇藩，为四达之要。	**南宁**，附郭。裁，中。三里。	**亦佐**。汉宛温，唐盘州。贼，无瘴。二里。府东二百五十里。	水险 白石江，府城北八里，沐英擒挞里麻于此。喜旧溪，在罗雄州，源出龙甸村，环流州境，至普安州入盘江。中涎泽，在陆凉东七十里丘雄山下，源自南盘江，经府东南合潇湘江，至是汇合十八泉、南涧，皆流其中。旧有西昌城，在泽尾，以水为固。 关隘 白水关，府东八十里。	**曲靖**， **平夷**，霑益州南。 **越州**，霑益州东南。 **陆凉**。	**乌撒后**，霑益州城，隶贵州乌撒卫。
			霑益，汉宛温县，唐西平州，交水、石梁、罗山三县省入。知土。下。米三千九百三十石。十四里。府东北二百十三里。				
			陆凉，汉平夷县，后为郡，河纳、芳华省入。流官。下中。六里。粮七百九十七石。府南百六十里。				

			马龙，纳垢，通泉县省入。流官。中下。粮九百五十七石。六里。府西北七十里。 **罗雄**。宛温地，蛮塔敝纳夷甸。知土，馀流。中下。四里。府东南二百七十里。米五百四十四石。		木容关，陆凉西十里。石嵛关，亦在州北二十里。天生关，州东九里。分水岭关，马龙西南二十里。三磨口关，州东三十五里。		**马龙**。
	东霑益州界九十里，西武定府界百五十里。	**寻甸军民**，古滇国地，蛮号新丁部，元仁德府，洪武中改军民府，以为美、归厚二县省入。	山险 落陇雄山，府西百三十里归厚废县之西南，绵亘五十里，东有哇山，耸			**大罗**。府城，嘉靖中建。	**木密关**。府东南七十里。

		土官，成化十二年改流。	秀如剑锋，筑寨其上，险不可攻，名安乐城。				
临元道	分巡，参将。西元江府界百八十里，北澂江府界二百里。东维摩州界二百四十里。	**临安**，汉句町县，唐柯州，后通海、秀山，元阿僰。州五，县四，长官司九。烦，上上。米三千七百五十九石。 山险 羡哀山，在蒙自东九十里，上多石笋，绝顶平地十顷，中有三池，水草四时茂美，宜牧放。	**建水州**，附郭。古部步头，又巴甸、苴䣘。烦，中。八里。 **石屏**，末束城、石坪邑。裁，僻，微瘴，中下。八里。府西七十里。 **阿迷**，元阿甯。简，瘴，中。十四里。府北七十里。 **宁远**，无瘴，中。			临安。	

		思陀山，思陀甸治东，山顶平夷，有思陀寨遗址。水险 异龙湖，在石屏州治东，湖有九曲，周百五十里，中有孟继龙、小末束及和龙三岛，流至府城南为泸江，东流至阿迷州为乐蒙河，入盘江。曲江，在府东北九里，源自新兴州，由嶍峨、石屏会诸水至河西县而东入盘江。	十七里。府南六百八十里。宣德元年以与安南。				通海前、右。
			宁州。唐西宁、黎州，后宁部，又宁海府，西沙省入。简，瘴，中。七里。府东五十里。 又万历十九年以新化州来属。	通海，简，裁，僻，中下。二里。府西北百五十里。隶宁州。 河西，唐西宗州，蛮名休腊。裁，下中。四里。府西北八十里。	又万历十九年置新平县，在府西北三百三十里，本嶍峨部地。 嶍峨，土官。瘴，中。七里。府西北二百六十里。 蒙自。目则。知土，承流。中中。十五里。府东南百五十里。		
				纳楼茶甸长	溪处甸长官，		

		礼社江，在府西，流经城南入纳楼茶甸界为禄丰江，经蒙自县为梨花江，东南注交趾清水江。		官，茶甸。下下。府西南八十里。 **教化三部长官**，强现四部。下下。府东南三百五十里。 **王弄山长官**，大小二部。下下。府东南二百五十里。 **亏容甸长官**，铁容甸部。下下。府西南百四十里。	下下。府西南百五十里。 **思陀甸长官**，官桂思陀部，元和泥路。下下。府西南二百五十里。 **左能寨长官**，本思陀甸寨。下下。府西南二百三十里。 **落恐甸长官**，伴溪落恐部。下下。府西南二百里。 **安南长官**。褒古、舍资。近交趾。十里。		

					府东南百九十里。		
	东广西府弥勒州界二百里，南临安宁州界九十里，西云南府晋宁州界二十五里，北云南府宜良界五十五里。	**澂江**，汉俞元县，南诏河阳郡、罗伽部。无瘴，中上。州二，县四。米九千八百十三石。 水险 铁赤河，在路南西四十里，自陆凉州经邑市，通九渡龙溪、普双龙溪，至州境西南，又过兴宁溪，下流入盘江。抚仙湖，在府治南，周二百馀里，亦名罗伽湖，	**河阳**，附郭。烦，冲，裁。六里。	**江川**，汉碌云异城，又易笼，后步雄部。贼，简，冲，下。二里。府东南九十里。	**阳宗**，普舍、研和，本强宗部。简，裁，中。五里。府北四十里。 山险 金莲山，一名龟山，高平如莲花然，府治、学校皆建其上。罗藏山，在府西北，其上广平，有龙湫在焉。元梁王结寨其上，亦名梁王山。		
			新兴，梁属南宁州，唐㟁州、求州、温富州、休制、普舍、研和县。中。二里。府西百二十里。米一千六百五石。				
			路南。路甸、落蒙。无瘴，中。三里。府东百三十里。	**邑市**。弥沙省入。一里。州北八十里。弘治三年省。			

		中多石，东流入盘江。星云湖，在江川治南，周八十里，东流五里入抚仙湖。	明湖，在阳宗北，下流入盘江，周七十馀里，两岸陡绝。大溪，源出夹雄山，自新兴州东北流绕西南，过罗麽溪，经嵧峨入曲江。				
	东广西泗城州界百二十里，西广西府维摩州界百五十里。东广南府界四百五十里，南临安阿迷州界	**广南**，宋特磨道。知土，判流。简，中。州一。六里。米千五百石。旧志云：广南山岸高峻，道路崎岖，一夫当关，万夫莫入之所也。	**富州**，安宁州省入。知土，目流。下下。四里。府东二百里。	山险 牌头山，府城西北五里，峰峦起伏，其右小山连峙如盾，土民筑寨其上。水险 巴盘江，自激江府流入，东南经师宗州，至弥勒州，	山险 锁北门山，在师宗州北二十里，峰高耸，经行其间如门然。		

百六十里，西临安宁州界百八十里。	**广西**，汉牂柯郡地，后兴古郡、宁州、牂州、乌蛮部，元广西路。知土，成化十四年后属流。州三。米二千一百七十石零。	**师宗**，师宗部。同土。简，僻，中下。十六里。府北八十里。 **弥勒**，弥勒部。同土。中下。府东三百五十里。米五百七十石。 **维摩**。屈中。同土。中下。五十六里。府西九十里。	东注普安州界。又府治南有矣邦池，周三十馀里，半跨弥勒州界。	盘江山，在弥勒州东南百二十里，东西两山相峙，盘江经其中，东抵师宗州，南界阿迷州。大维摩山，在维摩东南二百里，高出众山，土官世居其上。	十八寨。弥勒州西，嘉靖元年置，隶都司。	
	元江军民，威远、罗盘甸。知土，判流。简，下。长官司一。米千九百三十石。	**因远罗必甸长官**。附郭。本名罗盘甸。八里。洪武十八年置，嘉靖中	山险 路通山，府东二十五里，高耸千仞，北瞰礼社江，一线羊肠，路通	水险 礼社江，一名元江，自白崖江合澜沧江流绕府城，东南入临安府。		

		直隶 东南至临安府五百三十里，南元江府二百七十里。	改为奉化州。 **新化**，初为马龙他郎甸长官，弘治中改为新化州，隶布政司，万历十九年始改属临安府。	临安。 山险 州西百里有马龙山，蛮酋结寨山上，号马龙部。	水险 州东南八十里有摩沙勒江，源自楚雄府，流入境，马龙诸山在其右，迤阻诸山在其左，两岸如峡，东南流经元江入交趾。		
洱海道	东云南府禄丰界二百里，西景东府界三百八十里，南元江府界二百八十	**楚雄**，晋安州，后威楚、白鹿部。无瘴，汉多夷少，冲，烦，上。州二，县五。米八千六百二十石。 山险	**楚雄**，附郭。威楚，富民、净乐二县省入。烦，夷，中下。十里。	**广通**，路睒。简，僻，薄，下。四里。府东七里。 **定边**，南涧。五里，府西三百十里。	**定远**，汉越嶲郡，唐西濮州、髳州、耐笼、牟州。五里。府北百二十里。 碍嘉。二里。裁，简，下。府南四百五十里。	**楚雄**。	**定远**。

	里，北姚安府界百九十里。定远黑盐井盐课提举司。	薇溪山，府西三十里，高千仞，峰峦百馀，溪箐如之，每溪皆有泉，分流三十里合流入卧龙江。会基山，定远南四十里，高三千仞，连亘数百里，有五十馀峰，群山之脉皆出于此，上有会溪关。南安州西南四十里有表罗山，产银矿。	南安，摩刍城。下。五里。府东南五十里。州米七百七十石。 镇南。欠舍、鸡和城、石鼓县、俗富郡。简，中。五里。州米一千四百六十石。 九盘山，在广通县东，回旋险峻，道通九盘，立关其中。卜门山，碍嘉东三十里，高千仞，最险峻。	水险 龙川江，府城北，源自镇南平夷川，东南经府城，西合诸水至青峰下为俄碌川，又东合诸水经定边境，下流入金沙江。马龙江，在镇南西南百八十里，源自蒙化府入境，西南经碍嘉县东，又东南入礼社江。	关隘 英武关，在镇南西七十里。罗平关，定远南三十里。		

东武定元谋界三百二十里，西大理云南县界百八十里。白盐井盐课提举司在府北百二十里。	**姚安军民**，汉弄栋县，唐姚州，南诏桥栋府。知流，佐土。中下。州一，县一。米三千八百石零。	**姚州**，附郭。四里。知目流。中下。	**大姚**。汉青蛉。裁，僻，中下。四里。府北三十里。	水险 蜻蛉河，旧名三窠戍江，出三窠山，流至府南四十里，潴为右池湖，分为东汹溪、西汹溪，至府城北复合，流至大姚南又东入金沙江。又大姚河环绕县西南，东北合铁索、小桥村诸水同入蜻蛉江。		**姚安**，姚安中屯。大姚。
兵备，参将。西景东界三十里，	**镇沅**，南诏银生府，元案板寨。知土，同流，馀参。五里。长官一。		**禄谷寨长官**。府东北二百五十里。			

	东者乐甸长官司界二百里。	米百石，外折色。有盐井，在治西波弄山。					
	东楚雄府楚雄县界三百二十里，西大侯州界三百六十里，南威远州界四百里，北楚雄定边县界二百里。	景东，南诏银生府地，元始通中国，曰开南州。贼，瘴。八里。知土。	山水 府北九十里有蒙乐山，亦名无量山，高不可跻，连亘三百馀里，山峰状若崆峒，中有一洞，深不可测，蒙氏封为南岳，有泉为通义河，北有泉为清水河，俱入大河。大河，出定边，合三岔河，经府治东南入马龙江。	关隘 母瓜关，府南百里。安定关，府北五十里。景兰关，府东北二十里。		景东。	

东云南富民界百五十里，西楚雄定远界三百里，北丽江通安州界二百五十里。	**武定军民**，元罗婺万户，后为武定路，明初改军民府。知土。州二，县一。米二千五百二石。武定之境四维千里。峭壁悬崖，水草甘茂，宜畜牧。	**和曲州**，蛮名巨簹甸。裁，僻。七里。府西南二十里。嘉靖末改筑府城，移入郭内。州东有南甸县，明初属州，嘉靖末废，或云正德元年省。 **禄劝**。洪农、碌劝甸，元置州，明初以易笼县省入，正德中并石旧县入焉。八里。府东二十里。石旧，在州东五里。易笼，在州北百八十里。	**元谋**。华竹、环州。知土。僻，中下。五里。州西北百七十里。元属和曲州，明初因之。 水险 西溪河，源出镇南州，经楚雄，至元谋西境下入金沙江。	山险 乌蒙山，禄劝东北三百里，一名绛云露山，北临金沙江，有十二峰，耸秀为诸山冠，顶有泉，流为乌龙河，蒙氏封为东岳。哇匿歪山，在法块山西，顶凹而平，可居万户。幸丘山，在易笼县东北，四面陡绝，顶有三峰，可容数万家，为罗婺寨天生之城，牢不可破。法块山，在石旧北		

					四十里，四面峭绝，东南一径可容单骑，旁有裒阿龙山。		
金沧道	兵备。 东姚安姚州界二百四十里，北鹤庆界百二十里。	**大理**，汉嶲州，唐叶榆县，后永昌郡，南诏大理国。州四，县三，长官一。上上，无瘴。秋米二万二千八百石零。 府境多峭山深堑，号为险要。水险 西洱海，在府城东，古叶榆河也，源自邓川，合点苍	**太和**，附郭。汉叶榆、太和城、理州、河东。烦，冲，上。六十六里。 **赵州**，永昌地，蛮名赵州睑，又赵郡、天水，元赵睑，又白崖睑、建宁县。八里。府南二十里。	 **云南**。汉为郡，或称州，白子国、品甸。烦，冲，中上。十五里。州南百里。	**十二关长官**。 本云南县楚场地，元置所，明初改长官司。府东三百里。 山险 点苍山，府城西，高千仞，有峰十九，周二百馀里，顶有泉，名高河。又有瀑布，流注为金浪等十八川。蒙氏封为中岳。	**大理**， **洱海**。 云南。	

浪穹五井盐课提举司。	山之十八川而汇于此，形如人耳，中有罗筌、秾木、赤崖三岛及四洲九曲之胜，下人祥备江。秾木岛亦名玉案山。 关隘 龙首关，在点苍山北。龙尾关，在点苍山南，其右有石，长丈馀，名天桥，洱河之水过其下，两崖石险，人不可度，又名石马桥。	邓川，汉叶榆地，唐邆备州，蛮邓川睑，又德源城。知土，馀流。简，中，瘴。十二里。府北七十里。 云龙，云龙甸。简。知土。二里。府西九十里。 宾川。弘治七年置。裁，简，贼，瘴，下下。十二里。府西六十里。	浪穹。蛮名弥次，又浪剑、凤羽、宁穹。中下。二十五里。州西十五里。县简僻，有山贼，夷、汉杂。	明朝沐英征大理，出山后，立旂帜以乱之，遂克其城。龙兴和山，在云南治西北，高大如扶风太乙，然盛暑不热。定西岭，赵州西四十里，高千仞，设关其上，泉出为大江，经州治东南下人西洱河尾，名波罗江。又白崖睑江，亦发源于此，经州之白崖睑，至定边入礼社江。

东 蒙化府界三百六十里，北大理云龙州界百二十里。	**永昌军民**，古哀牢国，汉不韦及博南县，明初金齿卫。又其西有腾越卫，今并入焉。上中，无瘴。州一，县二，安抚一，长官二。米八千三百石。 永昌诸山环列，腾越而西与诸夷接壤，固控扼之所急也。 关隘 清水关，在府城东北二十里卧佛山西。山达关，在府东百七十里阿章	**保山**，附郭。烦，剧。十八里。嘉靖元年置。 **腾越**，本越睒地，后软化、腾冲府。上上。八里。府西南二百七十五里。 **潞江安抚**。怒江甸、柔远路。府西百三十五里。 嘉靖元年又以镇道、杨塘、瓦甸三安抚司，茶山长官司来属府。	**永平**，本博南县，南诏胜乡郡。知土，馀流。微瘴，夷猓贼，中。八里。府东北百七十里。 山险 博南山，永平西南四十里，一名金浪巅山，一名丁当丁山，极险，乃蛮出没之所。高黎共山，府东北，一名昆仑冈，夷名高良公山，极高峻，界腾冲、潞江之间，霜雪严沍，蒙氏	**凤溪长官**，府东二十五里。 **施甸长官**。本石甸，府南百里。水险 银龙江，在永平东，守御城跨其上，源自上甸里，合木里场河，南合曲洞河，又东过萨佑河、花桥河，又东南入澜沧江。胜备江，出永平东北百二十里之罗武山南，经县东南境，	**腾冲**。 腾越州城，本军民指挥使司，嘉靖二年改卫。	

		寨。蒲关，在施甸司莽由寨。丁当丁山关，在博南山。上甸关，在永平北二十里。花桥关，在永平西南四十里。潞江关，在潞江东。	龙川江关，在腾越东七十五里江之西崖。古勇关，在腾越西百里。古永甸关，在永平东北四里，周二里。	封为西岳。	合九渡、双桥二河，至蒙化府合样备江。龙川江，源出峨昌蛮地七藏甸，经越甸，傍高黎共山北，渡口有藤索桥，下流至大公城，合大盈江。大盈江，已见前。		
	东北胜州界五十里，西丽江府界二百里。	**鹤庆军民**，样共川、鹤州、谋统郡。十三里。米一千二百二十六石。州二。 府境左丽江右剑	**剑川**，义督罗鲁城。裁，僻，中。十八里。府西九十里。州粮二千六百十七石。	山险 方丈山，府南百里，南诏名山凡十七，此其一也。金华山，剑川西。	水险 样共江，源出丽江府，经府东南，阔十馀丈，东注于金沙江。剑川湖，在剑川州东，周数		

	湖，山川险扼，内固大理，外控蕃、戎。	**顺州**。唐牛睒。知流，同土。瘴，僻。三里。府东百二十里。州米百四十二石。	石宝山，剑川西南五十里。	十里，流入赵州境。		
东澜沧卫蒗蕖州界百八十里，西西番浪沧江二百里，南鹤庆府界七十里。	**丽江军民**，丽水。无瘴。知土。下下。州四，县一。米六千一百七十五石。 府境东有丽水，西有澜沧，南接大理，北距吐蕃，丽江环带三面，为大理要害地。 关隘 雪山关，在巨津东	**通安州**，附郭。古花国，汉定花，唐昆明，或三睒。十三里。同土。府东二百八十里。 **宝山**，汉邪龙县境。僻，下。六里。知土，馀流。府东八十里。	**临西**。夷名罗衷间。临边，二里。府西北四百六十里。初属巨津州，洪武十五年属府，正统二年没于蕃。	山水险要 雪山，府西百二十五里，亦名玉龙山，条冈百里，岿巍十峰，上插云霄，下临丽水，积雪经春不消，岩壑幽异，清泉飞流，蒙氏封为北岳。汉薮山，在巨津西北二百八十里，高可万仞，上		

	北，旧名越灭根关，当吐蕃、麽些界，最险峻。铁桥关，在巨津北，唐时断此绝吐蕃，其处有铁桥城，吐蕃尝置铁桥节度于此。大匮寨，在宝山州。白马寨，在巨津南二里。	**兰州**，汉博南县，蛮罗眉州、兰沧郡。知土。下下。四里。府西二百六十里。 **巨津**。罗婆九睒。僻，下下。府西北三百里。		有三湖，广阔五亩，深不可测。金沙江，源出吐蕃界犁石山下，流经巨津、宝山二州，江出沙金，故名。澜沧江，源出吐蕃嵯和歌甸，流经兰州西北三十里。		
东大理赵州界三十八里。	**蒙化**，唐阳瓜州，蒙氏开南县。知土。微瘴，多夷，中中。三十三里。米四千八百二十石。	志云：府境北距点苍，襟带西洱，南接楚雄，北距楪榆，四面峰峦，环绕若环堵然。	山险 伏虎山，府东北十五里。巍山，府东南二十里，高耸冠于众山。	水险 澜沧江，府西南百五十里。样备江，自剑川州过大理西洱河入府境，合于澜沧江。	**蒙化**。	

东四川盐井卫界十五里，北至西番界三百三十里。	永宁，楼头睑。瘴，贼。知土官。下下。四里。长官司四。 府境襟丽江带三湖，地广人稀，山川险阻。		剌次和长官，府东北二百四十里。 瓦鲁之长官，府北三百八十里。	革甸长官，府西北百三十里。 香罗甸长官。府北百五十里。		
东蒙化府界百八十里，西湾甸州界二百八十里。	顺宁，蒲蛮所居，多夷，旧名庆甸，元时始通中国。瘴，贼。知土，判流。下下。二里。万历二十五年以大侯州改为云州来属，又以孟缅长官司隶云州焉。	旧志云：府南有山，并立如门，中有一路，崎岖厄塞，实险隘之区。 ○广邑州，本金齿广邑寨，宣德五年升为州，隶布政司，正统元年徙府西南二百里之右甸城。	山险 偰山，府北十五里。乐平山，府西北十五里。把边山，府东南四十三里，中有把边寨。	水险 澜沧江，源自金齿东南，流经府境，入景东府界。样备江，源自蒙化府，流经府界，东南混流百里合于澜沧江。		

直隶布政。	西鹤庆顺州界，北澜沧卫蒗蕖州五十里。	**北胜**，南诏名北方睒、成偈睒，又善巨郡、成纪镇、施州。同土。十五里。僻，中。洪武中属鹤庆军民府，后属澜沧卫，正统改隶布政司。	旧志：北胜州境一江外绕，三关内固，盖厄隘地也。	山水 州北百里有甸头山，林木森茂，土人于此牧羊，亦名牧羊坪。金沙江，自丽江府东流，环州治，一名丽江，即古丽水。		
直隶都司。	**澜沧军民卫**。 本北胜州地，洪武中于州治南筑城置卫，弘治九年迁北胜州治于卫城内，初领北胜、蒗蕖、永宁三州，永乐四年升永宁为府，正统六年升	**蒗蕖**。罗共睒。知州、同知土官，州目流官。三里。卫北三百八十里。	志云：卫临极边，与西戎相接，山势峭拔，一夫当关，万夫不能越也。蒗蕖据丽江之东，在北胜、永宁南北之间。	山水 白角山，在蒗蕖州西北白角乡。绵绵山，在州西南绵绵乡。罗易江，源出州东，合数溪北流入永宁府。白角河，源出白角乡，		

		北胜为直隶州，止领州一。			入西蕃界。卫境山水，见北胜州。		

宣慰司七	御夷府二	宣抚司三	御夷州四附安抚司一	长官司
车里，元时始通中国。彻里路、耿冻路、耿当、孟弄二州。洪武十七年改置车里军民府，十九年改军民宣慰使司。西界八百大甸，北界元江府，西北至布政司十八程。 **木邦**，旧名孟都，亦曰孟邦，元木邦路，洪武十五年改木邦府，后改军民宣慰使司。东界八百大甸，西界缅甸，北界芒市，南界交趾，东北至布政司三十五程。	**孟定**，旧名景麻，元孟定路，洪武十五年改为府。五里。东界威远州，南界木邦，西界陇川，北界镇康州，东北至布政司十八程。 **孟艮**。蛮名孟指，永乐时始通中国，置孟艮府。东界车里，	**南甸**，旧名南宋，元南甸路，洪武十五年改府，永乐十二年改州，正统八年升宣抚司。东界潞江安抚司，南界陇川，西界干崖，北界腾越，东北至布政司二十二程。司东有蛮干山，南有沙木笼山，西有南牙山，极险阻，	**威远**，唐南诏银生府地，元立威远州。知土。下。四里。东界新化州，南界孟琏长官司，西界孟定府，北界景东府，东北至布政司十九程，直隶布政司。 **湾甸**，蛮名细睒，元属镇康路，	**者乐甸**，本马龙、他郎甸，猛摩，夷名者岛，洪武末分置，隶布政司。北至景东府界百里，西至镇沅府八十里。蒙乐山，在司东二百里，巍然高峙，行一日方至其顶，中有毒泉，人饮之立死。 **猛缅**，宣德五年以景东府孟缅、孟梳地置，属景东府，后隶布政司，万历二十五年改大候州为云州，以猛缅隶焉。

	南界八百大甸，西界木邦，北界孟琏，北至布政司三十八程。	土人恃以为险。司幅员甚广，为三宣最。	洪武十七年置湾甸州。知土。下下。五里。东界大侯州，南界镇康州，北界顺宁府，西界永昌施甸长官司，东北至布政司二十程。	**钮兀**，蛮名也兀，宣德七年归附，置钮兀长官司，东界元江府，南界车里，西界威远州，北界临安府，北至布政司十六程。
孟养，香柏城，元云远路，洪武十五年改云远府，十七年改孟养军民宣慰使司。东至金沙江，南界缅甸，西界大古剌，北界干崖，北至布政司三十七程。 **缅甸**，旧有江头、太公、马来、安正国、蒲甘缅王五城，元邦牙司，洪武二十九年归附，立缅甸军民宣慰使司。东界木邦，南至南海，西界戛里，北界陇川，东北至布政司三十八程。		**干崖**，干赖睒、渠澜睒，元镇西路，洪武十五年改镇西府，后为干崖长官司，正统间升宣抚司。东西北均界南甸，南界陇川，东北至布政司二十二程。安乐河在境内。	**镇康**，蛮名石睒，元镇康路，洪武十五年改府，十七年改州。知土。下下。四里。东界孟	**芒市**，旧名怒谋，曰大柘睒、小柘睒，唐茫施蛮地，元茫施路，洪武十五年置茫施府，正统九年改置芒市长官司，隶布政司。东界镇康，西、南俱界陇川，北界永昌潞江安抚司，东北至布政司二十三程。南有青

地有金沙江，阔五里馀，水势甚盛。

八百大甸，世传其土酋有妻八百，各领一寨，因名八百媳妇，元八百宣慰司，洪武中其酋来贡，立八百大甸军民宣慰使司。东界老挝，西界木邦，北界孟艮，府南接波勒蛮界，北至布政司三十八程。

老挝，挝家。永乐时始通中国，置老挝军民宣慰使司。东界水尾，南界交趾，西界宁远，北界车里，西北至布政司六十八程。

大古剌。古南宋，正德中置大古剌军民宣慰使司，在孟养西南，自缅甸度大江不过两日程即至其境，滨南海，与暹罗邻。

旧麓川平缅军民宣慰使司治，

陇川。旧麓川地，又平缅路，洪武十七年归附，置麓川平缅宣慰司，正统三年叛，遂革其司，十一年置陇川宣抚司于陇把，东界芒市，南界木邦，西界干崖，北界南甸，东北至布政司二十六程。境内有马鞍、摩梨、罗木三山，极高大，土人恃以为险。司西北有大金沙江，又有麓川江，即龙川江。

琏长官司，南界孟定府，西界永昌潞江安抚司，北界大侯州，东北至布政司二十三程。隶布政。湾甸同。

大侯，蛮名孟祐，洪武二十四年置大侯长官，后升为州。知土。下下。四里。东界景东，南界镇康，西界湾甸，北界顺宁府，东北至布政司二十三程。万历二十五年改为云州，属顺宁府。

石山，峭拔千仞，奇怪万端。又有永昌、幹孟契二山，皆高险，夷酋立寨居之，下有芒市河。又大车江亦流经山下，一曰大盈江。

孟琏，蛮名哈瓦，正统间平麓川，始来归附，置孟琏长官司。东界车里，南界孟艮，西界木邦，北界威远，东北至布政司二十三程。

茶山，本孟养部落，永乐三年置茶山长官司，地在腾越州西北五百里，据高黎共山，初属金齿军民司，嘉靖元年属永昌府。

麻里。亦孟养部落，永乐初置麻里长官司，地与茶山接壤，所辖皆峨昌夷，地隶都司。

○小古剌长官司、底板长官司、孟伦长官司、八家塔长官司，皆在西南极边，俱

在陇川宣抚司南，洪武十七年置，正统六年讨平麓川叛酋思任发，遂革。 旧底马撒军民宣慰使司，在大古剌宣慰司东南，永乐四年置，后废其地，并于缅。永乐初大古剌、底马撒、靖定、平缅、木邦、孟养、缅甸、八百、车里、老挝共为西南十宣慰司，其靖定宣慰司亦与底马撒同时俱废。 〇底兀剌宣慰使司，永乐二十二年置，地与大古剌近。			**孟密安抚司**。 本木邦部落，成化十九年析置安抚司。东界木邦，西界缅甸，东北至布政司三十三程。初属湾甸州，万历十三年升宣抚司，直隶布政司。 〇耿马安抚司在孟定府北百里，万历十二年置，属孟定府。蛮莫安抚司，在孟密安抚司北，万历十三年析孟密地置。	永乐四年置。〇剌和庄长官司，亦永乐四年置，直隶都司。〇促瓦长官司、散金长官司，俱麓川平缅司地，永乐六年置。〇八寨长官司，永乐十二年置，直隶都司。又有瓦甸长官司、麻沙长官司、沙勒长官司，与八寨俱在腾越徼外。瓦甸司，宣德二年置，正统五年升为安抚司，嘉靖初以属永昌府。〇东倘长官司，宣德八年置，属缅甸军民宣慰使司。〇他郎寨长官司，嘉靖中改为恭顺州，属元江府。

			〇镇道安抚司，杨塘安抚司，二司地旧属西番，与丽江府接界，俱永乐四年置，属金齿军民府，嘉靖元年属永昌府。	

贵州第十五

按贵州之地，山箐峭深，地瘠寡利，蛮夷盘踞，本不足为郡邑治也。且界川、湖夷洞之间，师旅数兴，其费必仰给两省，有一不到，断若寄生矣。惟是滇南往来假道，故疆理焉。自黎平出偏师，由间道入都匀而掇其肘，从镇远下平越，据武胜之雄，出龙里之上，其势未可御也。若夫普安为诸番之脉络，思南为镇守之边方，又不待言矣。

贵州本西南夷罗施鬼国地，元置八番顺元等处宣慰使司都元帅府，明初以其地分隶湖广、四川、云南布政使，今改贵州等处承宣布政使司，治贵州。左右布政使一，左右参政二，清军一，总理粮储一。左右参议三，分守贵宁、安平二道一，分守新镇道一，抚苗、思仁二道一。领府八，属州二，县六，安抚司二，长官司五十六。宣慰司一，属长官司十。州四。属长官司六，官廨附三，卫城内一十一。总为里七十有九，户一十四万八千九百五十七，口五十一万二千二百八十九。夏秋二税共米麦一十四万八千九百四十八石有零，湖广布政司坐派解纳本司粮米一十万二千四百石，每石折解白银三钱，共该银三万七百二十两整。四川布政司坐派解纳本司粮米一十万九千七百五十三石，内五万石每石折银三钱，三万石每石折布二匹，每匹征银二钱，原运永宁仓，今改丰济库；布米二万九千二百三十三石，每石折布二匹，每匹征银一钱七分五厘；綦江县秋米五百二十石，每石折银五钱五分。四川播州宣慰司坐派解纳本省丰济、平越、清平、兴隆、黄平等仓夏秋粮米共一万六百石零三斗六升八合四勺三抄五撮，乌撒仓秋粮米九千四百石。乌蒙府起运乌撒仓秋粮米三千八百五十石，东川府起运乌撒仓秋粮二千九百石，镇雄府起运乌撒秋粮四千九十二石四斗。洞蛮麻布二百五十九条有零，课程税钞一十三万六千四十六贯四千三百八十八文，税银三百二十九两九钱三分三厘九毫。

贵州都指挥使司，隶右军都督府。都指挥三，内掌印一，管屯一，管操捕一。领卫一十有八，属所九十三，长官司一十有三。守御千户所二，本都司所属马步官军三万七千四百一十七员名。

提刑按察使司，按察使一，副使四，佥事三，副使：驿传一，提学一，兵备二。佥事：贵宁道一，思石道一。分道四。

镇守贵州兼威清等卫地方总兵一，驻宣慰司。参将二，驻永宁一，驻镇远一。守备三，驻乌撒一，驻普安一，驻都匀一。

宣慰使司宣慰使二，一水西安氏，一洪边宋氏。同知一。

巡抚都御史一，巡按贵州监察御史一。

钦差清军兼理云、贵御史一。俱驻贵州。

贵州舆图 补注

一、乌江，在宣慰司北二百里，湍激汹涌，乃贵、播之界河，其南岸有乌江关，东北经平越卫及石阡府西，又北流入思南府，经府西北流入四川彭水县西，复西北经涪州城入于大江。

一、陆广河，在司西北百五十里，当水西驿道，于此置巡检司。

一、福禄江，源自苗地，至黎平府西境为古州江，东至永从县南合彩江为福禄江，又东合大岩江，流入广西柳州界。

一、清水江，源出苗地，东至黎平赤、白两江口合新化江。

按平越卫杨乂司西五十五里有清水江，龙里卫之大平伐司东南二十五里有瓮首河合清水江。

一、盘江，在安南卫城东四十里，源自西堡诸溪，流经皮古、毛口诸屯，合规模小溪至下马坡转南入岩穴间，或见或伏，自普畅寨经普安境东北，其下流合乌泥江。

贵州舆图

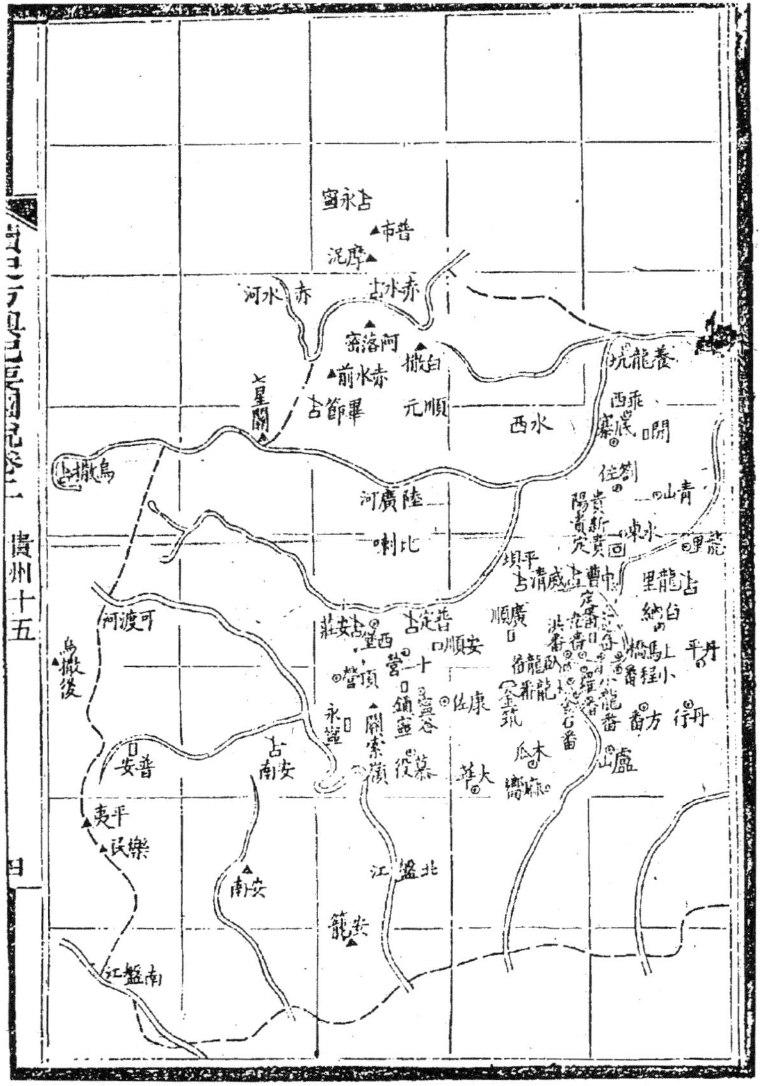
貴州十五
赤水河
畢節
順元
水西
陸廣河
北喇
可渡河
普安
安南
南盤江
北盤江
安籠
養龍坑
青山
平壩
威清
安順
康佐
廣順
大華
木瓜
廬山

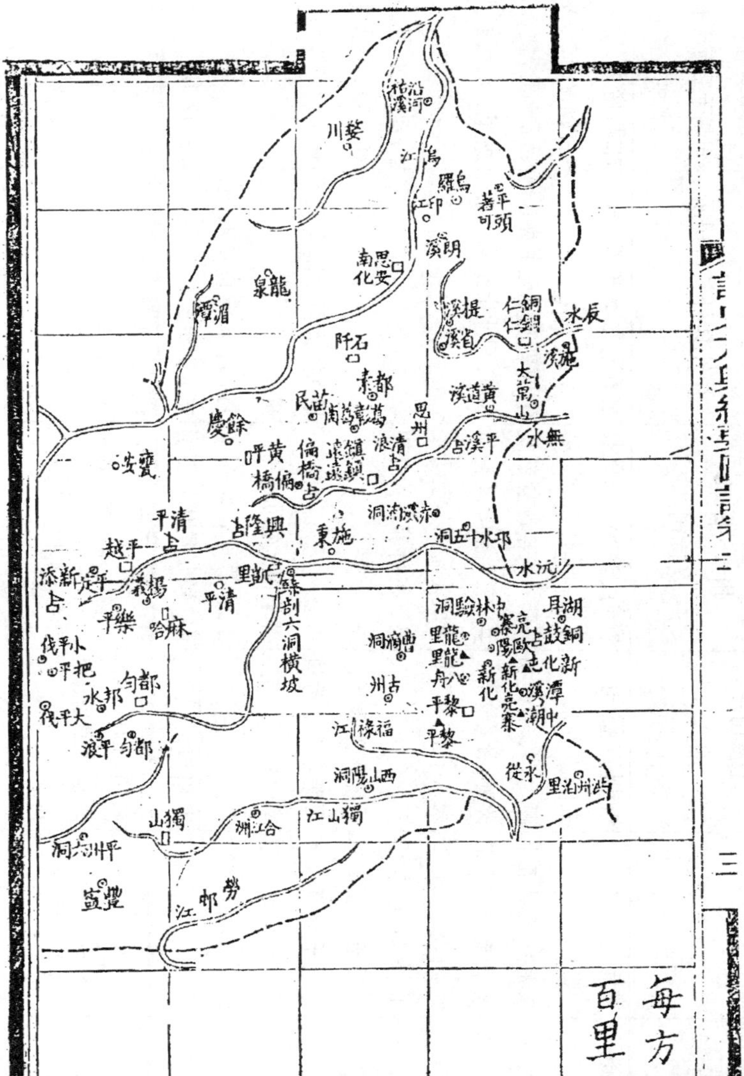
每方百里
沿河
婺川
烏江
思南
安化
龍泉
湄潭
石阡
銅仁
辰水
餘慶
甕安
黃平
鎮遠
思州
施秉
清平
麻哈
都勻
獨山
荔波
古州
黎平
永從
沅水
橫坡

道		宣慰司一 府八 卫十八	州六　附郭 安抚司二	并外县外长官司所	凡不书县者皆长官司属于卫而不书所者亦长官司
贵宁道，	巡抚， 巡按。 东龙里卫界五十里，南广西泗城州界、北四川播州司界俱二百五十里，京师七千六百六十里，南京四千二百五十里。	**贵州宣慰司**，宋大万谷乐，元顺元路，洪武初改置，领长官十。米八千五百三十石。 司境东阻五溪，西距盘江，为滇南门户。	**贵竹**，附郭。元置长官司，明初因之。〇万历十八年改置新贵县，三十六年又割新贵及定番州地置贵定县，亦附郭，属贵阳府。 山险 狮子山，在司城西，土山带石，如狮子形，颍川侯傅友德尝驻于此。木阁箐山，在司西四十里，林木蓊蔚，水西之境由此而入。	**水东**，元水东塞，司北三里。 **中曹蛮夷**，元中曹百纳长官，司北十五里。 **底塞**，元置。下。司北百里。 **青山**，元清山远地，司东北四十里。 **劄佐**，元落邦劄佐，司北五十里。	**乖西蛮夷**，元乖西军民府。下。司东北百五十里。 **龙里**，元龙里县。下。司东五十里。 **白纳**，元茶山白纳。下。司东北七十里。 **养龙坑**。元养龙坑宿徵，司北二百二十五里。
		贵州卫，			
		贵州前卫，二卫俱在司城内，隶都司。			

分巡兵备。东赤水卫界六十里，西四川乌撒府界百十里。	**毕节卫**，初为贵州宣慰地，洪武十六年置，隶都司。卫西九十里，有七星关守御所，初属四川乌撒卫，永乐中来属。	毕节东阻木稀关，西带七星河，当华夏之要冲，为云南之通道。	木稀山，毕节东南四十馀里，巉岩陡壁，石磴崎岖，仅容一马，设关以守其险，名木稀关。	七星河，毕节南六十里，两岸壁立，立铁柱锁铁索以渡人行。
东四川播州三百里，南毕节卫，百七十里。	**赤水卫**，在四川永宁宣抚司东南百二十里，元永宁路，洪武中分置，今卫隶都司。	赤水卫属有四千户所：曰赤水前，曰摩尼，曰阿落密，曰白撒。俱详见四川永宁宣抚司。		
	永宁卫，在四川永宁宣抚城，来隶都司。			
守备。	**乌撒卫**，在四川乌撒府城，来隶都司。	隶乌撒卫。	**乌撒后千户所**。	

	直隶 都司		普市所，北至四川永宁宣抚司五十里，南赤水卫摩尼所五十里，西南至毕节卫二百四十里，西永宁宣抚九姓长官百四十里。	**普市守御千户所。** 初为四川永宁宣抚司地，洪武二十二年置，今所隶都司。	所东二里有木案山，所南二里有秀林山，所北有锦屏山。
	北贵州宣慰司八十五里，东龙里卫大平伐长官司八十里，南广西泗城州界百五十里。	**程番府**，南宁州、定远府、古筑。初为程番长官司，成化十年置府，苗、僚杂居。中下。领安抚司一，长官十六。米六万五千四百石。〇隆庆二年移府治于贵阳宣慰司城，改为贵阳府，万历十四年于程番旧府治置定番州，又增置广顺州、开州，俱以属贵阳府。	程番，附郭。元程番、武胜军。	**韦番**，元置。府南十里，宣慰司南九十五里。 **方番**，元河中府。中下。府南七里，宣慰司南九十里。 **洪番**，元永盛军。下。府西九里，宣慰司西南九十里。 **卧龙番**，元南宁军。府南十五里，宣慰司南百里。	**大龙番**，元应天府。下。府东南三十里，宣慰司南百十里。 **罗番**，元遏蛮军。下。府南三十里，宣慰司南百十五里。 **卢山**，元置。下。府南七十里，宣慰司南百五十里。 **上马桥**，元上桥县。下。府西北二十里，宣慰司西南七十里。

		安抚司据诸夷丛聚之地，山广箐深，重冈叠寨，其北有天生桥，石壁千仞，环绕如城，水流其下，人行其上，坦如桥。又有天台山，在司东南境，极高耸。	**金筑安抚司**，元顺元路金竹府，洪武四年改金筑长官司，十年升安抚司，领长官三。初属贵州卫，后属布政司，成化十二年改属府，在府东百里。	金石番，元太平军。府东二十里，宣慰司西南百里。 **小龙番**，元静蛮军。下。府东南二十里，宣慰司南百三里。 **木瓜**，元罗赖州。安抚司东百里。 **麻向**，安抚司东百十里。 **大华**。安抚司东百二十里。	小程番，元置。下。府西北十里，宣慰司城南七十五里。 **卢番**。元靖海军。下。府北五里，宣慰司南八十五里。 府南百四十里有木官里，府东南百里有克度里，府东南百五十五里有通州里，俱属府。
	东贵州宣慰司界六十里，西平坝六十里。	**威清卫**，本贵州宣慰司地，洪武二十一年置威清	威清卫境重冈环绕，诸夷襟喉，卫城东南有马鞍山，卫西南	卫西北百里有鸭池河，与水西为界。卫南百八里有的澄河。	卫西八里有的澄关，临的澄河，路出滇南。

		站，二十三年改置卫，隶都司。	二十里有铜鼓山。		
	东威清卫界四十五里，西普定界三十里。	**平坝卫**，西南夷地，洪武二十三年置卫，隶都司。	平坝卫南十五里有鹿角山，卫东南二十五里有马头山，群山连络，高耸凌空如马头。		
	东平坝卫六十里，西安庄卫六十里。	**普定军民卫**。唐罗甸蛮地，后普里部、普定府，洪武中置卫，初属四川，正统三年隶都司。			
威清道	直隶布政司。分巡副使兼兵备。	东金筑安抚司界七十里，北镇宁州十二营长官司界七十里，南金筑安抚司刺曹寨五十里。	**安顺州**，元习安州，洪武十六年改安顺州。知流，亲领十四寨，及领长官司二。〇州治旧在今治南，地名八十一寨，正统中移治普定卫城内，万历三十年升为安顺	**宁谷寨**，州西南三十里。领寨二十四。 **西堡**。州西北九十里。领寨四。	州城南有旂山，峻拔如卓旂。又岩孔山，在州东四十五里，高峻盘亘，旁有岩孔寨。州东四十里有九溪河。又谷龙河，在西堡司西北五十里，下

		军民府，增领镇宁、永宁、普安三州及慕役、顶营、康佐、十二营四长官司。		流入乌江。
东普定卫六十里，西安南卫百十里。 直隶布政司。	**安庄卫**，元永宁、镇宁二州地，洪武二十三年置卫，隶都司，领守御千户所一。 西永宁州六十里，北安顺州七十里，东北金筑安抚司百五十里。	**关索岭守御千户所**。卫南五十里关索岭上。旧有鸡公背堡，并入。 **镇宁州**，元置，亲领六寨，长官司二。裁，简，瘴，冲，下。〇州初治火烘寨，嘉靖十二年迁州治于安庄卫城内。	安庄卫南三十里有白水河，悬崖飞瀑，直下数千仞，湍激若雷。 **十二营**，中下。州北三十里。领寨二十九。 **康佐**。下下。州东四十里。领寨四。	卫城北有环翠山，林木四时苍翠。又东坡山，卫东三里，高三十里。
东安庄卫百六十	**安南卫**，元普安路，夷名尾洒，	卫东四十里有盘江山，与安庄卫为界，	卫南四十里有者卜河，	乌鸣关，卫南二里山颠，下入深箐，

	里，西普安州百六十里。	洪武二十三年置安南卫，隶都司。	石路屈曲，降陟峻险。	自普安州杨那山小溪合流，曲折二百馀里入盘江。	有戍兵防守。
	直隶布政司。参将。	东镇宁州六十里，西普安州百九十里，南广西泗城州界百六十里，北安庄卫百五十里。	**永宁州**，元置。瘴，冲，下。亲领六寨及领长官司二。〇州初治打罕砦，宣德间改建于关索岭，万历四年又改建于安南卫，州初治西去安南卫盖百里。志云：去卫三十里。误。	**慕役**，中下。州西北七十里。领苗寨四。旧志：州西百七十里。误。 **顶营**。俱无瘴。州北七十里。旧志：州南百五十里。误。领苗寨三。	
	直隶布政司。 守备。	东普定卫界百九十里，西云南平夷卫界百二十里，北贵州宣慰司界五百五十里。 山险 八纳山，州北七十里，山势高	**普安州**，汉牂柯，蜀兴古，后盘水、永山、石梁、罗山，元普安路，洪武十六年置府，永乐初改安抚司，十三年改为州。 党壁山，州西南二百七十里，四山环	《名胜志》：州初治撒麻村，寻迁海子，复迁普安卫郭，万历十三年迁入卫城。按迁卫郭盖在永乐后。 关隘 芭蕉关，州东八十五里。	水险 普安州东南百二十五里有深溪，源出木家寨，西南流经黄草坝，曲折三百里入乌泥江。者卜河，州东南百八十里，源出杨那山，下流为磨

	普安卫在普安州城。	耸，上有夷寨。罗麻塔山，州北百八十里，四面削壁，上有寨，惟一径可达，东北瞰盘江。 **普安卫**。洪武二十二年建，隶都司，领守御千户所四。	绕，而东南一箐，外狭中广，可容数百家，夏月土人居此避暑。	分水岭关，州西百十里。安笼箐关，州东二百四十里，与永宁州慕役司接壤。 **乐民守御千户所**，卫西南九十里夹牛岭上。 **平夷守御千户所**，卫西百里香罗山上。	溪入盘江。地常暖，土人冬则迁于此。 **安南守御千户所**，卫东南百六十里杨那山下。 **安笼守御千户所**。卫东南三百二十里安笼箐口。
都清道	参将。 东思州府界，西兴隆卫界，俱百二十里，北石	**镇远府**，旧竖眼大田溪洞，元镇远沿边溪洞招讨司，寻改镇远府，洪武五年改为州，永乐十一年仍于州置府，正统三年省州入	**镇远县**，附郭。元镇安、安夷县，后改金容金达及杨溪公俄等长官司，明初镇远金容金达蛮夷长官，弘治十一年改县。中下。	**施秉县**，元施秉前江等司，正统九年置县，苗民。中下。一里。府西南四十五里。 瓮蓬关，府西五十里。梅溪关，府东六十里。	**偏桥**，元偏桥中寨。无瘴。二里。府西六十里。 **邛水十五洞蛮夷**。元定安县，又邛水县。裁，下。五里。府东八十里。

阡府界百八十里。 隶湖广都司， 隶湖广都司。 隶湖广都司。	府。知流，判推土。领县二，长官司二。米八百石。 府溪河旋绕，山岩层列，东通沅水，西接贵阳。 **镇远卫**，府治。领长官司一。 **偏桥卫**，镇远府西六十里。 **清浪卫**，镇远府东七十五里。	三里。 关隘 东关，府治东北。津关，府治北。焦溪关，府东三十里。清浪关，府东七十五里。烂桥关，府西七十五里。 隶镇远卫。	紫冈关，府西八十里。油榨关，府西三十里。俱明初置。 **臻剖六洞横坡**，镇远卫西七十里，元置臻洞涪洞长官司，洪武二十三年改置。	
东湖广靖州界二百四十里，西镇远府邛水长官司界三百六	**黎平府**，古夜郎地，洪武初五开卫，永乐十年置黎平府，以宣化府省入。简，中下。县一，长官司十三。米二千六百石有奇。 府东连靖州，西接生苗，南通		**永从县**，唐溪洞福禄州，永从军民司。裁，下。二里。府南六十里。 **洪舟泊里蛮夷**，中。三里。府东百五十里。〇舟，一作州。	**湖耳蛮夷**，一里。府北百三十里。 **曹滴洞蛮夷**，本名容江巴黄。六里。府东九十里。

	十里，南广西柳州罗城县界五百里，北湖广沅州界四百里。 隶湖广都司。	交、广，北达辰、沅，山川环绕，脉络不绝。 山险 铜关铁寨山，在潭溪司西南，山高峻，上平广，可容千人，三面俱险，惟南可登。 铜鼓寨，在府北二十里，有洞高大如屋，深远可三里，中有溪水横流。水险 新化江，源自府城西，为三十里江，北流为八舟江，又东北为新化江，又西北合于清水江。 五开卫，在黎平府城，洪武十八年建，领所五。 铜鼓卫，在湖耳长官司西，黎平府北百二十里，		潭溪蛮夷，下下。三里。府西南三十里。 八舟蛮夷，下下。二里。府北三十里。 古州蛮夷，元古州八万洞。二里。府西六十里。 西山蛮夷，古生苗地。下下。一里。府北百里。 亮寨蛮夷，下下。一里。府北百里。 黎平守御千户所，府西南三十里。 中潮守御千户所，府东南四十里。	欧阳蛮夷，下下。一里。府北五十里。 新化蛮夷，下下。一里。府西北六十里。 中林验洞蛮夷，一里。府西百里。 赤溪浦洞蛮夷，中下。一里。府东北二百里。 龙里蛮夷，一里。府西北九十里。 龙里守御千户所，府东北八十里。 新化屯千户所。府东北四十里。以上二所均洪武二十五年置。

隶湖广都司。	洪武二十年建，寻废，永乐三年复建。		**新化亮寨守御千户所**，府东北五十里。以上三所均洪武二十一年置。	五所均隶五开卫。又府东九十里有平茶所，府东百二十里有平茶屯所。
分巡兼兵备，守备。东四川播州宣慰司界二百二十里，西龙里卫平伐长官司界百二十里，南广西南丹州界三百二十里。	**都匀府**，元都匀军民府，洪武十六年置都匀安抚司，二十三年改置都匀卫，弘治六年复置都匀府。中下。领州二，县一，长官司八。米四千九百三十石。都匀为广西之唇齿，贵州之藩垣，控扼要荒，僻而实险。 山险 凯阳山，平浪司西南六十里，殊险峻，上有寨。		**都匀**，元上都云。府南七里。 **邦水**，元中都云板水。府西二十里。	**平州六洞**，元都匀安抚司地。府南百五十里。 **平浪**。同上。府西五十里。
		麻哈州，元佐佬寨，明初为长官司，属平越卫，寻升为州，改今属。无瘴，简。府北百里。领长官司二。	**乐平**，元佐佬寨，洪武中置，初属平越卫，成化中改属州。	**平定**。洪武中置，初属平越卫，后属清平卫，成化中改今属。州西北六十五里。
		独山州。初为九名九姓独山州长官司，成化中升为州。	**合江洲陈蒙烂土**，宋合江、陈蒙二州，元陈蒙长官，洪武十六年置今司。州东百里。	**丰宁**，州西南七十里。清平县。洪武十四年置为堡，二

		六洞山，六洞司西南七十里，险峻，有大六洞寨。镇夷山，在独山治南，山高顶平，土酋结寨于此以镇苗贼。行郎山，在丰宁司西南八十里，顶平而路险，土人造梯以登山，上有蛮二百馀家。 **都匀卫**，在府城内，洪武二十三年置，隶都司。	土官。简，裁，僻，夷，瘴，下下。领县一，长官司二。府南百五十里。 香炉山，在清平县东三十里，盘亘两重，壁立千仞，形如香炉，苗蛮常据为险。	关隘 平定关，府北二十五里。 威震关，府西四十里。	十二年升为长官司，弘治八年改县。《一统志》：属独山州，在州北三十里。
	东平越卫界八十里，北龙里卫界六十里，东南都匀府百五十里。	**新添军民卫**，元新添葛蛮安抚司，洪武四年置新添长官司，二十二年增置新添千户所，寻改所为卫，二十九年又升为军民指	**新添**，附郭。洪武四年置，初属贵州卫，寻为新添卫治。	**小平伐**，下下。卫西南五十里。 **把平寨**，下下。卫南六十里。 **丹平**，下下。卫西南百里。	关隘 谷忙关，卫东十五里。瓮城关，卫西南十里。

	挥使司，隶都司。领长官司五。		**丹行**。下下。卫西南百二十里。	
南新添卫界六十里，西至四川播州草堂司，北至播州黄平司俱百二十里，东北偏桥卫百八十里。	**平越卫**，元平月长官司，洪武十四年置平越卫军民指挥使司，初领长官司五，三十年割清平、平定二长官司属清平卫，弘治七年又改麻哈长官司为州，隶都匀府，以乐平长官属麻哈州，卫止领长官司一。	按万历二十七年分四川播州地置平越军民府，与平越卫同城，改播州黄平安抚司为州，瓮水安抚司为瓮安县，馀庆长官司为馀庆县，湄潭川地为湄潭县，及清平、兴隆二卫、凯里安抚司俱以属之平越府。	**杨义**，平越卫东南二十里。 **黄平守御千户所**。在四川黄平安抚司城，洪武十八年建，隶贵州都司。	山险关隘 平越卫东三十里有七盘坡，高峻崎岖，盘回七里，坡下有溪。杨义司西五十里有杉木箐山，峰峦高秀，为最险处。卫南二里有武胜关，卫西南有通津关，卫东南有羊肠关。
东新添卫界三十里，西贵州宣慰司六十里。	**龙里军民卫**，元平伐长官司，洪武初置龙里		**平伐**，下下。卫东南六十里。	山险 平伐司治西有冗刀山，峰峦高耸。

		驿，寻改站，二十三年置龙里卫军民指挥使司，隶都司。领长官司二。中下。	关隘 长冲关，卫西十七里。陇耸关，卫东二十里。	**大平伐**。下下。卫南八十里。	大平伐司东北有峡山，连峰峭壁，为两司界限。
	西南至平越卫，东至兴隆卫俱六十里。	**清平卫**，洪武十四年置清平堡，二十三年置卫，隶都司。领安抚司一。 **兴隆卫**。洪武二十二年置，隶都司。	**凯里安抚司**。正统中分四川播州宣慰司地置，初属播州宣慰司，嘉靖九年改属清平卫。	鸡场关，清平卫西十里。罗冲关，在卫北罗冲山。	
思石道。	府东至湖广沅州界九十里，西镇远府界百里。 思州府东北三十里。	**思州府**，元思州安抚司地，洪武初置思州宣慰司，永乐中改府。简，中下。领长官司四。米八百石有奇。 **平溪卫**，洪武二十二年建，隶湖广都司。	**都坪峨异溪蛮夷**，附郭。元台蓬若洞住溪长官司，洪武六年改置。下下。四里。	**都素蛮夷**，下下。二里。府西六十里。 施溪，下下。一里。府南百四十里。	**黄道溪**。下下。二里。府南二十里。 鲇鱼关，府东北六十里。

兵备佥事，提调平茶播州。 东铜仁府界三百九十里，西四川播州司界四百里，北四川涪州彭水县界六百五十里。	**思南府**，汉武陵郡地，隋务川县，唐务州、思州、宁夷郡，元思州宣抚司，洪武初改思南宣慰司，永乐十一年改府。领长官司四，县二。米一千八百石。 府东接酉阳，西连锦、播，二江襟带于左右，重冈起伏于四隅，诚控扼蛮夷之要地。按二江即乌江、内江也。	**水德江**，附郭。元水特姜长官司，洪武二十二年改今名。中下。四里。 **蛮夷**，附郭。洪武十年增置。 〇万历二十八年复分置安化县于郭内。	**婺川县**，隋置。中下。四里。府北二百四十里。 **印江县**，唐思邛，宋邛水县，元邛江长官司，后讹邛为印，弘治十八年置县。中上。四里。府东三十里。	**沿河祐溪**，中下。三里。府北二百十里。 **朗溪蛮夷**，中下。二里。府东四十五里。
抚苗参议， 总兵， 参将。 府北至四川邑梅司界二百二十里。	**铜仁府**，元铜仁大小江长官司，洪武初改铜仁长官司，永乐十一年增置府。中上，简。领长官司六。米四百八十	**铜仁**，附郭。洪武五年置铜仁长官司，永乐中建府治焉。中下。五里。〇万历二十五年改铜仁长官司为县。	**省溪**，下下。一里。府西百里。 **提溪**，下下。一里。府西百四十里。	**乌罗**，下。三里。府西二百里。 **平头著可**。下下。一里。府北百二十里。

		石。 府治西有铜仁大江，西北有铜仁小江。		大万山，下下。一里。府南二百里。	
	府西至四川播州徐庆长官司界百六十里。	石阡府。唐思州地，元石阡长官司，永乐十一年置府。简，中。领长官司四。米八百五十石。	石阡。附郭。洪武五年置，永乐十一年为府治。中下。五里。无瘴。有吏目。	苗民，二里。府西百八十里。 葛彰葛商，二里。府西百里。	龙泉坪。中。二里。府西百二十里。〇万历二十七年改为龙泉县。

九边总图

按明初边备，自辽东而大宁，而开平，而宣府，而丰胜，而大同，而宁夏，而甘肃，东西延亘，指臂相依，称全盛焉。故合边卒之数，不过四十万，较之宋人备西夏一路犹七十万者，盖倍蓰也。自大宁既失，开平、兴和又弃，东胜复捐，于是残缺之形日以滋长，乜先、火筛而后，戎狄益起骄心，吉囊尤称雄桀，跳梁之祸，无日而间，边境诸方，骚然不宁矣。逮乎末季，法令日玩，敝坏日生，匮乏日甚，补救犹曰不遑，孰敢撄其锋而与之抗哉？诸家聚讼，不无一得，然而言者固难，听者不易，苟非英君贤相，振作其间，累累建明，亦徒文具而已。嗟乎！本实拨矣，且不能保舟中之敌，又何暇申阃外之威？议边事于今日，无甚高论焉可也。若夫重屯政，择大臣，至谓堑不如窖，窖不如垣，筑台增堡诸论，有王者起自不可废，予亦颔其意而已。

九边总图

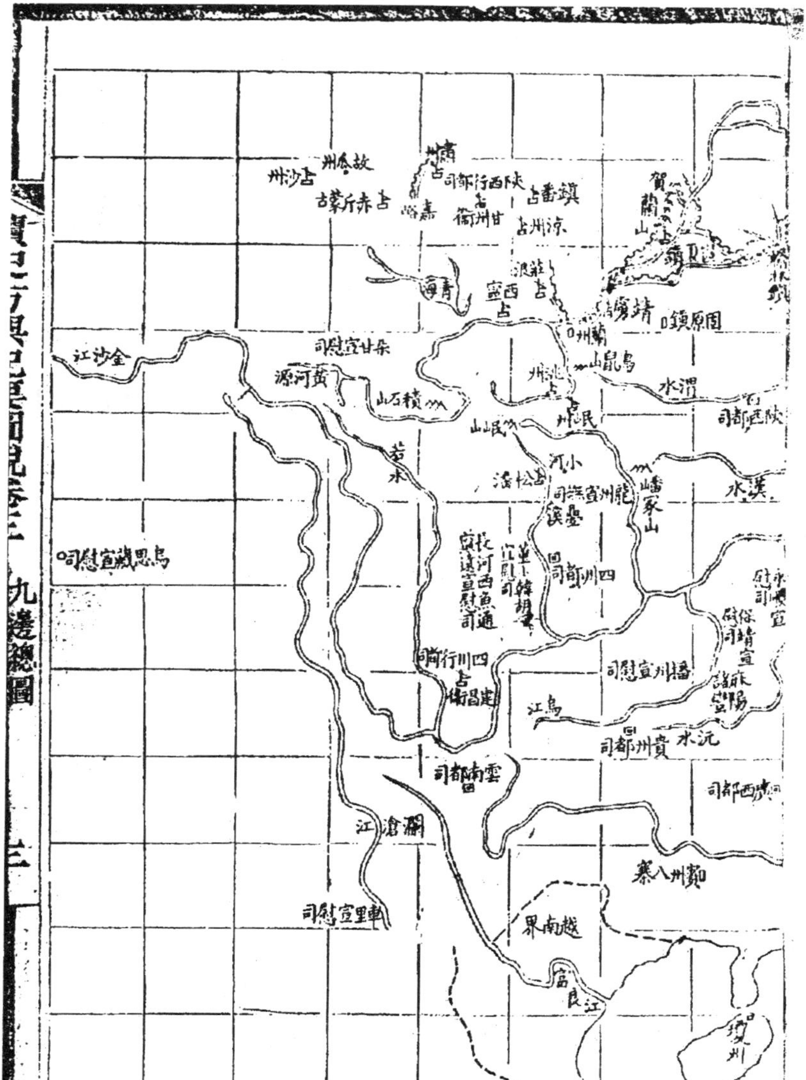
讀史方輿紀要卷三 九邊總圖 三
故瓜州
古沙州
古赤斤蒙古
陝西行都司
古甘州衛
古鎮番
古涼州
賀蘭山
青海
古西寧
古莊浪
靖虜
固原鎮
蘭州
鳥鼠山
洮州
渭水
陝西都司
朵甘宣慰司
金沙江
黃河源
積石山
岷州
岷山
小河
松潘
龍州宣撫司
疊溪
嶓冢山
漢水
烏思藏宣慰司
四川都司
四川行都司
古建昌衛
播州宣慰司
烏江
貴州都司
沅水
雲南都司
廣西都司
瀾滄江
八寨
車里宣慰司
越南界
富良江
瓊州

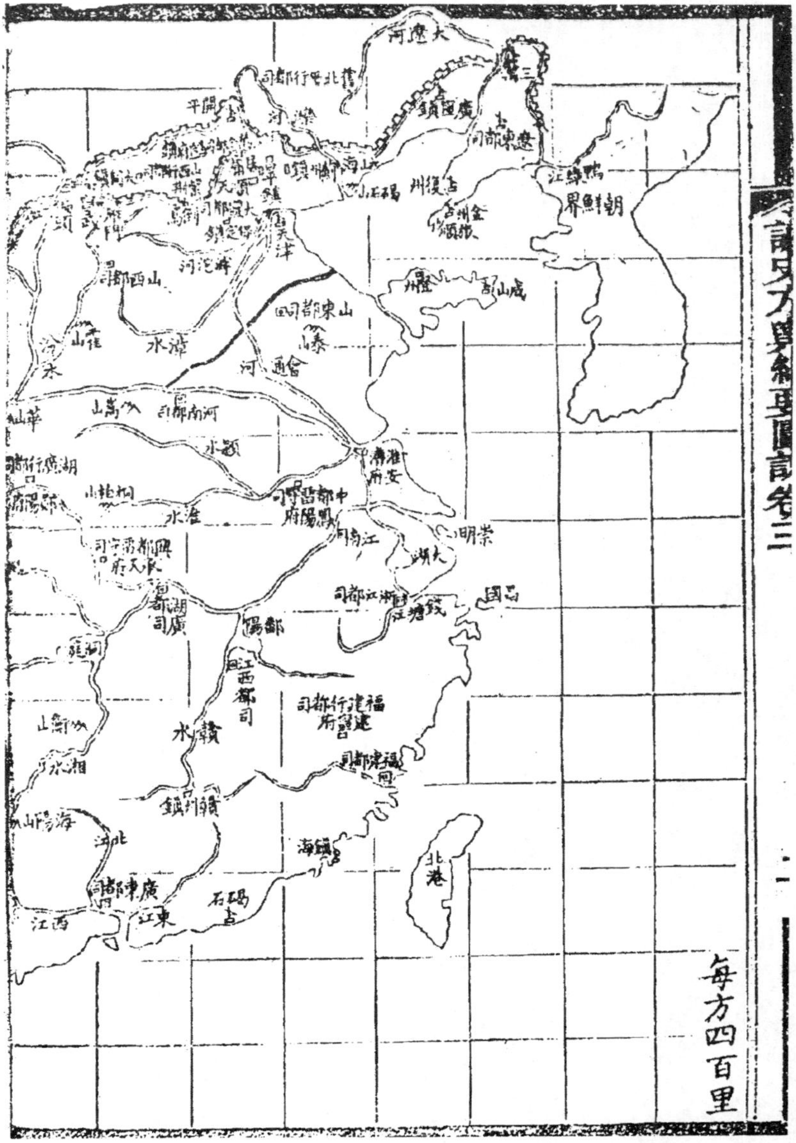

大遼河
遼東都司
廣寧鎮
朝鮮界
鴨綠江
山西都司
山東都司
泰山
河南都司
嵩山
淮水
中都留守司
鳳陽府
淮安府
崇明
大湖
錢塘江
湖廣都司
鄱陽
江西都司
福建行都司
建寧府
福建都司
贛水
湘水
衡山
北港
碣石
東江
海鎮
每方四百里

辽东边第一

按辽东为燕京左臂，三面濒夷，一面阻海，山海关限隔内外，亦形胜处也。历代郡县其地，明初改置诸卫而控于辽阳。开元设安乐、自在二州以处内附夷人，其外附者东北则建州、毛怜、女直也，西北则朵颜、福馀、泰宁也。夫三岔河南北数百里，辽阳旧城在焉。木叶、白云之间，即辽之上京、中京也。自委以与虏而腹心之地丧，阻隔之患生矣。今稽其略，则宁远前屯乃辽之咽喉也，背山面海，一线地耳。而高桥铺、王刀屯瓦窑冲、双塔铺以至于老冲等处，皆零贼潜伏截路处也。若三山营、仙灵寺、小团山等处，则大举之虏必由此以犯中前、中右所、东关一带地方者也，是可废缺而不讲欤？广宁锦、义共十九边堡，俱平坦通虏，间有稍险者，如东之白云山，西之九顶莲花山，再西之红螺山，其离边皆四五十里，乃虏贼聚兵处也。如聚白云山，则必自镇安、镇静犯广宁一带矣；聚莲花山，则必犯义州迤东一带及十三山堡等处矣；聚红螺山，则必由大福、大镇入犯锦州松山、杏山以及右屯一带矣。况高平、沙岭，又零贼出没之途哉。辽阳一区，东西皆边。其蒲河、沈阳、十方寺直抵东胜、东昌、三岔河，此西境也，境外乃泰宁、福馀诸夷住牧处；会安、抚顺、叆阳等处以至鸭渌江，此东境也，境外乃毛怜、建州诸夷住牧处。西边虽有太、浑二河为障，然滩浅可涉，长营而上，其馀小河更不足恃，至冬则患滋矣。如贼在旧辽阳、老虎林聚兵，必由十方寺、长营堡、黄泥洼进犯沈阳南北一带；若由东胜等处入，则海、盖、复、金四州必受其患矣。海州而下，皆在境南，虏不易至，惟大举或犯东昌、东胜及三岔河口，则忧切矣。夫修城布兵，此堂奥之策耳。或谓盖州北有青石岭山，东与诸山连络，西与大海接连，海山之间，平地二十馀里，乃虏出入之道，诚于此置城垣，筑墩堡及虎牢濠堑诸备，布置严密，敌可走也。又于岭之险处设关以通行，于平处峻途以弭患，使东西百里，屹然雄峙，则三卫固而根本立矣。开元等镇当东北绝塞，三面皆夷，东建州，西福馀，北海西，东北则混同江诸夷团聚于外，号孤悬之区，噬脐之患实自此始。吁！谁之咎哉？若夫海道则天津上达广宁以西，其东则以登、莱为径也。

辽东镇，属卫二十五，所十一，关二，营堡百。马步官军九万九千八百七十五员名，马九百九匹，子粒二十六万一千四百六十七石，岁运银十八万五千二十四两，米十二万四千六十六石，草二百四十万五千二百十一束，豆七万五千二百二十九石六斗。

巡抚都御史一，总兵镇虏将军一，镇守太监一，俱驻广宁。分守副总兵一，驻辽东。分守东路参将一，驻开元。游击将军一，驻广宁。守备二，宁远一，叆阳一。马市官一。驻开元。

辽东边图 补注

首山，都司西南十五里，连海州界，山顶有泉，行兵者多驻此。平顶山，司东百里，周二十里，顶平有泉，可耕稼。安平山，司东南百里，上有铁场。凤皇山，司东三百六十里，上有垒石古城，可容数万人，唐太宗东征时驻此。石城山，盖州东北十五里，上有石城，中有泉，昔人避兵处也。大黑山，金州东十五里，绝顶有城，四面悬绝，惟西向一路可通，中有井，亦昔时避兵处。医巫闾山，广宁卫西五里，古幽州镇山也。其山环抱六重，故又名六山，岩壑绝胜。十三山，广宁右屯北三十里，下有洞，上有池。红罗山，中屯西六十里，一名红螺，大小二山，东西绵亘百馀里，今因其势筑为城，以障一方。大团山，宁远西北三十里，中高四下，守此可断北虏出没之途。万松山，广宁前屯西北十五里，绵亘东西四百馀里，连山海、永平界。东牟山，沈阳东二十里，唐平高丽时渤海大氏以众保此。辉山，沈阳东北四十里，层峦叠嶂，为境内诸山之冠。金山，三万西北五十里，辽河北岸，亘三百馀里。长白山，三万东北千馀里，横亘千里，顶有潭，周八十里，渊深莫测，南流为鸭绿江，北流为混同江。分水岭，盖州东百四十里，绵亘数百里，下有泉，东西分流。牵马岭，广宁卫西北六十里，山脉与医巫闾山相接，势极险峻，中通驿路，过者下马攀援乃得上。莲花岛，金州东三十里，其间七十二岛，东北五十里者名萧家岛，有兵戍守。桃花岛，宁远东十五里，海舟漕运皆泊此。连云岛，盖州西十五里，有戍兵。又万滩岛，复州东海中，陆路二百四十里，水路六十里。华岛，宁远东南二十里。

太子河，一名东梁河，源出司城东北五百里幹罗山，至司东北五里，折而西南流，至浑河合为小口，会辽河入海。浑河，一名小辽水，源出塞外，西南流至沈阳合沙河，又西南流至司城西北入太子河。辽河出塞外，自三万卫西北入境，南流经铁岭、沈阳都司之西境、广宁之东境，又南流至海州卫西南入海，行千三百五十里。太宗征高丽，患辽泽泥淖，布土作桥，今其地遇雨多淖，盖天造之险也。大凌河、小凌河，俱出大宁境。大凌河自义州西六十里入境，南流经广宁左、右屯界入海。小凌河自广宁左屯西入境，合女儿河、哈剌河南流入海。松花江，出长白山湖中，北流经金故南京城，合灰扒江，至海西合混同江东入海。

关隘考

连山关，都司东南百八十里，朝鲜入贡之道。大片岭关，海州东百十里。梁房口关，盖州西北九十里，海运舟必由此入辽河。连云岛关，盖州西十五里。石门关，盖州东七十里。栾古关，复州南六十里。旅顺口关，金州南百二十里，海运舟由此登岸。萧家岛关，金州东北百五十里。三头关，三万卫南六十里。清河关，三万卫西南六十里。各关俱官兵戍守。

又志所载墩堡极多，与此间有出入，不尽录。

罗氏曰：国初河东十四卫，北自登州海运给粮，有海船十馀只，直抵辽阳、铁岭以达开元城西老米湾，使其法不废，辽阳匮乏，其无患乎？

毛云：广宁险要有二：途镇静，虏自不能北来；驻三岔，虏自不敢东渡。

辽东边图

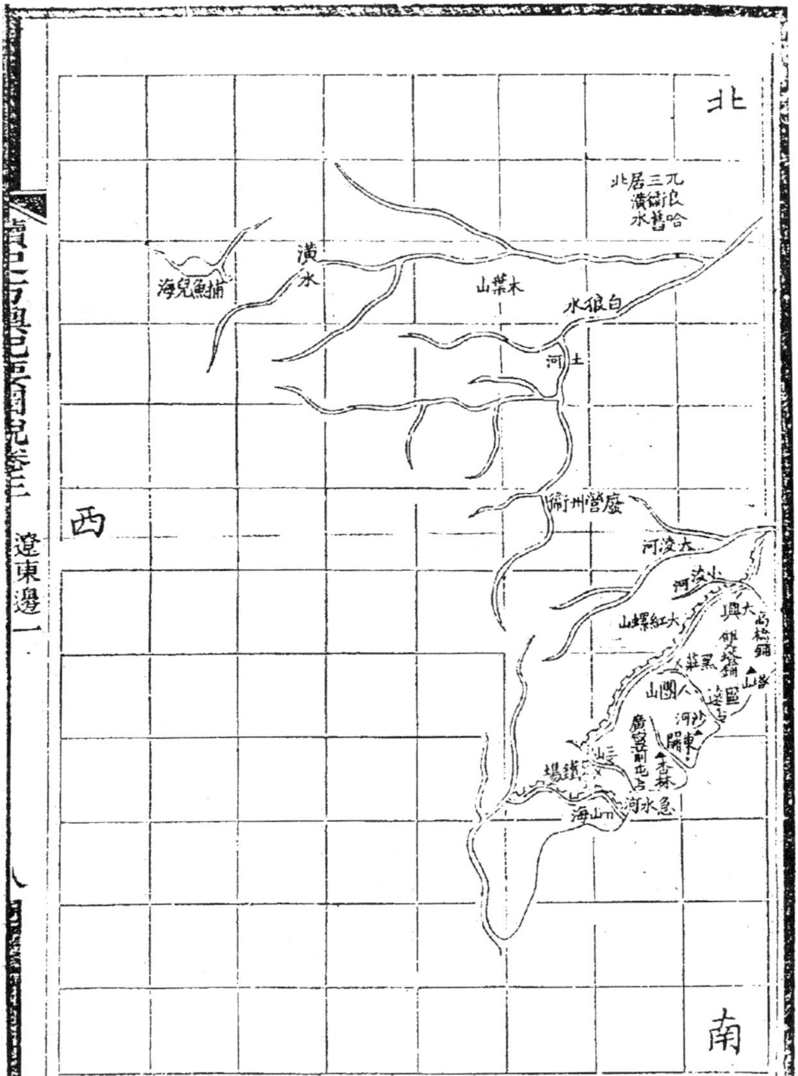

讀史方輿紀要圖說卷三　遼東邊一
北
西
南
兀良哈三衛舊居潢水北
捕魚兒海
潢水
木葉山
白狼水
土河
廢營州衛
大凌河
小凌河
大紅螺山
急水河

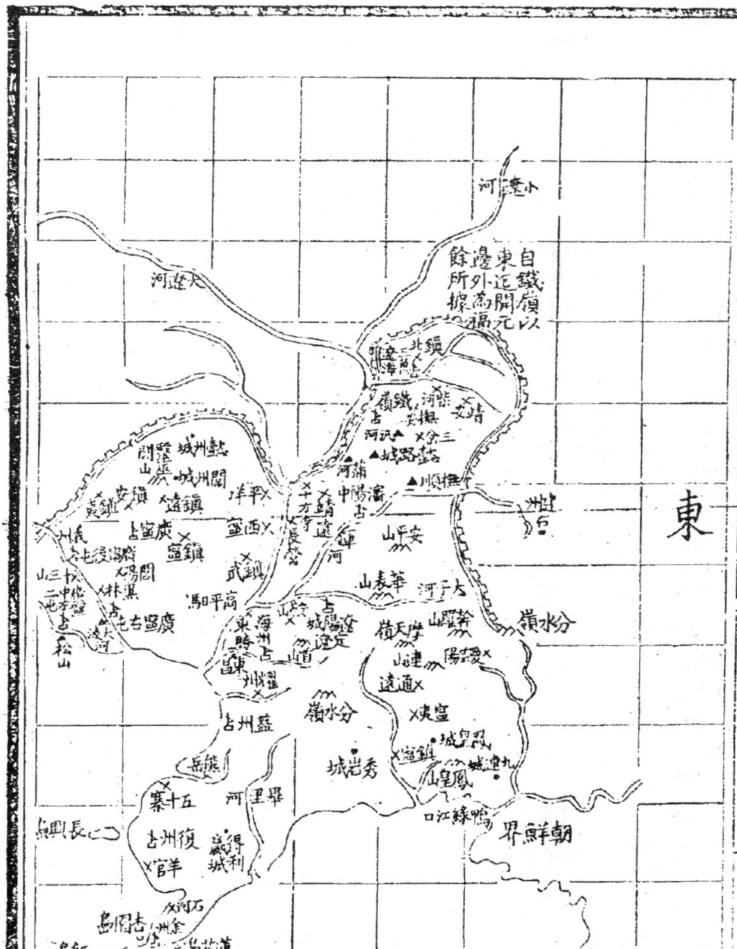
小遼河
大遼河
東
分水嶺
安平山
華表山
撫順
鳳皇山
鳳皇城
秀岩城
蓋州古
復州古
長興島
旅順
鐵山島
鴨綠江口
朝鮮界
每方百里

讀史方輿紀要圖說卷三

	卫二十五	所	关堡	马步官军	马	子粒	岁运银	米	岁办秋草	豆
巡抚，总兵，	广宁，广宁中，广宁左，广宁右，同在广宁卫城内。		镇安等堡。 镇夷等六堡。	一千六百五十六员名。 二万二千八百四十六员名。		一万二千六百一石。	十五万两。	五万三千八百六石。	四十四万四千七百束。	一万四千六百九十石。
	广宁右屯，义州，	广宁卫南百二十里。	黑林等七堡。	九百十三员名。		一万五千八石。			四十四万八千束。	
	广宁后屯，后屯与义州卫同城。		大定等六堡。	八千三百五十三员名。		四千二百四十石。	七千三百六十四两六钱。	二万九千九百三十四石。	二十七万六千九百束。	一万四千八百七十一石七斗。

	广宁左屯，广宁中屯，二卫同在故锦州城。	中左，大凌河。 中左，松山。	大兴等七堡。	六千三百零三员名。		二万一千四百五十石。	五千四百六十一两六钱。		十八万三百十束。	一万二千六百十四石四斗。
守备，	宁远，西至广宁前屯卫百三十里。	中左，塔山。 中右，小沙河。	黑庄等十堡。	二百四员名。	九十六匹。	二万七千百二十五石。				
	广宁前屯，西至山海关七十里。	中前，急水河。 中后，杏林。	铁场等七堡。	九千二十员名。		一万九千一百九十八名。	一万二千百十六两八钱。		四十五万六千束。	一万六千四百二十六石五斗。

辽东都指挥使司，兵备佥事，副总兵，瑷阳守备，	定辽中，以下 定辽左，六卫 定辽右，均在 定辽前，辽东 定辽后，都司 东宁，城内。	中左，	鞍山等二十四营堡。	二万四千九百十四员名。	五十四匹。	八千九百八十七石。	一万八十两。	四万二百二十六石。	三十三万七千四百束。	一万二千六百二十六石。
	沈阳中，铁岭卫南百二十里，南至都司辽阳城百二十里。	抚顺，沈阳卫东百八十里。	靖远等三堡。 十方寺等堡。 抚顺关。	二千三百四十三员名。 一千六百五十六员名。		七万二千九百七石。 二千五百九十八石。				

参将		蒲河，沈阳卫北四十里。	三岔等四堡。	一千三百十六员名。		二千四百九十七石。				
	铁岭，三万卫南九十里，南至都司辽阳城二百四十里。	中左，汎河。	柴河等二堡。	一千四百二员名。		三千二百六十九石。				
		左左，懿路城。	抚安等三堡。	一千四百十六员名。		三千一百五十石。				
	三万，二卫同在辽海，故开元城。		镇北等八堡。	一千三百五十二员名。						
	海州，南至盖州卫百二十里。		耀州等六堡。三岔关。	七千四百十七员名。		八千六百六十二石。				

	盖州，南至复州卫百八十里。		五十寨等二堡。	四千七百三十五员名。	三百四十一匹	三万七千三百三十石。				
	复州，南至金州卫百八十里。		羊官等二堡。	五十员名。	五十匹	万二千五百十石。				
	金州。南至海百二十里，北至辽阳城六百里。	中左旅顺	石河等二堡。	四千七十九员名。	三百七十匹	万四千八百五十九石。				

蓟州边第二 内三关附

按蓟州为京都左辅，当大宁未彻时，与宣府、辽东东西应援，诚藩屏重地也。自挈其地以与兀良哈，而宣、辽声援绝，内地之垣篱薄矣。嗣后朵颜日盛，侵肆有加，乃以蓟州为重镇，建置重臣，增修关堡，东自山海，西迄居庸，延袤千里，备云密矣。说者曰：蓟镇御虏，以守为先，而沿边山形盘旋，道路崎岖，往来应援，深为不便。又虏人巢穴皆在宣府边外独石地方，若犯蓟边，必由西而东，则当以黄花镇、大水谷、河防口、石塘岭等处为首冲，次则犯白马关、古北口、黑谷关地方，又次则及马兰峪、太平寨等处，而滦河一带，外虽有土蛮诸夷，然势小力孤，其备之也视诸方为缓，使探哨严明，而更番接援，未始不可成功也。夫虏情叵测，使东西连结，而虚实互用，其何以御之哉？昔人有言，兵难遥度，我未敢深信也。若夫横山置守，则未始不可从也。议曰：内边东自龙井关，西至黑谷关，边城磬折，可六百里，夷地一区，约田千顷，乃在腹里，外有横山一带，止百五十里，相连高峙，窥见内地虚实，若修筑外口，不惟我据其险，有地可耕，且以收六百里之人，堡移守百五十里，岂不简且便耶？但不知历代何以未之从耳。

蓟州镇，属关一百十三，寨七十二，营四十三，堡六十一，城十一。马步官军七万八千六百二十一员名，粮四十六万八百馀石，料豆六万七千五百馀石，子粒米麦一万五千七百七十八石六斗，布绢折银二万两，绵布十二万一千六百馀匹，绵花绒六万六千三百馀斤，草四十万七千馀束。

山东、河南、直隶各司府起运夏秋二税粮，麦豆三万四千五百八十八石二斗零，布十三万三千九百匹，绵花八万一千五百斤，绢二千馀匹。海运兑军本折米共二十四万石，军民屯折色草银共二十一万六千九百六十两零。夏秋二税，本折色绢米一千一百四万九千二百馀石，草九万七千六百八十四束。

总督辽、蓟都御史一，驻蓟州。巡抚顺天等处都御史一，驻遵化。密云兵备副使一，驻蓟州。巡按山海关监察御史一，兵部主事一，驻山海关。将军总兵官一，驻密云。参将五，燕河营一，马兰峪一，密云一，太平寨一，古北口一。游击参将一，驻建昌营。都指挥二，通州一，居庸一。守备八，山海关一，永平一，遵化一，燕河营一，蓟州一，通州一，三河一，黄花镇一。

蓟州边图

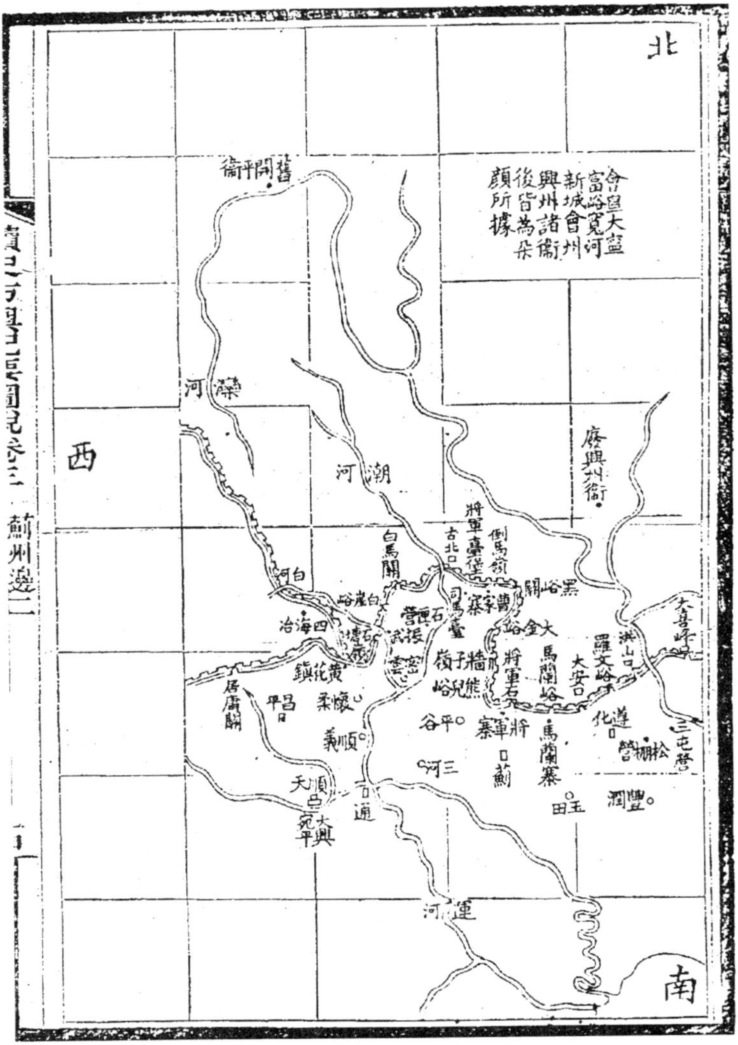
北
西
南
舊開平衛
會寧大寧富峪寬河新城會州興州諸衛後皆為朶顏所據
灤河
潮河
廢興州衛
將軍臺堡
古北口
倒馬嶺
白馬關
黑峪關
曹家寨
司馬臺
石匣營
白崖峪
白河
四海冶
大金峪
馬蘭峪
羅文峪
洪山口
大喜峰口
大安口
將軍石
熊兒峪
牆子嶺
黃花鎮
懷柔
昌平
居庸關
密雲
平谷
將軍寨
馬蘭寨
遵化
松棚營
三屯營
順義
三河
薊
順天
宛平
大興
通
玉田
豐潤
運河
讀史方輿紀要圖卷三 薊州邊二

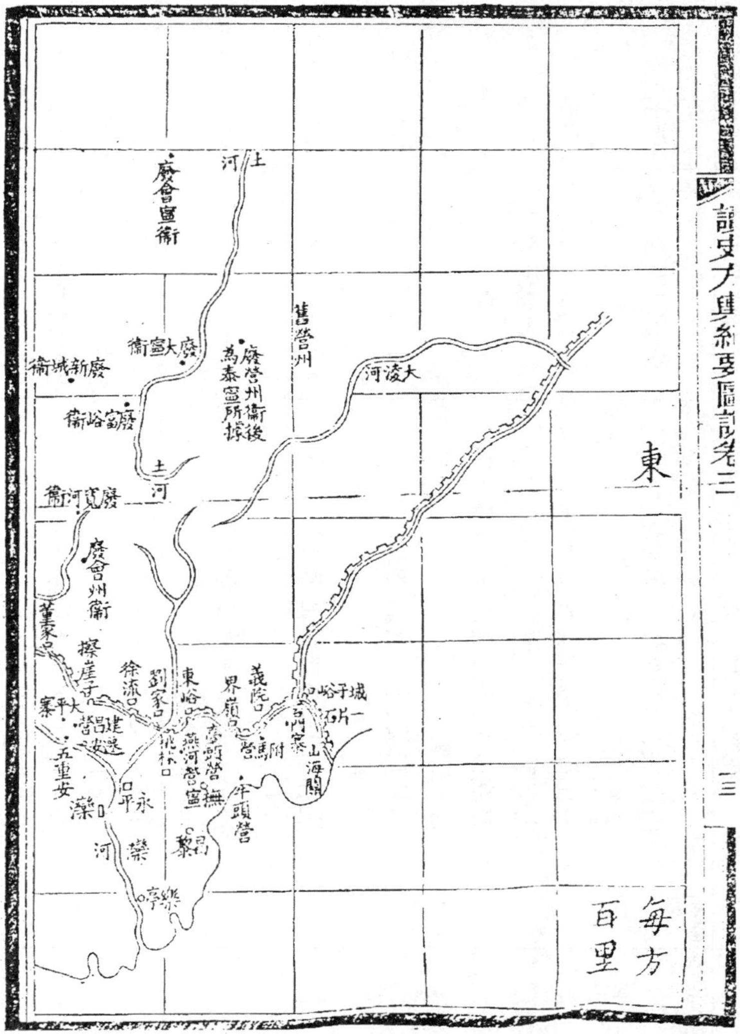
讀史方輿紀要圖說卷三
三
東
每方百里
土河
廢大寧衛
廢新城衛
廢富峪衛
廢寬河衛
廢營州後衛為泰寧所據
舊營州
大凌河
廢會州衛
董家口
擦崖子
徐流口
劉家口
東峪口
界嶺口
義院口
城子峪口
一片石
山海關
大平寨
建昌營
遷安
桃林口
燕河營
臺頭營
撫寧
永平
灤河
昌黎
樂亭

	镇	关寨营堡口		马步官军	子粒米
总督，守备，兵备	蓟州。				
副使，		山海关，永平府抚宁县东百里。	管九关。	一百六十四员名。	一百十三石。
巡按，守备，兵部					
主事，		一片石关，抚宁县东七十里。	管十四关。	一百六十二员名。	二百零二石。
把总，				八百八十六员名。	
把总，		养院口关，抚宁县北四十五里。	管十关寨口堡。	一千三百六十八员名。	三百四十五石。 九
把总，		界岭口关，抚宁县北七十里。	管五关。	一千五百九十二员名。	百四十六石。
把总，		桃林口关，永平府北六十里。	管九关寨口堡。	一千六百十四员名。	五百七十石。
把总，		擦崖子关，永平迁安县东北七十里。	管七关。	一千一百四员名。	五百八十八石。
把总，		董家口关，抚宁县东北七十里。	管六关寨。	一千六百二十五员名。	九百四十五石。 二百十石。
把总，		大喜峰口，蓟州遵化县东北七十里。	管七关寨。	七百六十二员名。	五百四十三石。

抚驻遵化，					
把总，		洪山口关，遵化县北三十里。	管十二关寨。	一千四百八十九员名。	六百三十九石六斗。
把总，		罗文峪关，遵化县西北十里。	管七十关寨堡口。	一千九百八十八员名。	一百五十五石。
把总，		马兰峪关，遵化县西北七十馀里。	管十五关寨口。	一千八百五十四员名。	二百六十石。
总兵驻密云，					
把总，		将军石关，密云县东北百十里。	管十关寨。	八百三员名。	三百零八石。
把总，		将军台堡，古北口东南。	管四十关寨。	二千一百五十四员名。	
分守参将， 把总，		古北口，昌平州密云县东北百二十里。	管三十四关寨。	一千八百八十员名。	
内臣，守备， 指挥，把总，		黄花镇，顺天府昌平州北八十里。	管十一口。	三千八百四十九员名。	
把总，		牛头营，抚宁县东三十里。	管三营。	一百九十六员名。	
把总，		石门寨，义院口关南二十五里。	管四营。	二千二百十九员名。	六百十四石。
把总，		附马寨营，抚宁县北五十里。	管一营。	八十五员名。	三百二十四石。

把总，		**界岭营**，永平府抚宁县北七十里。	管一营。	三百五员名。	
分守参将， 守备，		**燕河营**，永平府东北五十里。	管十八关塞营堡口。	一万六千二百四十一员名。	四百八十石。
指挥，		**桃林营**，桃林口关南十里。关见上。	管三营。	一千二百四十二员名。	一千三百九十石。
游击将军， 把总，		**建昌营**，永平府迁安县北四十里。	管一营。	二千六百八十二员名。	三百八十八石。
东路副总兵， 把总，		**台头营**，抚宁县西北三十里。	管一营。	四百二十六员名。	六百七十石。
把总，		**五重安营**，擦崖子关东南。关见上。	管四营。	一千四百九十二员名。	七百四十五石。
把总，		**松棚营**，遵化县北。	管四营。	五千二百七十六员名。	一千二百九十一石。
把总，		**大安口**，马兰峪关之东。关见上。	管三营。	一千三百八十四员名。	五百十一石。
分守参将，		**马兰营**，近马兰峪关。	管七十五关寨营堡口。	一万八千六十九员名。	一百七十二石。
把总，		**将军寨**，	管三营。	一千四百九员名。	一百七十二石。

把总，		**熊儿峪营**，密云县东。	管三营。	一千四百九员名。	
		司马台营，密云县东北百二十里。		一千二百五十名。	
把总，		**石塘岭关**，密云县西北四十里。	管五营。	七百七十九员名。	
把总，		**振武**，	管四营。	一千二百四员名。	
指挥，		**石匣营**，密云县东北六十里。		五百五十六员名。	
把总，		○**大平寨**，建昌营西六十里。营见上。	管一营。	五百五十六员名。	
西路副总兵，		○**三屯营**，迁安县西北百二十里。	管一营。		
指挥，		○**墙子岭关**，密云东北七十五里。			
分守参将，					
中路副总兵。		○**曹家寨**。密云县东北九十里。蓟镇边分东中西三路。东路四：山海关、石门寨、燕河营、建昌营，东路帅驻台头营。中路四：大平寨、喜峰口、松棚峪、马兰峪，中路帅驻三屯营。西路四：墙子岭、曹家寨、古北口、石塘岭，西路帅驻石匣营。			

内三关附

按三关逼迩京师，防维边塞，皆形要处也，故议者以此为亟，而龙泉以下诸关，视此少缓焉。观昔人之言，曰劲卒捣居庸，北拊其背，大军出紫荆口，南扼其喉，可以知其大略矣。夫居庸固重地也，而紫荆连接宣、大诸边，实南出之要路，使疾驰抵运道，不数日可至也。则其所系，岂出居庸下哉？紫荆迤西七十里有浮图峪口者，又紫荆之肘腋也。若夫倒马一关，实当西方之冲要，故亦在所重焉。

直隶三关：居庸关，紫荆关，倒马关。

巡抚保定等处都御史一，驻保定。巡按居庸等关监察御史一，驻京师。

镇守副总兵一，驻保定。都指挥一，驻居庸。守备五，居庸一，紫荆一，倒马一，白羊口一，浮图峪一。

内三关图

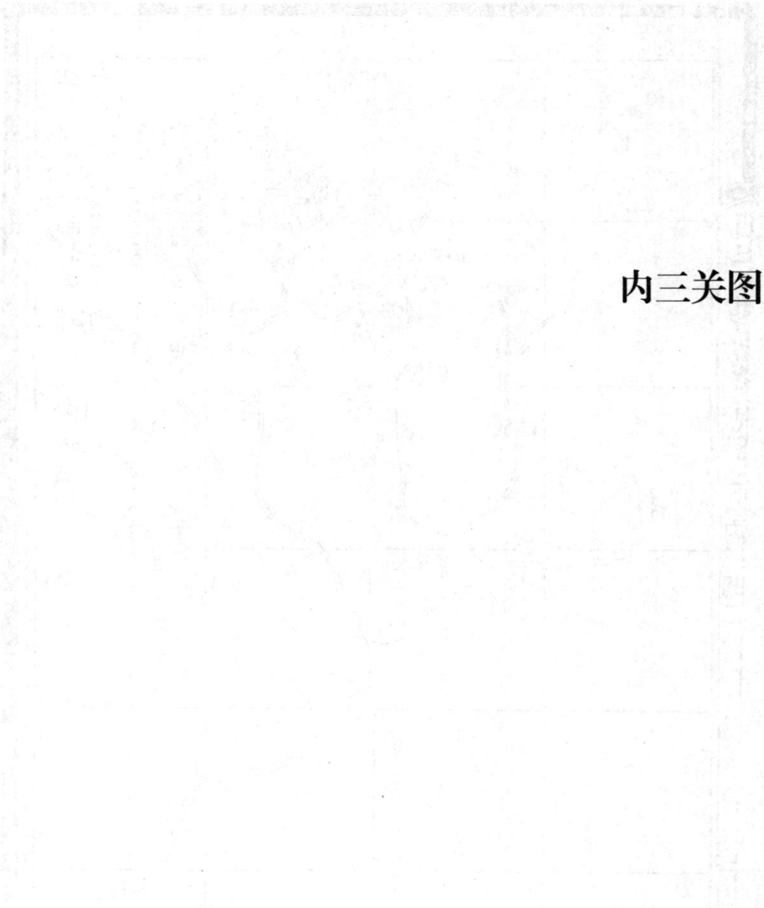

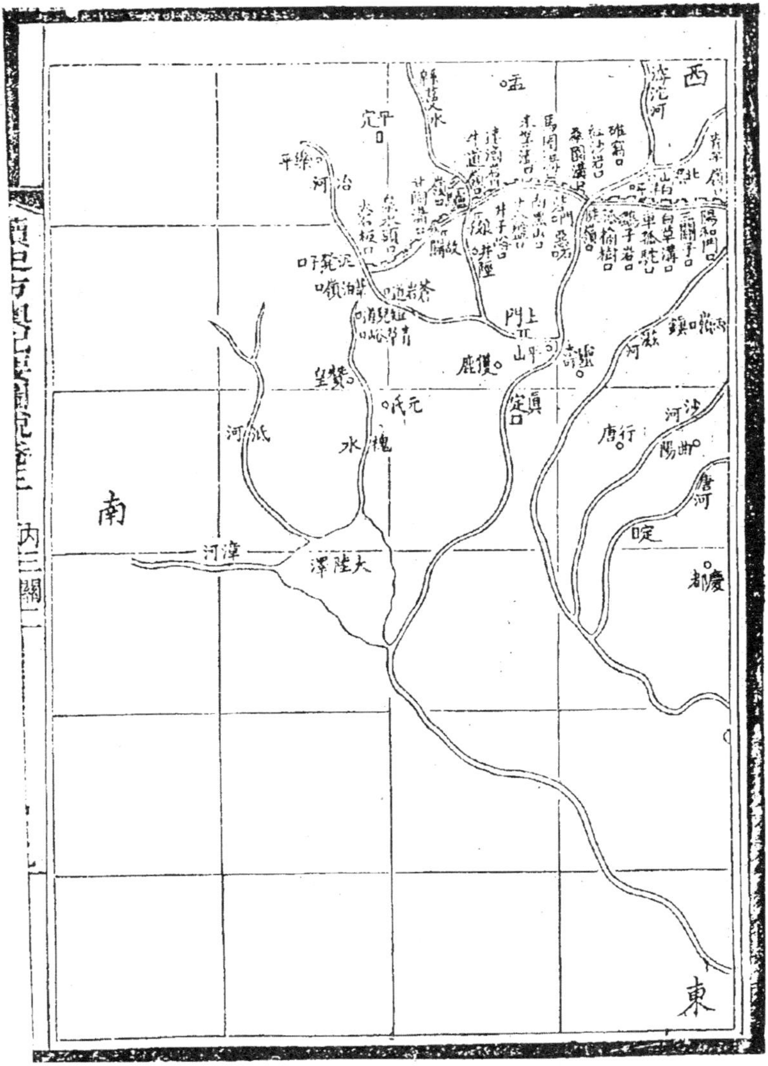
西
南
東
滹沱河
漳河
大陸澤
槐水
元氏
真定
唐河
沙河
曲陽
行唐
慶都

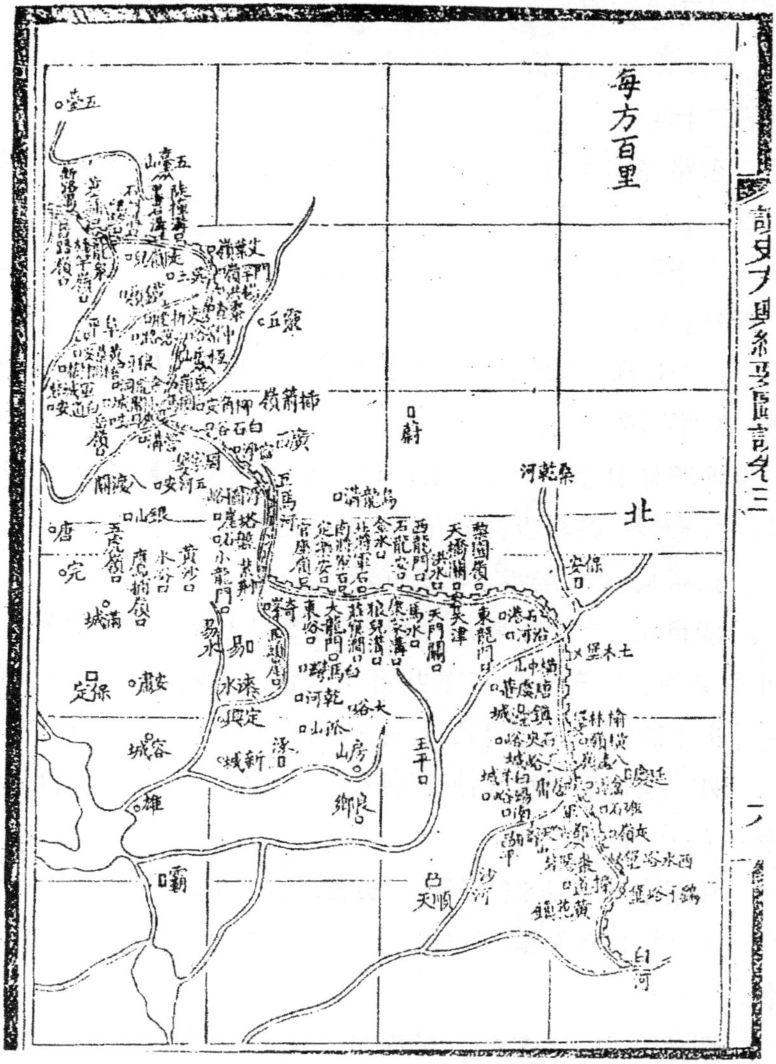
讀史方輿紀要圖說卷三
每方百里
北
五臺
蔚
桑乾河
保安
土木堡
唐
完
滿城
保定
安肅
容城
雄
霸
易州
易水
涞水
定興
新城
房山
良鄉
順天
沙河
白河
天津關
倒馬關
紫荆關
居庸關

居庸关，隶蓟州。所辖撞道等口墩寨七十有三，城二，堡三。属马步官军一万三千七百六十二员名，子粒米三千六十石，新增馀地折色银二百五十两，馀丁承稔米三百三十石，马四百二十匹。

东路撞道等口一十三，俱无住城，横石墙一道。共马步官军一百七十八员名。

中路双泉等口三十六，同东路，内除白羊口堡。共马步官军七百七十员名。

白羊口堡，小石城一座。马步官军五百八十一员名，马六十匹，迤西六墩军四十名。

西路榆林堡等口三十七，俱无住城，横石墙一道。有镇边城一座，内除长峪城。共马步官军五百三十三员名。

长峪城一座，马步官军二百七十二员名。

紫荆关，隶保定提督。所辖沿河等口七十六，属春秋轮班兵备御，常守马步官军共五千八百八十六员名，子粒米一千七十四石，马四百十二匹，驮枪马八十匹。

外一层自东而西，沿河等口五十二，内除浮图峪口。共马步官军一千三十七员名。

浮图峪口，马步官军四十三员名，马八十匹。

内一层自西而东，白石等口二十四，共马步官军七十三员名。

倒马关。隶保定都督。所辖周家堡等口一百十五，有关二，属常守备冬马步官军共五千八百一十二员名，子粒米一千六十石，备冬骑操马一百三十匹。

东北路周家等口六十六，内除插箭岭口。共马步官军四百九十七员名。

插箭岭口，马步官军三百员名。

西南路龙泉等口五十一，共马步官军一千四百四十一员名。

宣府边第三

按宣府前望京师，后控沙漠，左扼居庸之险，右拥云中之固，诚边陲重地也。乃吾稽旧开平为元之上都，志称其南环滦水，北莫龙冈，即卧龙山，在开平废城北三里。为形胜之地。明初置卫于此，东有凉亭、沈河、赛峰、黄崖四驿，直抵大宁古北口；西有桓州、威虏、明安、隰宁四驿，直抵独石。文祖三犁虏庭，皆自开平、兴和、万全出入。自大宁沦失，兴和亦废，而开平失援难守，宣德中乃于独石置卫，弃地盖三百馀里。土木之变，独石八城尽没，虽旋收复，而气势愈微，宣府独重矣。议者谓开平与宣、辽首尾，不可弃也。然而大宁尤急于开平，故有易置三卫之说焉。今据图而论，则宣府自东路之四海冶堡，历中、北二路，抵西路之西阳河为大同界；自大同东路之东阳河迤逦而西，历中、北二路，抵西路之丫角山为山西界；自山西之老营堡迤逦而西，历中水泉、偏头、保德州为黄河界；计一千九百二十馀里，皆逼临虏巢，所谓外险也。又老营堡转南迤逦而东，历宁武、雁门、北楼抵平刑关，又迤逦而南，而东，为保定界；历龙泉、倒马及吴王口、插箭岭、浮图峪、沿河口，又东北为顺天界；历高崖、白羊抵居庸而止，计二千五百馀里，皆峻山层冈，所谓内险也。据天造之金汤，为北方之藩障，为宣府计，亦已足矣。若必欲规远猷而出万全，则有明初之成算在。

宣府边图 补注

山险

翠屏山，万全右卫北三里，两峰高耸，望之如屏。水沟口山，怀安卫南十五里，其山嵬峙百馀丈。又西有良山，永乐时车驾曾驻此。大海陀山，怀来卫东北三十里，高百仞，下有龙潭。东山，开平东三十里，高峻，上有墩可瞭望三百里。双峰山，龙门北三十里，二峰相向，高入云霄。龙门山，云州堡东北五里，两山对峙，望之如门，寨外诸水出其下，亦名龙门峡。野狐岭，万全右卫北三十里，风势甚烈，飞雁遇风辄堕地。

增考

炭山，宣府西百二十里，辽主、后多纳凉于此。其西北二十里有爱阳河，水草甘凉，宜牧放。大松山，龙门卫西十里，有松一株，盘曲高耸，成祖曾驻此。鸳鸯泊，云州堡西北百馀里，周八十里，其水渟蓄，自辽以来为牧放之所。上都，宣府东北七百里，即废开平是也。元主岁一巡幸，称为上都。大胜甸，万全右卫境内，金兵与元战败于此。

水道

洋河，宣府南五里，源出境外，合怀安卫南水沟口、燕尾等河东流，过保安境入桑乾河。东河，赤城堡东，自独石、云州东流经古北口，为通州白河上源，过密云、顺义入通州为潞河。滦河、云州堡北六十里，下流入开平界，废开平县有夹皂、香河二水，皆注焉。龙门川，云州堡东，合独石、红山二处水从龙门峡南下，故名。顺圣川，宣府西南百里废顺圣县，延袤二百馀里，多美刍，本朝牧放于此。

宣府边图

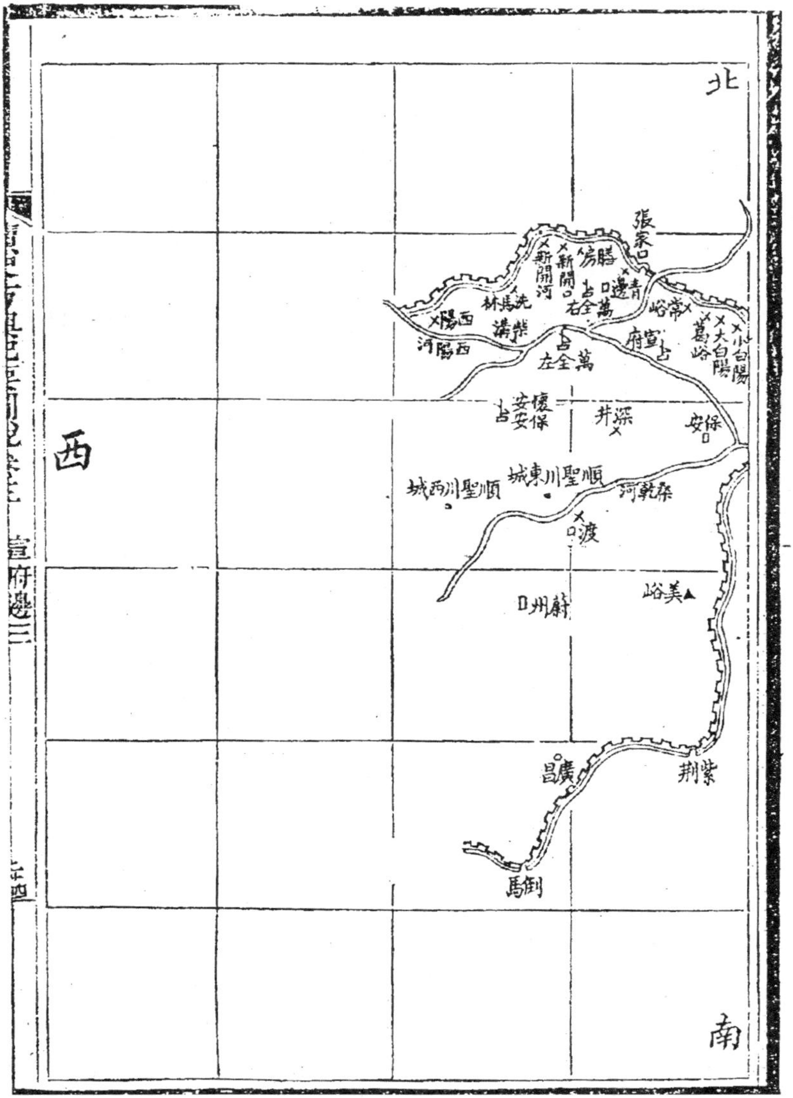
北
西
南
張家口
青邊口
膳房
新開口
新河口
洗馬林
西陽
柴溝
西陽河
萬全右
萬全左
宣府
常峪
葛峪
大白陽
小白陽
懷安
保安
深井
保安
順聖川東城
順聖川西城
桑乾河
渡口
蔚州
美峪
廣昌
紫荊
倒馬

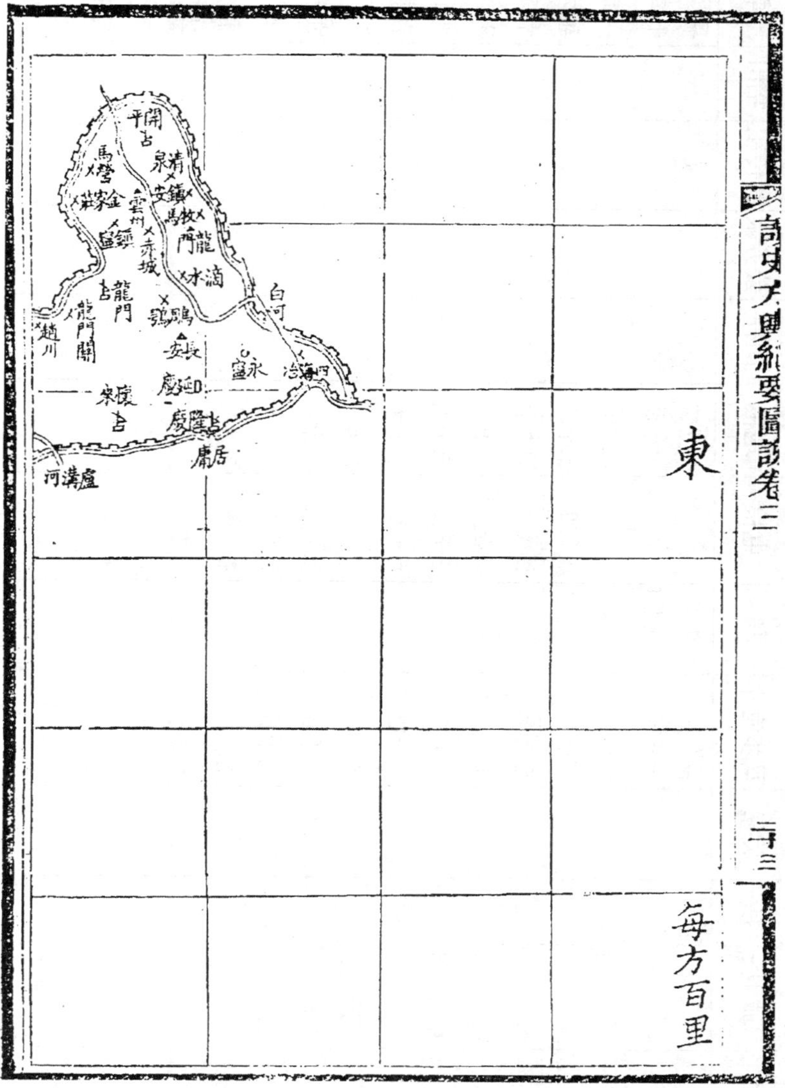
讀史方輿紀要圖說卷三
二十三
開平
清泉
鎮安
馬營
金家莊
雲州
赤城
鎮寧
龍門
牧馬
滴水
龍門
鵰鶚
趙川
龍門關
長安
永寧
延慶
懷來
隆慶
白河
四海冶
居庸
盧溝河
東
每方百里

镇	城卫	所	关堡	马步官军	马	屯粮	地粮	团种	公务粮	驿传粮	稻田	草
宣府，总兵，				二万二千五百十员名。	一万三千八百四匹。		八万一千七百八十石。					二万一千二百二束。
	宣府前，附郭。			二千七百六十员名。		八千四百八十一石。	三千二百九十一石。					二万一千二百束。
	宣府左，附郭。			二千百三十四员名。		三千二百十石。	五千七百五十九石。					九千九百束。
	宣府右，附郭。			一千百七十员名。		三千六百七十石。	一千一百七十石。					九千一百八十束。
	旧。	兴和，	怀安卫北。	三百八十员名。		一千六百五石。	五百十一石。					二千八百六十二束。

副总兵，	永宁，	永宁、隆庆左二卫同在永宁县。		八千八百八十员名。	一千一百七十五匹。	五千二百八十石。	二百四十石。					一千五百束。
				一千二百五十九员名。	二百二十四匹。	四百二十三石。	七百十二石。	二十七石。	五百四十一石。	五十四石。		一千八百五十七束。
	隆庆左，											
	隆庆右，	隆庆右卫在怀来卫城。		二百五十三员名。	一百二匹。	一千一百四十三石。	七百九十五石。		六百四十八石。	百六十一石。		四千二百三十束。
东路参将，	怀来，			一千八百八十九员名。	六百八十八匹。	一千六百九十二石。	九百六十五石。	二千八百六十二石。				一千一百九十二束。
	保安，保安卫在保安州城。	美峪		三千五百十员名。	一千三十四匹。	三千七百六十五石。		一千四百四石。				
			保安	三百六十七员名。	二百九匹。	四百三十石。	九石四斗。					六百束。

			四海冶	一千六十一员名。	二百六十九匹。	一千四百九十石。	一百一石八斗。					
	隆庆	在居庸关		一千二百九员名。	一百二匹。	四百二十三石。		五十八石。		三十六石。		一千三百七十束。
南路顺圣、蔚、广参将，	顺圣川西城			一千四百九十八员名。	九百五十四匹。	三千四百九十八石。	三百四十四石七斗。	一千三百石。				八千四百七十五束。
	顺圣川东城			一千一百九十八员名。	二百二匹。	二千五百二石。	五千七百五十三石。	四千三百二十石。	四百八十石。	百二十石。		六千二百五十五束。
	蔚州，在蔚州城。			二千一百六十二员名。	八百六十四匹。	六千四百四十石。	五千二百七十石。	二百二十五石。				一万六千百五十束。

中路参将，		广昌		一千四十员名。	二百二十匹。	二千三十七石。	五百四十四石。					五千九十二束
			深井	三百九十员名。	二百五十匹。							
			葛峪	八百十六员名。	六百三十匹。			二百八石。				五十束
			大白阳	一百七十二员名。	二百三十二匹。			百七十石。	二十八石。			九十七束
			小白阳 青边口	二百四十六员名。	二百七匹。			三百五十七石。				二百九十二束
			羊房	三百七十五员名。	三百十三匹。			一百五十三石。	六十六石。			二百二十七束
			常峪	三百五十四员名。	二百九十三匹。			一千三石五斗。				十束
			赵川	二百七员名。	三百十四匹。			六十三石。				五十二束
				八十七员名。	百七十八匹。			三百四十二石。	七十二石。			七百五束

			龙门关，	一千八百九十七员名。	二十匹。	一百八十八石。	二百四石。	二千四百十六石。	八十四石。			一万四千六百七十七束。
上西路参将，	万全左，	镇西六十里。		三千八百二员名。	八百七十一匹。	五千八百七十一石。	二千二百七石。	六千一百五十六石。	二百二十二石。	一百八石。	五百石五斗二升。	二万一百七十束。
	万全右，	镇西八十里。		一千一百九十九员名。	二千二百三十六匹。	四千六十八石。	三千一百九十七石。	一千七百五十五石。	六百九十石。	一百四十四石。	六百七十七石八斗。	
			张家口，	六百八十员名。	六百二十六匹。			八十二石。				
			渡口，	一千九百五十九员名。	四百二十八匹。							一万二千二百九十七束。

下西路参将，	怀安，保安右，	镇西百二十里，保安右卫同城。		六百六十九员名。	九百八十七匹。	四千九百五十九石。	二千二十三石。	二千九百三十一石。	二百三十四石。			五十五束。
			新开口，	一千四百六十一员名。	三百四十七匹。			四千六石。				一千三百四十六束。
			洗马林，	九百五十四员名。	六百七十一匹。		六石七斗。					
			新河口，	一千九百四员名。	五百九十九匹。							一百九十五束。
			柴沟，	一千九百四员名。	一千三百八匹。		三百六十一石。		三百六十石。	四十八石。		三千二百十束。
			西阳河，	六百七十七员名。	六百四十七匹。							二十四束。
			膳房，	八千八百三十员名。	四百二十五匹。			五十二石。				四千六百五束。

上北路参将，	开平，	镇东北三百里独石城。		二百七员名。二百五十七员名。	二千九百四十二匹。	六百十四石。	三百六十石。	四千六百二十石	九十六石。			
			清泉，	三千五百八十八员名。	七百二十一匹。	一千九十八石。	八十一石。		三十二石。			四千一百十七束。
	龙门。	镇东北百二十里。										
			马营，	三千三百七十三员名。	一千八百九十一匹。		四十二石。	五千二百七十八石。	五十六石。			
	镇东北百四十里。	长安，	赤城，	一千一百六十六员名。	四百十四匹。		二百二十五石。	一千七百十八石。	六十四石。			
			长安岭，	六百五十九员名。	二百三十九匹。							
			雕鹗，	二千三百三十三员名。	二百六匹。	五百七十石。	二百八十二石。	五百五十石。	六十四石。			一千四百二十五束。

下北路参将。		龙门，		二百十二员名。	七百六十匹。	一百八十八石。	二百四石。	二千四百十六石。				七百五十束。
		镇东北二百四十里。	牧马，	四百四十九员名。	一百二十六匹。							
			镇安，	一千五百九十七员名。	二百十六匹。							
	镇东北二百十里，于堡置所。		滴水，		一百七十匹。							
		云州。	云州，	一千五百七十员名。	三百四匹。	六十石。	二百八十八石。	一百四十五石。	五十六石。			四百五十束。
			金家庄，	一千九百七十员名。	二百十七匹。							
					二百九十五匹。	六十石。						
			镇宁。	四百十二员名。								
				四百二十九员名。								

大同外三关边第四

按大同古云中地，川原平衍，多大举之寇。西则平虏、威远，中则左卫、右卫，皆虏南犯应、朔诸城必窥之地也。东则天成、阳和，为虏入顺圣诸处之要冲。而平虏西连老营，直接偏头，逼近黄河，焦家坪、娘娘滩、羊圈子等处，皆套虏渡口往来蹂躏处也。夫汉人据河为守，唐人守在河外，明初弃丰州，已失西面之险，况并弃东胜乎？姑言其略，则阳和、天成一路，瓦窑、永嘉、白羊、鹁鸽诸险所当守也；左、右二卫一路，黑山、华皮沟、牛心、兔毛诸险所当守也；平虏、老营一路，黄家山、井坪、红门诸险所当守也。若夫偏头、宁武、雁门三关，内有十八隘口，诚为重险。说者以宁武居两关间，东西要害，为杨方、义井之门户，外接八角堡，内维岢岚州，故设重臣以调度焉。而偏头西接黄河，与套虏仅隔一水，其保障尤难也。是故三关险要虽同，而偏头为急；十八隘口虽同，而胡峪、杨方、石峡诸口尤急；河岸渡口虽同，而娘娘、太子二滩尤急。盖开平、东胜设而三关重，三关重而偏头尤重，其势一也。徒知杨方起衅，则大同外藩不可恃，而不知偏头、老营之际，无外藩者尤可忧也。若因山涧之崎岖，为屯守之形势，自老营以接平虏，由平虏以达大边，东西连络，篱垣严固，则丫角墩而南，杨方口而东，庶少息肩乎。若雁门一关，宁武、朔州、马邑、大同之冲，通忻、代、崞诸郡县之路，虏从左、右卫而入，势当首犯，东越广武，则北楼、平刑皆为虏冲，西越白草沟，则夹柳、雕窠莫非要守，雁门警备，于是切矣。夫三关以东有十八隘口，又东则居庸、紫荆也，山势连亘，实天造之险，固山西即所以卫京师，其成略可不重乎？盖尝考之，五原、云中，赵武灵所欲下甲咸阳者也，此而不守，则全晋危，而全陕亦危，京师之右臂断矣。当是者塞内有五堡之设，塞外有隘堡之建，至筑长城以为守，设敌楼以为助，增内堡以为援，因时而备，非无取焉。而大宁不复，开平不复，东胜不复，有识者安在不抱恨于无穷也欤？

大同镇，属卫八，所七，堡五百八十三。马步官军舍馀士兵共五万四千百五十四员名，粮料布花屯粮屯草及京运年例，通共银七十七万五千百八十八两七钱五分，屯粮十三万七千七百十一石，每石折银八钱。屯草十七万六千四百十一束，秋青草三十七万六千四百束，每束折银三分。年例银七万两，例盐七万引，马四万六千九百四十四匹。每匹折银三钱。山西起运夏秋二税　粮料二十九万一千四百七十五名，每石折银一两。夏秋二税，折布十八万二千五百匹，每匹折银一钱。绵花绒八万斤，草二百四十四万四千八百五十束。每束折银八分。河南起运小麦九万六千石。每石折银四钱。

巡抚地方赞理军务都御史一，管粮郎中一，俱驻镇城。征西前将军一，镇守地方总兵一，协守地方副总兵一，俱驻镇城。分守参将四，东路一，中路一，西路一，宏赐堡一。游击将军二，驻大同。行都司都指挥三，掌印一，佥书二。备御指挥二，山西一，河南一。守备二十二。灵丘一，阳和一，天成一，左卫一，右卫一，浑源一，怀仁一，山阴一，马邑一，聚落一，威远一，平虏一，朔州一，应州一，井坪一，广灵一，高山一，镇川一，镇边一，镇虏一，镇河一，宏赐一。

外三关属堡三十九，口十九。马步官军舍馀共二万七千五百四十七员名，子粒米六千二百七十七石，布政司派征解边银三十八万馀两，新增岁用银五万八千七百十两，粮料十六万七千九百四十石，马一万五千一百四十三匹，草五百八万五千馀束。

提督三关兼巡抚山西都御史一，驻太原，防秋移代州。兵备副使一，驻代州。镇守山西兼提督三关副总兵一，驻宁武关。参将二，代州一，偏头一。游击二，北楼一，老营一。守备八。雁门一，宁武一，偏头一，广武一，平刑一，利民一，老营一，神池一。

大同外三关边图

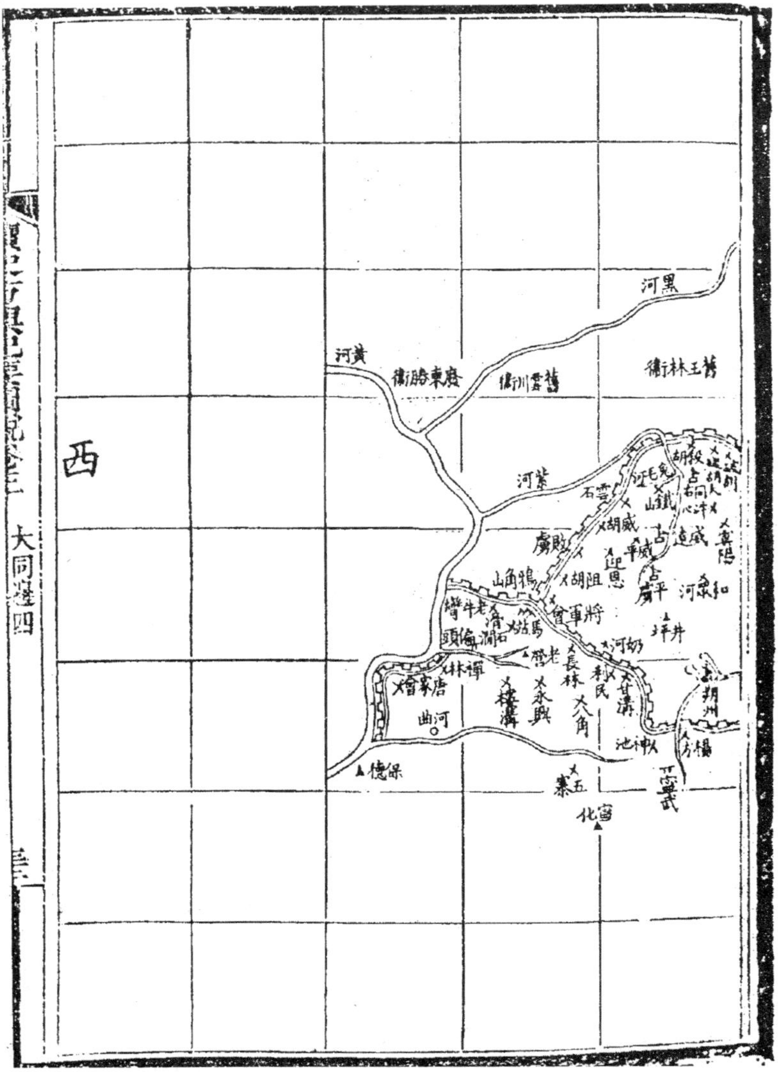
大同邊四
西
黑河
黄河
紫河
廢東勝衛
舊雲川衛
舊玉林衛
保德
河曲
朔州
寧武
將軍會
偏頭
寧化

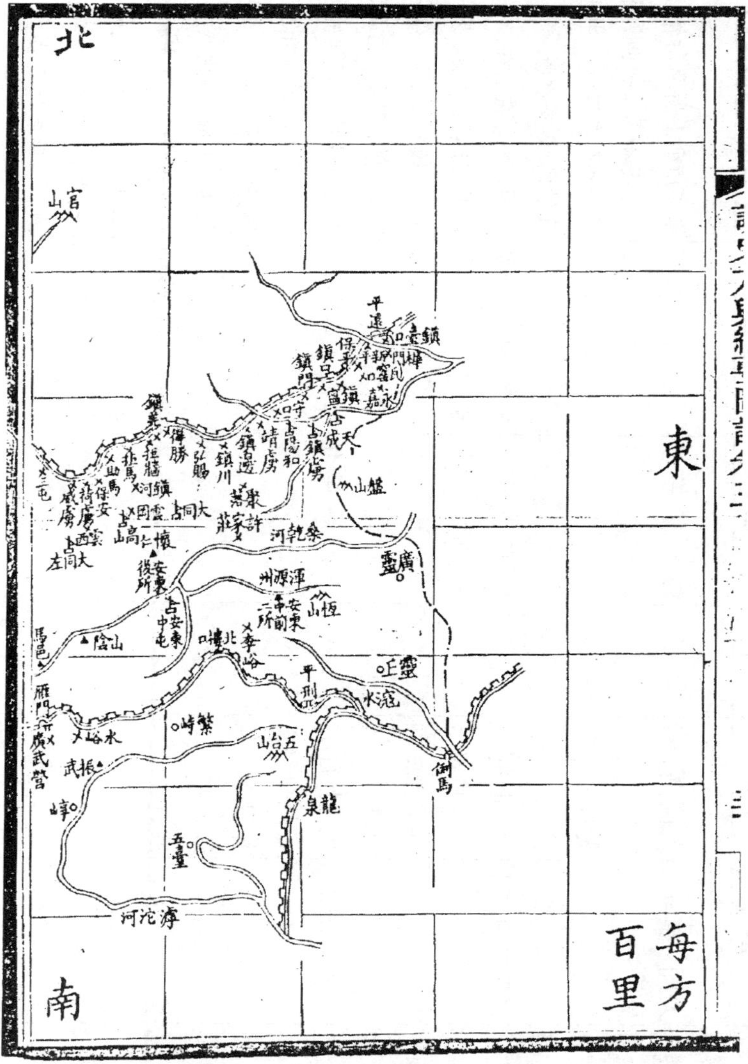
北
東
南
每方百里
盤山
廣靈
桑乾河
渾源州
恒山
五台山
滹沱河
龍泉
繁峙
靈丘
陰山
大同

	镇	卫	所	堡	马步官军	屯粮阙马阙草阙
总兵与山西行都司同驻大同镇城，游击将军，	大同。镇与大同府同城。	大同前，附郭。 大同后，附郭。		辖聚落等堡九十二。		附考 原文所列卫所及所辖堡名多与志不符，今据见于大同、太原各卫堡注中者逐条附记，以备参考。
守备，副总兵，中路参将，	镇西南百二十里。	大同左，正统中移云川卫来，同城。		辖高山等堡五十五。	五千一百九十三员名。	大同中路辖左、右、云、玉四卫，守口、靖虏、镇门、镇口、镇宁、云阳、红土、牛心、黄土等堡，左副总兵及分守中路参将同驻左卫城。
守备，北东路参将驻宏赐堡，	镇西二百里。	大同右，正统中移玉林卫来，同城。		辖宏赐等堡七。	六千三百二员名。	大同北东路辖许家庄、镇羌、宏赐、镇川、得胜、镇边、拒墙、镇河八堡，分守北东路参将驻宏赐堡。
守备，守备，	镇西百八十里。	威远，		辖甘沟等堡八。	二千四百七十六员名。	威远路辖云右、威胡、威平、和众河四堡，分守威远城参将驻威远卫城。

西路参将，守备，	镇西二百五十里。	平虏，		辖奶河等堡三十二。	三千四百七十一员名。	○大同西路辖三屯、铁山、马堡、杀胡、马营河、破胡、残胡、阻胡等堡，分守西路参将驻平虏卫城。
	镇东北百八十里。	天成，镇虏卫附卫城内。		辖永嘉等堡三十六。	九百六十六员名。	○大同东路辖天成、阳和、高山、镇虏四卫，迎恩、败虏、瓦窑口、永嘉四堡，分守东路参将驻阳和卫城。
东路参将，守备，	镇东北二十里。	阳和，宣德初移高山卫于卫城。		辖镇河等堡七。	二千二十三员名。	○又嘉靖二十五年于东路之东建新平路，辖新平、平远、保平、桦门四堡，参将驻新平堡。
应州参将，	在应州城。	安东中屯，		辖柳林等堡四十九。	四千九百五员名。	○大同北西路辖助马、弥虏、保安、威虏、拒马、宁虏、荷虏、云西、云冈九堡，嘉靖二十六年移应州参将驻助马堡，分守北西路。
守备，				辖赵家屯等堡六十二。	四千六百三员名。	
守备，	在朔州城。	朔州，	井坪所在朔			
守备，				辖细水儿等堡三十二。	一千七百五十四员名。	

			州西北百馀里井坪堡。			〇井坪路，万历四年移朔州参将驻井坪所，分辖井坪堡、第三堡、将军会堡、乃河堡，朔州、应州、马邑、山阴、怀仁及西安堡而俱属于大同中路。
广宁守备，				辖风西等堡二十五。	四百员名。	
浑源守备，		安东中、前二所分守浑源州。	安东中所，	辖李峪等堡三十九。	五百八十一员名。	
怀仁守备，		安东后所守怀仁县。	安东前所，	辖窑村等堡六十九。	六百三十八员名。	
灵丘守备，			安东后所，	辖台头等堡七。	四百员名。	
守备，			山阴，在山阴县。	辖西小河等堡四十九。	二百二员名。	
守备。			马邑。在朔州城。	辖河西底等堡十五。	二百八十六员名。	

山西外三关		关	所	堡营	马步官军	子粒米	马	草
守备，副总兵，		**雁门**，代州北十五里。	**雁门**，在雁门关。	辖水峪等堡十八。	一万一千四百六十员名。	三千八百三十石。	七千五百匹。	
守备，参将，		**宁武**，代州崞县西北百十里。	**宁武**，在宁武关。	辖杨方等堡十一。	一万一千八百二十二员名。	二百七石。	六千百九十匹。	
守备，守备，		**偏头**，太原府河曲县北百十里。代州之振武卫、保德州之保德所、静乐县北之宁化所应属三关。	**偏头**，在偏头关。**老营**。偏头关东北八十里。	辖罗汉等堡二十八。	一万一千八二十八员名。	二千一百九十石。	六千七十五匹。	

广武营守备，神池堡守备，利民堡守备，北楼堡游击，平刑关守备。		**平刑岭**。代州繁峙县东百四十里，西至雁门关二百三十里。		广武营，神池，利民，北楼口。					

榆林边第五

按榆林旧治在绥德，成化时余肃敏字子俊。广开城垣，增置三十六营堡，其边墙东起黄甫川，西至定边营，长一千二百馀里，横绝河套之口焉。侈其功者曰：镇包米脂、鱼河三百里膏腴地，东连牛心堡，可使应援，西截河套冲，可便耕牧，一千三百里树蓺、围猎、樵采之地，吾得擅而有焉，据险卫内，诚雄镇也。引为重罪者曰：榆林东有双山堡，虏由此而寇绥德，我兵之在东者以无险而不能守也。榆林西又有定边、花马池，虏由此而寇固原，我兵之在东南者以路远而不能援也。且镇既移，则绥德之兵寡，其不能御虏必也。忧其危者曰：军所恃者食也，自虏据套而耕牧绝，耕牧绝而转输艰，转输艰而佐伍耗，榆林之军不患无勇而患恒饥也。惟陕州有河可通绥德，若计沿河郡县所征本色悉以输之，庶少苏耳。且夫乱峰墩、野猪峡是直冲鱼河之径，虏若驻兵鱼河，则断榆林、绥德为两矣。又自定边营西抵宁夏，东接黄河岸横城堡，三百里中，平原沙漠，虏贼大举多由此入，当慎之矣。今而后有王者起复河套而守东胜焉，彼榆林之或有或无，正不足深论也。

榆林镇，属营六，堡二十八。马步官军旧凡

四万九千二百五十员名，马二万四千四百四十六匹，粮料十八万九千七百二十八石零，民粮三千九百石，草八十八万一千三百六十束。

巡抚都御史一，驻镇城。陕西管粮佥事二，镇城一，靖边一。监守通判三，镇城一，靖边一，神木一。总兵一，副总兵一，俱驻本镇。分守东路参将一，驻神木。分守西路参将一，驻新安边。游击一，驻本镇。都指挥一，驻本镇。守备一，驻定边。把总指挥三十一，高家一，双山一，归德一，响水一，怀远一，镇靖一，宁寨一，清平一，清水一，孤山一，永兴一，柏林一，黄甫一，木瓜一，永济一，新兴一，三山一，盐池一，建安一，常乐一，鱼河一，波罗一，威武一，镇羌一，大柏油一，龙州一，靖边一，把都河一，旧安边一，涝池一，饶阳一。坐堡官三十一，把总管队官全，印屯局捕首领官全，千户所官全。

榆林边图

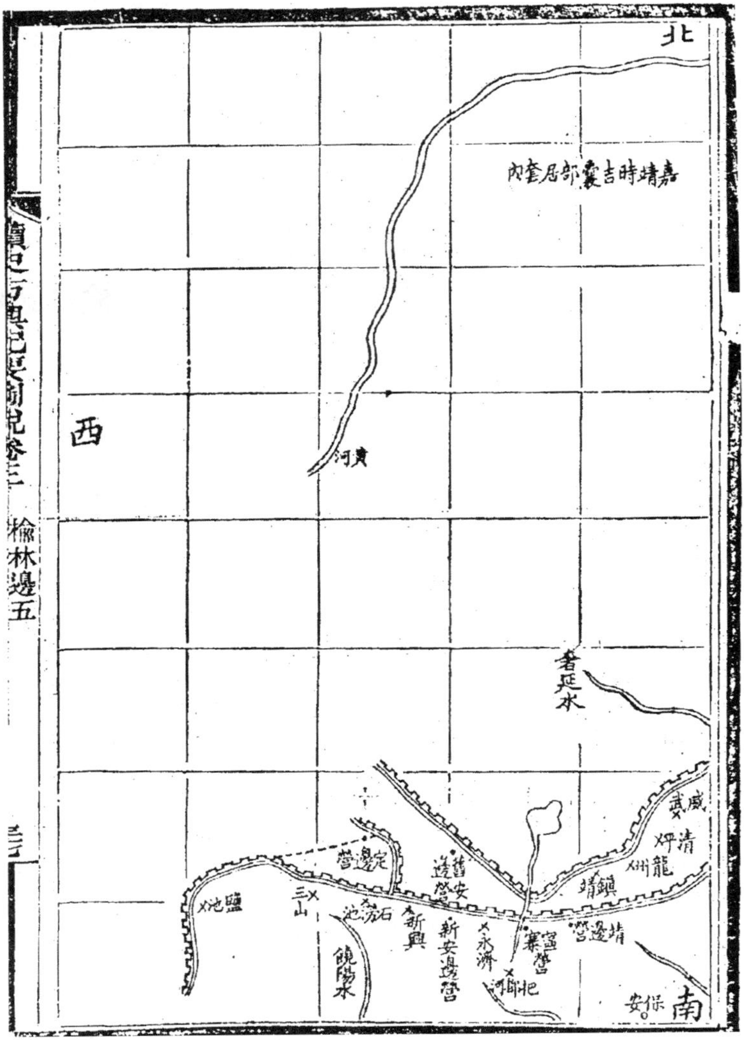
榆林邊五
北
西
南
嘉靖時吉囊部居套內
黃河
者延水
威武
清平
龍州
鎮靖
靖邊營
寧塞營
把都河
保安
舊安邊營
新安邊營
永濟
新興
定邊營
石澇池
三山
鹽池
饒陽水

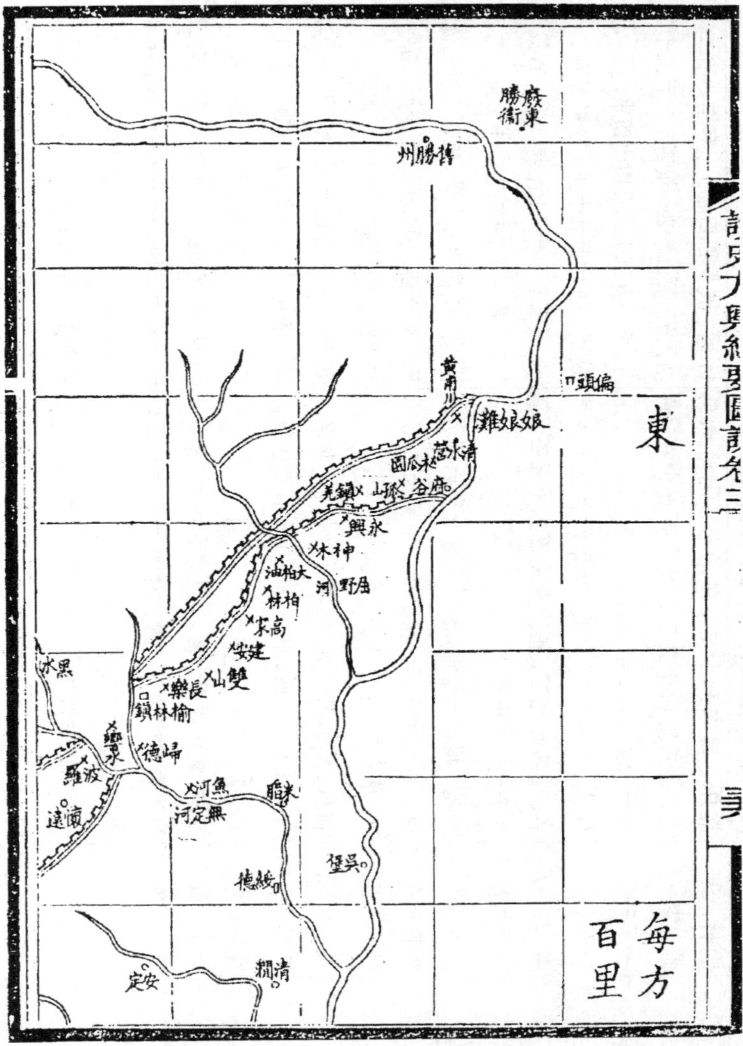
讀史方輿紀要圖說卷三
廢東勝衛
舊勝州
偏頭
黃甫川
娘娘灘
清水營
木瓜園
孤山
鎮羌
永興
神木
屈野河
大柏油
柏林
高家
建安
雙山
長樂
榆林鎮
黑水
歸德
響水
波羅
魚河
無定河
米脂
吳堡
綏德
清澗
安定
東
每方百里

	镇	营堡营六，堡二十八。凡不称营者皆堡。	
总兵，巡抚，副总兵，中路参将，俱驻镇城。中路辖常乐等十二堡。	**榆林**。马步官军十三万三千七十七员名，马一万一千二百三十二匹，粮料三万三千五百六十八石，民粮三千九百三石七斗六升，草五千束。	**常乐**，镇东三十里。官军七百七十六员名，马三百四十三匹，粮四百五十石，草三千六百八十二束。 **双山**，常乐东四十里。官军八百三十四员名，马四百九匹，粮九千七百三十五石，草九千九百四十九束。 **归德**，镇南三十里。官军七百七十六员名，马一百六十七匹，粮三千三百六十二石六斗，草三万二千七十六束。 **响水**，镇西四十里。官军五百七十三员名，马二百五十五匹，粮一万一千七百四十石，草八千六百三十束。 **波罗**，响水西四十里。官军六百九十二员名，马三百六十四匹，粮六千五百四十八石九斗，草三万三千二百四十三束。 〇龙州堡稍西有龙州城，亦戍守要地。	**怀远**，波罗西四十里。官军四百二十四员名，马三百五十匹，粮四千三百五十四石九斗，草一万五千六百四十四束。 **威武**，怀远西五十里。官军五百二十五员名，马三百五十三匹，粮二千一百五十一石一斗，草一万二千三百六十三束。 **清平**，威武西五十里。官军六百三员名，马三百四十匹，粮二千二百五十一石一斗，草二千四百十八束。 **龙州**，清平西四十里，龙州城之东。官军五百七十二员名，马五百七十七匹，粮二千七百七十四石，草一万三十束。 **鱼河**，镇南百馀里。官军六千三百二员名，马三百十二匹，粮一万四千六百七十二石一斗，草一万四千六百十束。 〇响水堡南又有新添堡，成化中所置，皆中路分守之地。

东路参将驻神木堡，分辖神木等九堡。永兴堡、清水营亦属东路。	**神木**，堡即神木县城。官军二千七十七员名，马一千二百四十八匹，粮二万四千九百六十一石三斗，草九万一千三百六十束。	**柏林**，大柏油西十五里。官军五百六十员名，马一百九十五匹，粮三千八百二十五石九斗，草三万六百十三束。
	镇羌，神木东四十里。官军六百五十九员名，马五百六十七匹，粮六百五十五石，草八万六千一百五十束。	**高家**，柏林西四十里。官军九百九十四员名，马三百七十四匹，粮四千一石九斗，草三万二千一百三十三束。
	孤山，神木东八十里。官军六百五十九员名，马三百匹，粮四千一百十石，草六万五千七百十束。	**建安**，高家西四十里。官军七百二员名，马四百一匹，粮五千三百七十四石四斗，草一万四千八百三十一束。
	木瓜园，清水营西八十里。官军四百三十六员名，马三百六十八匹，粮一千五百二十石，草四万一千二百五十束。	**黄甫川**，清水营东十五里，东至黄河九里。官军三百六十九员名，马二百十四匹，粮五百八十五石，草三万一千二十束。
	大柏油，神木西十五里。官军二百九十员名，马一百八十一匹，粮四百六十六石，草八万四千六百四十四束。	**永兴**，神木东北六十里。官军七百六十员名，马四百七十八匹，粮四千三百二十石，草八万四千六百四十四束。

西路参将驻新安边营，统十二营堡。管粮佥事，守备。		**清水营**，东至黄甫川十五里。官军七百十四员名，马六百七十二匹，粮一千三百五十石，草九万六千八百六十束。 **新安边营**，镇西五百七十里。官军一千四百四员名，马七百八十二匹，粮一千石，草六千束。 **靖边营**，宁塞营东六十里。官军九百七十六员名，马五百三十五匹，粮一万九千二百六十七石，草一万九千九百四十五束。 **宁塞营**，镇西四百六十里。官军九百八十三员名，马五百七十匹，粮二千三百二十八石四斗，草二万九千九百三十四束。 **旧安边营**，定边营东九十里。官军九百五十四员名，马四百六十六匹，粮六百石，草一万五千五百束。 **定边营**，西至宁夏后卫花马池六十里。官军八百四十四员名，马四百四十匹，粮五千八	**镇靖**，靖边营东九十里。官军一千八十七员名，马五百三匹，粮二千七百石，草一万七千九百四十五束。 **新兴**，新安边营西六十里。官军三百八十四员名，马八十九匹，粮三千三百八十四石七斗，草八千束。 **石涝池**，新兴西百五十里。官军四百二十六员名，马一百九十五匹，粮六十二石三斗，草九千六束。 **三山**，石涝池西五十里。官军三百二十员名，马一百五十四匹。粮二千二百七十八石七斗，草一百四十六束。 **饶阳水**，三山西三十五里，定边营之南。官军百八十八员名，马一百八十八匹，粮六百二十五石，草三千八百三十五束。

		百石，草三万八千三百八十二束。 **永济**，新安边营东四十里。官军七百三员名，马三百三匹，粮六百七十石六斗，草一万四千一百八十八束。 **把都河**。永济东四十里。官军六百二十二员名，马三百二十五匹。粮五千八百石，草八千二百九十一束。	盐池。定边营南。官军一百三十五员名，马一百十八匹，粮三百五十石，草三千束。

宁夏固兰边第六

按宁夏本朔方地，贺兰山环其西北，黄河襟其东南，诚关隘重镇也。当河套未失时，沃野千里，屯可四百万顷，转输省而边垂固，东至大同，西接宁夏，虏患盖寡焉。自弃套以后，深山大河，势反在虏，灵、夏外险，转居河西，而花马池一带为其利涉之冲矣。姑就图而论，平虏其一路也，而险在新兴、灵武、盐山等处；宁夏其一路也，而险在赤木、玉泉、马跑泉等处；中卫其一路也，而险在枣园、柔远、旧安寨等处；花马池其一路也，而险在定边、杨柳、清水、兴武、铁柱泉、灵州等处，而灵州尤要焉。灵州北临虏套，西控大河，实宁夏之咽喉，固原之门户。灵州不守，则宁夏隔为外境，环、固势孤无援，无环、固则无宁夏，此防御之大略也。然则四路虏情，花马池最急，宁夏次之，平虏、中卫又次之。何也？平虏徙自镇远，已失地百里，而扼塞犹可凭，中卫偏在西隅，堑山堙谷，有险足恃也。宁夏当贺兰之冲，乃前后山贼出入之径。花马与套虏为邻，沿河三百里尽敌冲也。是故虏窥平、固则直犯花马，掠环、庆则由花马东入，若西犯灵州，则清水营一带是其径矣。吾又闻之清沙岘以北、红寺堡以南，周环旷阻，殆数百里，水泉四十五处，草木繁茂，虏人寇必休于此，呼为小河套，乃其间所恃者红寺堡也，而堡势孤悬，汲水甚远，外高内下，四面受敌，外有梁家泉，虏据水头驻守，害非浅矣。有识者议于徐斌水筑边，至鸣沙州止，二百四十里，设险扼要，包水泉四十五处，沃土阡陌，不下百馀顷，较之旧边自徐斌水西南至靖虏、黄河岸六百五十里近而且利，又无青沙岘土疏易塌之苦，为虏深入之患焉，诚老谋也。乃若虑中卫之孤悬，则在修观音口、镇关墩抵黄河百八十里之边，边修而广武、玉泉、大坝诸外户亦得所捍矣。虑平虏之单弱，则在复黑山营、镇远关之险，二者不复，平虏未为固，而宁夏之屏蔽未修，河东之贻谋未远也。至于固原，亦雄镇也。记曰：陕以延宁为篱蔽，花马池为门户，固原为堂奥，而兰、靖实为固原要隘，地滨河，冰合则虏至，故有冬防。而定火城又为兰州之要害，裴家川又为靖虏之要害，弃定火城则无以屯粮，弃裴家川则无以为营田，藉田卒以守河南，藉粮以守河北，此兵食交足之源，何可不讲也。

宁夏镇，属卫二，所四，营四，堡十八。备御马步官军三万七千八十七员名，马四千八十匹，粮料二十万七千五百五十七石零，民粮四千六百九十石三斗八升，草一百三十六万一千五百馀束。

总督军务都御史一，督理粮储郎中一，驻宁夏后卫。管粮佥事一，驻本镇。管粮通判二，后卫一，中卫一。监收通判一，驻本镇。巡抚都御史一，总兵一，副总兵一，游击一，方面坐营正奇游千总都指挥三，俱驻本镇。分守东路参将一，驻后卫。分守西路参将一，驻中卫。把总管队官全，印屯局捕首领官全。

固原镇，属卫二，所四，营一，堡十五。马步官军二万八千八百三十员名，马八千六百七十三匹，粮料十三万九千九百十五石，折色银并折草银十四万九千五百八十两，年例银五万两，草三十二万八千三百三十七束，布五万七千九百四匹，绵花二万六千七百三十四斤，京运年例银五万两。

总督军务都御史一，驻镇城。兵备副使二，镇城一，兰州一。督理粮储郎中一，监收同知一，俱驻兰州。监收通判二，镇城一，靖虏一。总兵一，驻镇城。参将一，驻兰州。游击二，东路一，西路一。守备二，镇城一，靖虏一。把总管队官全，印屯局捕首领官，俱驻兰州。千总中军把总官全，印屯局捕首领官全。驻兰州。

宁夏固兰边图 补注

宁夏卫

贺兰山，宁夏卫西六十里，丹崖翠峰，巍然峻大，盘踞数百里，为宁夏之屏蔽。峡口山，宁夏西南百四十里，两山相夹，黄河经其中，塞北胜概也。麦垛山，卫东三百里，山势高耸如麦垛。平山，灵州东北八十里，山顶平甚。三山，在宁夏卫东南三百六十里，三峰列峙。其南有惇子山，溪涧险恶，豺虎居之。黑水河，宁夏卫城东，番名哈刺河，西流至黄河。清水河，卫南三百五十里，经故鸣沙州城南，即古胡卢河也，河流甚狭，自平凉界来，注于黄河。观音湖，卫城西九十里贺兰山大水口。环卫之境，又有金波、三塔等湖，而灵州所有草场、薄草等湖，韦州所有鸳鸯、东湖，称沃衍矣。汉延渠，卫东南，支引黄河水绕城，灌田可万顷，恒无旱涝之虑，外有唐来、红花、秦家、汉伯等渠，皆耕牧所资也。盐池有二：一在卫北四百里，曰大盐池；一在卫东南二百七十里，曰小盐池。其盐不假人力，自然凝结。

宁夏中卫

沙山，中卫西五十里。观音山，卫北五十里，山有观音洞。石空寺山，卫东七十里，又东有石空洞。马槽湖，卫东北二十五里。又卫北四十里有蒲塘，产蒲草。中渠，卫西五里。环卫之境，又有蜘蛛、羚羊、石空、七星等数渠，皆灌溉所资也。

靖虏卫

乌兰山，靖虏卫南一百二十里。雪山，卫北百二十里，山势高峻，积雪不消。祖厉河，卫西南，北流经祖厉城入河水。河水，祖厉城西，与祖厉水合。《唐史》云：有河池，因雨生盐。按祖厉城，卫西南一百三十里，前凉张轨时已废。

兰州卫

九州台山，兰州黄河北五里，峭拔如台，登之可以望远。榆谷，州西百里，有大小二谷，汉时西羌居此，缘山滨水，以广田畜，常雄诸种。李麻谷，兰州西四十里，通甘州路。

宁夏固兰边图

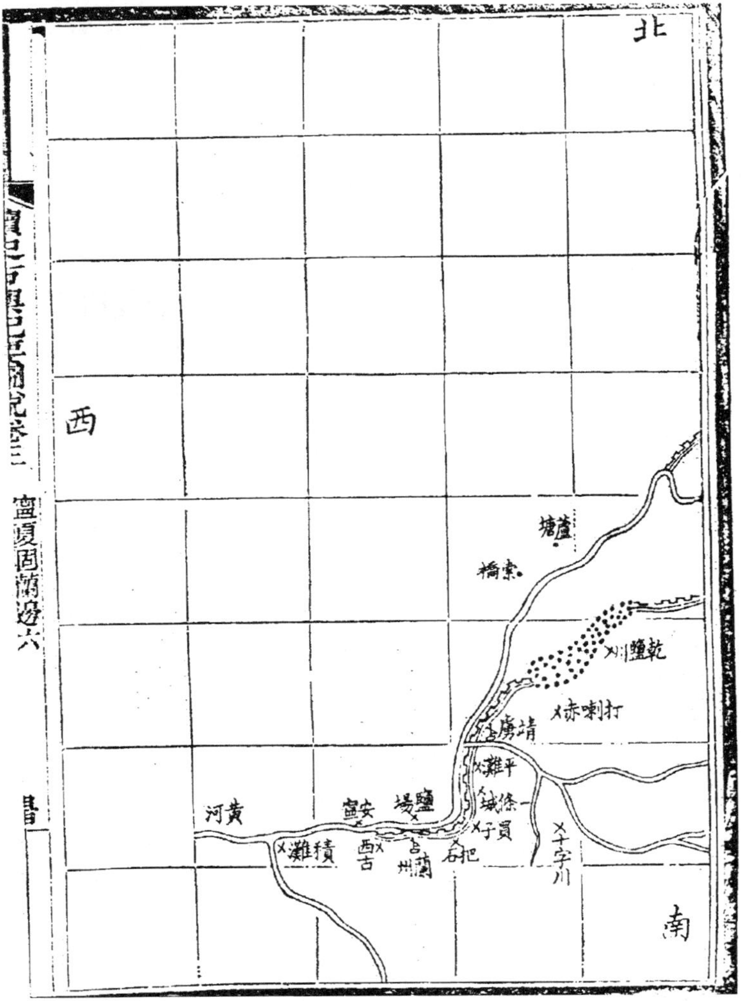
讀史方輿紀要卷三
寧夏固蘭邊六
北
西
南
黄河
安寧
鹽場
蘭州
蘆塘
索橋
乾鹽池
打喇赤
靖虜
平灘
買子
十字川

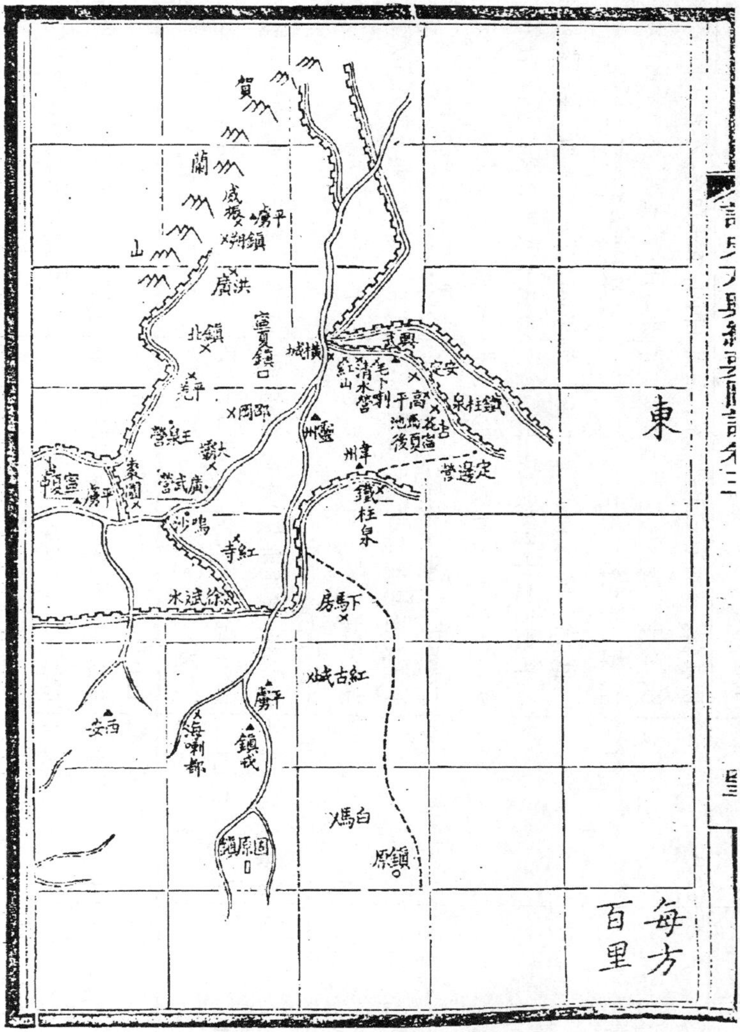
賀
蘭
山
東
寧夏鎮
鎮北
洪廣
鎮朔
平虜
橫城
興武
安定
鐵柱泉
定邊營
靈州
韋州
鳴沙
紅寺
下馬房
紅古城
平虜
海喇都
鎮戎
固原鎮
白馬城
鎮原
西安
每方百里

镇	卫	所	营堡	
总兵，**宁夏**，副总兵，巡抚，管粮佥事。			**玉泉营**，镇西百三十里。军二百员名，马十三匹，粮二千三百五十五石，草一千三百五十束。 **广武营**，镇西南百七十里。军一千五百二十员名，马十三匹，粮一万四千三百九十四石，草一万一千七百四十束。 **平羌**，玉泉营东北。军二百员名，马十三匹，粮一千八十九石，草一万七千四十束。	**邵冈**，在镇西南。军五百十八员名，马二百六十七匹，粮八千七百六十四石，草十万一千六百二十束。 **枣园**，在广武营西。军一百员名，马三十八匹，粮二千五百石，草一万四百二十四束。 **大坝**，西至中卫二百十里。军二百一员名，马十匹，粮八百四十八石，草一千二百一十五束。
中路，志有灵州左参将。		**灵州**，镇南九十里。军三百九十二员名，马五百八十二匹，粮四千八百五十七石。	**清水营**，灵州所东八十里。军五百九员名，马十七匹，粮九千九百五十四石，草五千二百束。 **毛卜刺**，清水营东南三十五里。军二百三员名，马六十四匹，粮九千四百四十六石。	**红寺**，灵州所西百四十里。军三百七十二员名，马二匹，粮一千三百二十石，草一千三百五十束。 **横城**，红山堡西北四十里，西至黄河三里。军三百三员名，马十八匹，

			红山，清水营西北四十里。军二百五十一员名，马五匹，粮六千六百八十五石，草二万二千四十六束。	粮一千七百二十三石，草十万二千四百二十束。
北路，志有北路平虏城参将。		**平虏**，镇北百六十里。军七百七十二员名，马六百五十六匹，粮五千一百十三石，草五万六千三百四束。 **韦州**，镇东南二百六十里。军一千三百二十员名，粮二万一千三百三十石，草五万四千七	**威振**，平虏所西北二十里。军二百四十一员名，马十一匹，粮二千四百五十九石，草三万七千三十四束。 **镇朔**，在平虏所西北。军三百十七员名，马二十九匹，粮一百九十七石，草二百四十八束。	**洪广**，平虏所西八十里。军三百一员名，马十六匹，粮八百石，草四千八百三十束。 **镇北**，在洪广堡西。军二百二员名，马六匹，粮一千八百七十三石，草一万三千三百八束。

分守东路右参将，后卫在花马池宁夏镇东南三百六十里。	**宁夏后**，军七千一百十五员名，马六百五十五匹，粮一万四千一百四十九石，民粮四千六百九十石三斗八升，草三十一万九千一百九十六束。	百六十六束。 **兴武**，镇东南三百二十里。军一千三百八十员名，马二百五十二匹，粮五千八百六十四石，草五十三万六千束。	**高平**，后卫西四十里。军一千一百二员名。 **永清**，军三百零一员名，马，粮，草。	**安定**，高平堡西二十里。军一千七百三员名，马一百三十三匹，粮一千三百六十一石，草一万八千束。 **铁柱泉**，后卫西南六十里。军四百三十一员名，马九十六匹，粮九千一百十三石八斗四升，草一万三千四百束。

分守西路左参将，中卫在宁夏镇西南三百六十五里。	**宁夏中**，军七千六百十四员名，马七百八十七匹，粮三万三千九十三石，草一万一下九百五十二束。		**鸣沙**，军四百员名，马二十四匹，粮七千十七石，草一万七千四十束。○中卫东南百五十里有鸣沙城。	**镇虏营**，军三十一员名，马十六匹，粮二千石，草九千六百四十四束。营在中卫东四十里。 **石空**，中卫东八十里。军五十八员名，马三十二匹，粮六千三百四石，草二千二百九十八束。
总兵，固原。兵备副使，固原镇在固原州，与卫同城。	**固原**，军四千八百十员名，马一千八百五十五匹，屯粮三万五千八百五十七石，	**西安**，固原镇西北二百三十里。军一千零九员名，马四百五十匹，屯粮一千八百石，银易粮二千六百十四石七斗，草五万五千五百四十束。	**海刺都**，西安所东四十里。军八百十九员名，马四百六十四匹，屯粮一千六百十四石，银易粮一百三十一石五斗，草二千五百束。 **下马房**，固原镇北二百四十里。	**白马**，固原镇东北百三十里。军一千二百九十四员名，马四百三十七匹，屯粮二百九十二石，银易粮三千八百六十三石六斗，草一万七千五十束。 **红古城**，西安所北百里。

	折色粮草银十三万三千八百十二两，草十二万二千二百四十五束，布三万四千六百七十二匹，绵花三千零二斤。	**镇戍**，固原镇北百二十里。军一千二百九十一员名，马三百十一匹，屯粮一千八百三十石，银易粮三千二百五十石，银易草三万六千四百四十五束。 **平虏**，固原镇北二百里。军一千二百五十三员名，马五百五十九匹，屯粮一千八百七十六石，银易粮七百八十五石八斗零，银易草五万四千八百八束。	军八百一员名，马三百八十一匹，银易粮一千四百十石，银易草一万一千二百束。	军一千一百二十八员名，马四百九十一匹，银易粮二千八百六十三石，屯粮二千一百四十石，银易草一万束。

		甘州。同原镇西北三百馀里。军七百五十员名，马四百九十二匹，粮草总积固原。		
守备，靖虏卫在固原镇西四百五十里。	**靖虏**，军三千一百三十员名，马七百八十九匹，屯粮五千七百七十石，折色粮草银一万五千七百七十三两，草四万八千八百九十束，布一万九百二十匹，绵花四千九百零五斤。		**打剌赤**，靖虏卫东七十里。军一千五员名，马二百七十五匹，粮五千五十石，草三千九百三十九束。 **平滩**，靖虏卫西九十里。军九十八员名，马二十四匹，粮三百六十石，银易草一万束。	**乾盐川**，打剌赤堡东五十里。军九百四十员名，马四百七匹，屯粮三千二百三十四石，草四千八百五十束。

参将， 兵备副使，兰州卫在兰州城。	**兰州**。军九千八百十五员名，马一千六百四十八匹，屯粮七万七千七百六十八石，草四万六千三百六十九束，布一万二千三百十二匹，绵花九千三百六十七斤。		**一条城**，兰州金县东七十里。军三百四十员名，马一百三十八匹，屯粮三千二百四十九石，草二万一千三百二十束。 **十字川**，金县北八十五里。军四百十员名，马八十匹，屯粮三千二百四十九石一斗七升，草一万五千七百二十束。 **西古**。兰州西八十里。军九十员名，马十二匹，屯粮五百石，草□□束。	**买子**，金县西三十里。军九十员名，马十二匹。 **安宁**，兰州西四十馀里。军九十员名，马十二匹。 **盐场**，在兰州北。军四百四十六员名，马三百六十四匹。以上三堡粮草兰州支。 **把石**，金县北四十里。军三百员名，粮兰州支。 **积滩**。兰州西百二十里。军九十员名，马十二匹，屯粮二千三百十石一斗，草二万七百九十六束。

庄宁凉永边第七

庄浪卫，属堡十一。汉土马步官军召募官军共一万八百五十六员名，马共三千四百六十七匹，粮料二万三千九百十三石，运粮银三万一千九百九十一两二钱，兼支银四千四百四两四钱，盐粮一万四千四百四十九石三斗，盐粮银四千六百五十两，草二十八万六千一百九十四束，布万一千一百八匹，绵花四千一百六十五斤。

监收判官一，参将一，守备二，红城一，镇羌一。把总指挥二，驻岔口。防守官六，沙井一，苦水湾一，野狐城一，青寺一，南大通一，武胜一。把总管队管操全，印屯局捕首领官全。鲁氏土官五十六员名，俱世袭，代守忠勇。

西宁卫，属所一，堡五。马步并召募官军八千五百员名，马并新买共四千七十二匹，粮料三万三千四百一石零，盐粮五千三十八石四斗，草三十七万二千七百九十一束，年例银二万五千四百五十两七钱，布一万九千六百五十四匹，绵花七千四百六十四斤。

兵备副使一，监收判官一，俱驻西宁。守备一，把总管队管操官全，印屯局捕首领官全，俱驻西宁。操守一，印操官全，驻碾伯。

按伏官二，水沟一，古鄯一。守堡官三。平戎一，巴川一，老鸦城一。

凉州卫，属所一，堡八。马步官军一万八千一百五十八员名，马五千五百二匹，粮料四万五千五百二十三石七斗四升，民运折色银四万一千三百九两三钱八分，盐粮银一万六千四百八十三石六斗二升，草四十一万五千一百八十六束，年例银二万五千四百五十两七钱，布一万九千六百五十四匹，绵花七千四百六十四斤。

分守参政一，监收通判一，判官一，俱驻凉州。县丞一，驻古浪。副总兵一，游击三，指挥一，俱驻凉州。守堡八，双塔一，靖边一，大河一，黑松一，怀远一，柔远一，武威一，安远一。操守一，驻古浪。千总中军把总管操官全，印屯局捕局总首领官全。

镇番卫，属堡二。马步官军四千九百员名，马一千四百七匹，粮料七千四百三十八石零，民运折色银五千二百十二两，盐粮一万三千四百二十一石一斗，草十八万九千九百七束，布九千八百十六匹，绵花三千七百十五斤。

监收判官一，守备一，驻镇番。守堡官二，三岔一，黑山一。把总管队官全，印屯局捕首领官全。

永昌卫，属堡五。马步官军八百三十二员名，马一千四百七匹，粮料一万四千四百三十八石零，民运折色银一万三千二百二十九两四钱五分，盐粮一万三千六百石三斗，草十三万五千八百十七束，布八千四百四匹，绵花三千一百五十一斤。

监收判官一，游击一，守备一，俱驻永昌。掌堡官五，水磨一，高古城一，水泉一，永宁一。千总管司管队官全，印屯局捕首领官全。

按庄、宁、镇、凉、永及山丹等卫，俱属行都司，当与甘肃合为一边，其规略具详于甘肃山丹图首，兹不复赘。

庄宁凉永边图 补注

大松山，庄浪东百二十里，多大松。又庄浪东北百里有小松山。大通河，庄浪南百二十里。○峡口山，西宁城东，极险峻，为湟、鄯往来咽喉地，汉名湟灾，唐尝修阁道，宋筑者章城控制要害，一名绥远关。西海，西宁西三百里，海方数百里，中有无鳞鱼，王莽讽卑禾羌献两海地，置西海郡，今名青海。苏木连河，在西宁城北，即湟水也。详见省图。西宁河，西宁北，源出热水山，北流五十里，经伯颜川，又合都海川，流五百里入黄河。浩亹水，亦曰閤门，在西宁西北，源出塞外，东至允吾界入湟水。宗水，在西宁卫境，来自青海，经卫境入湟水，水之南有宗谷口。○苏武山，在镇番南，即苏武牧羊处也。○青岩山，凉州东北，下有湫甚广，人触之风雹立至。白岭山，凉州西南，山顶冬夏积雪，望之皓然。白亭海，凉州东北，见《禹贡》，亦名休屠泽。○热水山，西宁南五百里，山南出暖水。又青海北有泉，即西宁河源。

附考

大通城，西宁东北，旧名达南，形势险要，控扼夏境，宋时收复湟、鄯，筑寨把守，名大通，亦曰米川。

庄宁凉永边图

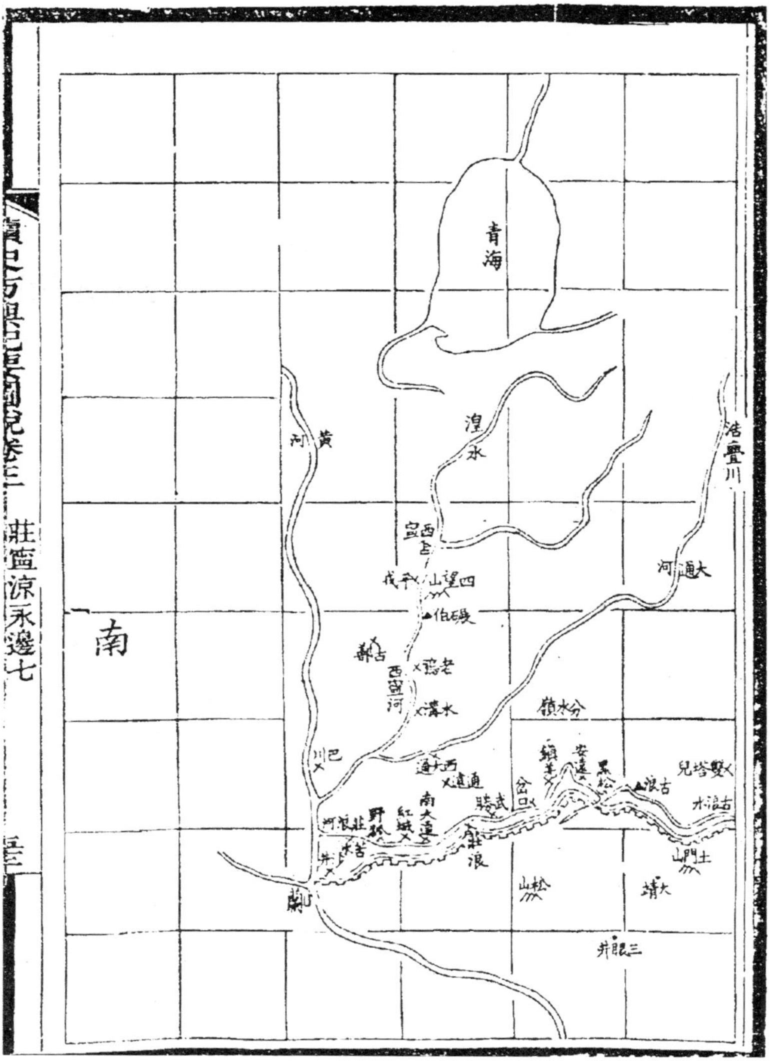
莊浪涼永邊七
青海
湟水
黃河
南
西寧
大通河
分水嶺
古浪
松山
大靖
土門山
三眼井
莊浪
紅城
武勝
安遠
黑松

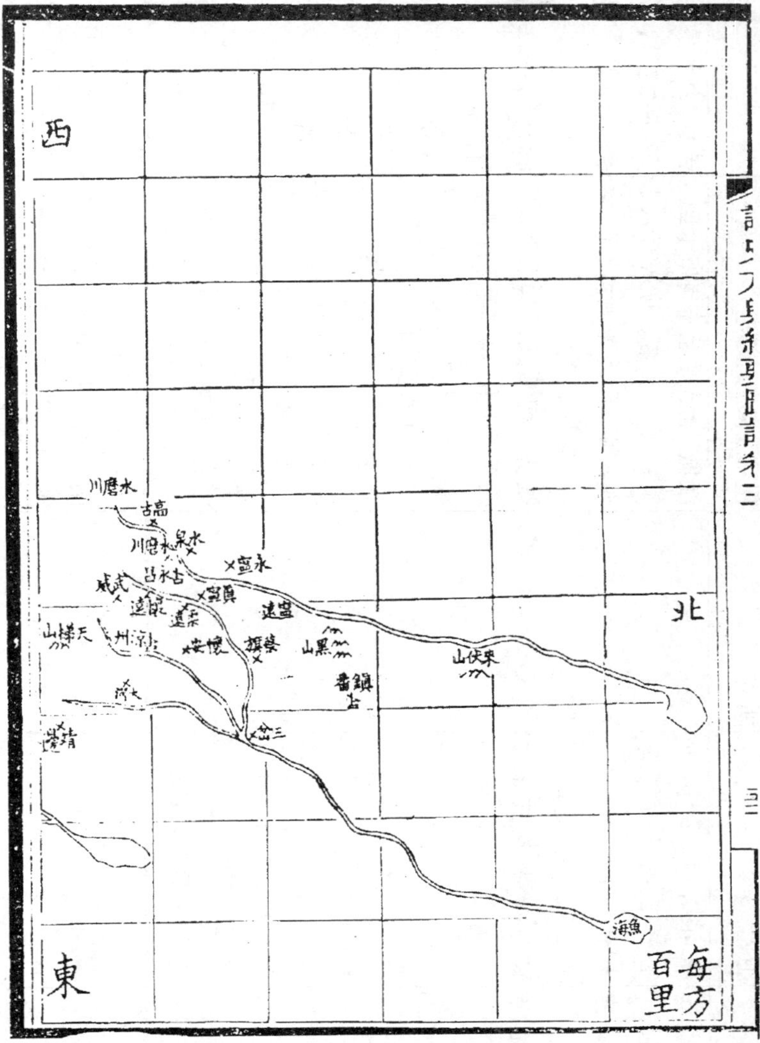
西
北
東
每方百里

	卫	所	堡	
分守左参将，红城守备，镇羌守备，岔口把总，	**庄浪**，西至凉州卫三百七十里。军七千七百七十七名，马二千二百三十八匹，粮七千七百三十二石五斗，民运银三万一千九百九十二两二钱，盐粮一万四千四百四十九石二斗，草七万七千三百三十五束，布一万二百七疋，绵花四千一百六十五斤。		**红城**，南大通堡东南四十里。军一千三百名，马八百八十匹，粮三千三百五十七石，草三万二千八十束。 **镇羌**，卫西北百二十里。军八百二十名，马二百五十匹，粮三千四百九十五石，草四万九千六百五十束。 **岔口**，卫西北七十里。军四百名，马八十匹，粮一千六百八十九石六斗，草五万一千五百束。 **沙井**，卫南百九十里。军四百名，马二匹，粮二千四百七十石，草二万四百九十五束。 **南大通**，卫东四十里。军二百名，马二匹，粮四百六十八石六斗，草四千九百八十五束。	**苦水**，红城堡东南六十里。军二百名，马二匹，粮二千五百八十七石，草三万二千四百六十束。 **野狐**，在卫东南。军二名，马二匹。 **青寺**，军二百名。 **通远**，与青寺堡均在野狐堡西北。 **武胜**，卫西北三十里。军一百一名，马二匹，粮四百六十九石，草一万一千百束。 **西大通**，卫西南百六十里。粮六百二十九石六斗九升，草七千六百五十二束。

兵备副使，守备，	**西宁**，庄浪卫南四百十里。军四千七百三十三名，马三千五十九匹，粮一万七千三百五十五石七斗，盐粮五千三十八石四斗，草四万八千三百二十六束，年例银二万二千一百五十两七钱，布一万九千六百五十四疋，绵花七千四百六十四斤。	**碾伯**，西宁卫北百二十里。军五百七十员名，马二百四十五匹，粮四千一百六十三石七斗，草四万六千二百五十七束。	**水沟**，碾伯所东九十里。军五十名，马一匹。粮七十石，草七百束。 **古鄯**，巴川堡东五十里。军五百名，马二匹。粮一千三百八石八斗五升，草一万三千四百五十束。 **平戎**，卫东七十里。粮二百二十六石七斗，草二千四百四十束。	**老鸦城**，碾伯所东五十里。粮七十石，草七百束。 **巴川**，卫东南二百三十里。粮七十石。
分守右副总兵，分守参政，	**凉州**，西皇卫北三百六十里。军八千六百三十三名，马	**古浪**。凉州卫东南百三十里。军一千	**双塔儿**，卫东百十里，东至古浪所三十里。军八十七名。	**柔远**，卫西九十里。军五百七名，粮一千一百九十石三斗。

	七千七百七十七匹，粮一万一千三百二十一石八斗，民运折银三万五千一百六十七两六钱，盐粮一万二千四百四十四石四斗，草四万四千五百十束，年例银三万两，布一万八千六百二十二疋，绵花七千零二斤。	三百名，马二千十六匹。粮一万七千三百石六斗四升，民运折银六千一百四十七两七钱，草二万六千六百十束，布一千三百三十二疋，绵花六百八十七斤。	**靖边**，卫东八十里。军五十员名，粮一千五百石，草三万束。**大河**，卫东三十里。军二百三十名，粮二千石，草二万束。**武威**，在卫西。军七十三名。**怀远**，卫西四十里。军四十九名，粮二十石。	**黑松**，古浪所东南三十里。军一百六十八名，马二匹。粮一千九百三十石三斗七升，草一万二千六十五束。**安远**，一名打班堡，在古浪所东南六十里。军二百二十一名，马二匹。
守备，	**镇番**，凉州卫北百九十里。军三千六百名，马八百十二匹，粮三千三百二十二石六斗，草一万七千束。馀项见前。		**三岔**，在卫东南，又东南至凉州卫四十里。军二百五名，马一百五十匹，粮四百三十四石二斗，草四千二百四十束。	**黑山**，卫西南六十里。军一百六十二名，马一百十匹，粮一百十六石五斗，草一千一百六十束。

游击，守备。	**永昌**。凉州卫西百五十里。军九千九百九十六名，马一千二百匹，粮七千三百十二石，草十二万束。馀项见前。		**真宁**，卫东二十里。军八十四名。 **水磨川**，卫西二十里。军六十七名。 **永宁**。卫西北六十里。军一百名，马二百二匹，粮三千一百六十石，草一万七千三十一束。	**水泉儿**，卫西九十里。军三百八十四名，马十九匹，粮四千三百五十四石，草一万五千三百五十束。 **高古**。卫西八十里。军三百名，马三匹。

山丹甘肃边第八

按甘肃即汉武所开河西四郡也。兰州为金城；过河而西，历红城子、堡名。庄浪镇六百里至凉州，为武威郡；凉州之西历永昌四百馀里至甘州，为张掖郡；甘州之西历高台、镇夷二所名。四百馀里至肃州，为酒泉郡；肃州西出嘉峪关，为沙、瓜、赤斤、苦峪、哈密等处，皆墩煌郡地。明初下河西，遂以嘉峪为限，而墩煌未及焉。自庄浪岐而南为西宁卫，古湟中也，其去庄浪约三百里。自凉州岐而北为镇番卫，古姑藏也，其去凉州约二百里。若山丹则逼近甘州，为岐邑焉。试语其形势：都燕者固以肃为右掖矣，昔推辽为左掖，肃为右掖。乃其地孤悬绝域，四顾丛梗，经略未可易也。甘州西扼回戎，北拊强胡，南遮羌部，势临斗绝，朝廷于此建大将，陈重兵，允矣。而凉固在冲要之所也，虽古浪扼东，永昌捍西，镇番当其西北，赖是不甚跋疐，然控驭或乖，而风尘告警，凉州失，甘肃非我有矣。庄浪北枕乌梢，山名。

南临黄河，松山左峙，分水岭右踞，亦河西之肘腋也。昔有鲁氏经者，宣力其间，为羌、戎所惮慑，然其人可常有耶？要之，据要害，重屯田，实驭边良策，况凉地水土丰饶，于屯尤宜。昔人谓屯修于甘，四郡半给，屯修于四郡，则内地称苏矣。此其说非诬也。若西宁之大略，予又得而论之。西宁居西海、昆仑、黄河之间，三川合流入于湟，西宁卫治湟南，而碾伯所则治湟北，故论边事者以为西宁之危危于碾伯云。使套虏跨西凉而捣巴川，海虏挟羌部西宁有南北部羌，皆桀骜。而扰鄯善，声连势合，吾虞凉、永诸城反在户垣之外也。是故塞水沟，候河源，遮海路，观顺逆，以施抚御安攘者所必由也。否则，河、陇、洮、岷之间狺狺而起，忧患且将延及于川中矣。

甘州卫，属堡八。马步官军三万三千八百九十四员名，马八千五百七十一匹，粮料六万五千七百九十七石，民运本折色粮布银十万七千三百九十九两七钱二分，盐粮二万六千八百十四石八斗，草一百十万一千四百九十束，年例银四万两。

巡抚都御史一，太仆寺卿一，分巡副使一，寺丞一，监收通判一，判官一，俱驻甘州。总兵一，副总兵一，俱驻甘州。守备一，驻洪水。指挥五，黑城一，平川一，古城一，板桥一，甘峻一。掌堡官二，东乐一，沙河一。坐营管千总管司把总管队官全，印屯局捕首领合属官全。

山丹卫，属所一，堡八。马步官军八千五百八十三员名，马二千二百七十八匹，粮料一万七千五百十三石六斗，民运本折色粮布银一万二千五百三十二两五钱，盐粮四千九百三十二石，草三十六万四千一百七十束。

监收判官一，驻山丹。县丞一，驻高台。守备一，驻山丹。指挥二，石峡一，花寨一。操守一，驻高台。掌堡一，驻新河。防守五，黑泉一，九鬃一，镇羌一，八鬃一，红崖一。把总管操管队官全，印屯局捕局操首领官全。

肃州卫，属所一，关一，堡四。马步官军一万一千二百六十七员名，马四千六百五十四匹，屯粮二万七千五百九十六石零，盐粮一万六千九百四十石零，民运银一万三千二百二十一两，草五十三万四千七百八十七束，折色草银一百七十九两五钱，布二万一千三百二十二匹，绵花八千四百八十八斤，毛袄五百六十二领。

兵备副使一，驻肃州。监收县丞一，驻镇夷。分守参将一，驻肃州。把关指挥一，驻嘉峪。操守一，驻镇夷。按伏官二，金佛寺一，马营一。守堡二，深沟一，盐池一。掌堡一，驻临水。把总管操管队官全，印屯局捕抚夷首领官全。

山丹甘肃边图 补注

甘州卫即都司城

人祖山，甘州东北四十里，其下不毛。合黎山，司西北四十里，即《禹贡》所记也。甘泉山，司西南八十里，有泉甘洌，因名。祁连山，司西南百里，本名天山，匈奴呼天为祁连，山高广，草木茂盛，冬温夏凉，宜牧放。居延海，司城两北，《地理志》渡张掖河西北合黎山峡口，傍河东壖曲屈行千五百里是也。张掖河，司西十里，出摆通川，经祁连山，西出合黎，北流入亦集乃界。弱水，司西，环合黎山，东北八里入东莎界。

山丹卫

甘峻山，卫西北三十里，亘甘州中，有三石洞，下有泉。焉支山，卫东南百二十里，亦名山丹山，所云失我焉支山，妇女无颜色也。南草湖，山丹城南，周九里；又西十里有西草湖；皆宜灌溉。红盐池，卫北五百里，产红盐。又居延泽傍有池，产白盐不竭。

肃州卫

嘉峪山，卫城西，亦名玉石山。黑山，卫城北，沙漠中望之，惟见黑山。昆仑山，卫西南二百五十里，南与甘州山连，其顶峻极，冬夏积雪不消。崆峒山，卫东南六十里，史记黄帝披山通道，西至崆峒，即此。清水河，卫城北四十里；沙河，卫东四十里；二水入讨来河。讨来河，卫北百里，源出雪山，东流三百里入黑河。黑河，在镇夷所南四里，即古张掖河，经石峡口入居延海。

肃州补

黑水，肃州西北十五里。古志云：黑水出张掖县鸡山。白水，州西南二十里，下流与红水、黑水合。红水，州南二十里，源出山谷中，下流合黑水、白水。

山丹甘肃边图

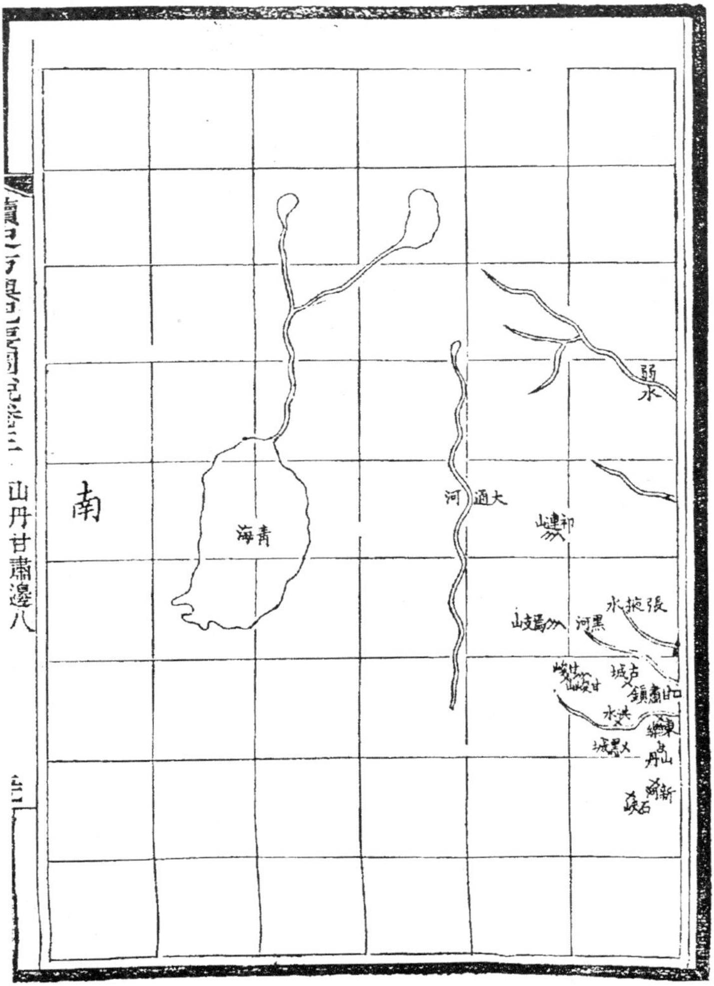
山丹甘肅邊八
南
青海
大通河
弱水
祁連山
張掖水
黑河
焉支山

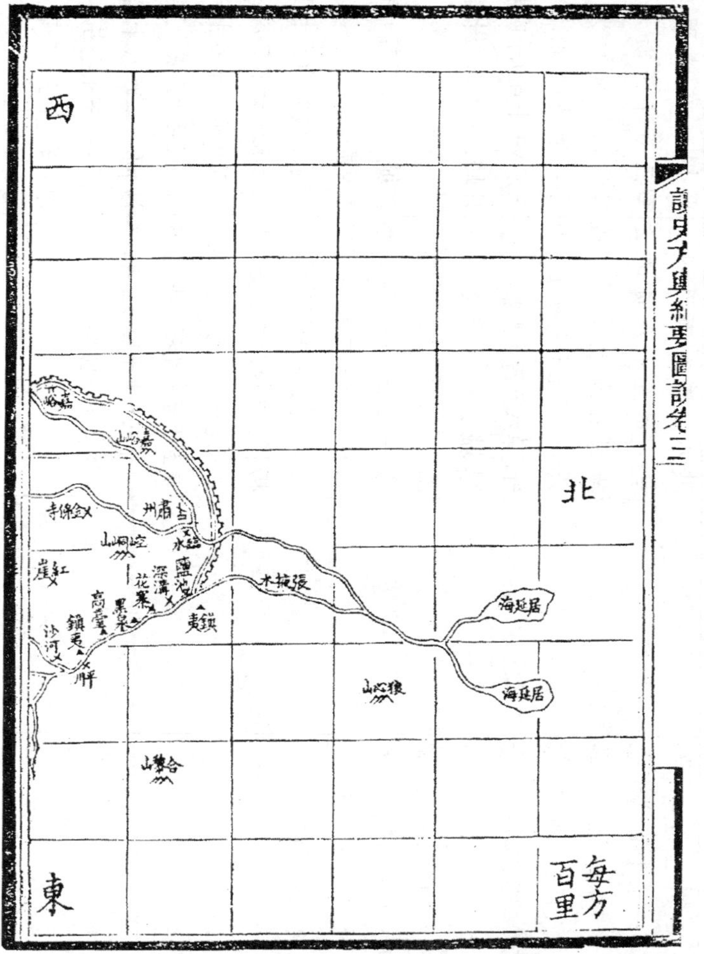
讀史方輿紀要圖說卷三
西
北
東
每方百里
嘉峪
嘉峪山
肅州
金佛寺
崆峒山
臨水
紅崖
鹽池
深溝
花寨
黑泉
高臺
鎮夷
沙河
平川
張掖水
居延海
居延海
狼心山
合黎山

镇	卫	所	关堡	
总兵，甘肃，副总兵，巡抚，行都司，分巡副使，俱驻镇城。洪水守备，	甘州，军三万一千七百八十七员名，马七千八百三十五匹，粮五万二千二百二十七石九斗，民运折银见前，盐粮二万二千一百三十石，草九十二万四千三百六十束，年例银见前。		洪水，镇东南百四十里。军五十八员名，马四百五十九匹，粮六千一百三十七石五斗七升，草八万四千四束。 黑城，洪水堡东四十里。军三百十三员名，马一百三十一匹，粮二千一百六十二石四斗，草三万二千三百九十五束。 板桥，镇西北二百里。军二百七十四员名，马七匹，粮五百五十九石一斗，盐粮一千五百九十四石三斗，草一万六千十四束。	平川，在镇西北。军三百十五员名，粮二千八百九十六石，马一百九十四匹，草三万八千七百九十四束。 甘峻，镇西南八十里。军二百员名。 古城，镇东南四十里。军二百员名。 东乐，镇东南八十里。粮六百五十六石四斗，盐粮一万八千八十石七斗，草五千五百十三束。 沙河，镇西八十里。粮一千一百五十七石八斗，盐粮一千二百五十三石七斗，草五千五百十三束。

守备，	**山丹**，镇东南百八十里。军六千五十四员名，马一千二百二十六匹，粮四千七百三十一石二斗，民运折银一万一千八十四两五钱，盐粮二千四百十三石，草十万六千八百七束。	**高台**，甘州西百六十里。军一千四百九十员名，马一千二百二十匹，粮六千六百六十一石八斗，民运折银一千四百四十八两，盐粮一千一百六石二斗八升，草十五万二千六百五十八束。	**石峡**，卫东八十里。军六百二十四员名，马一百二十匹，粮二千石九斗六升，盐粮一千五百九十四石三斗，草四万二百五十九束。 **花寨**，军二百六十员名，马一百七十匹，粮千八百六十四石九斗，草三万九百九束。 ○按旧图山丹卫南有两花家堡，一在东南，一在西南，盖即花寨之讹。	**新河**，卫东四十里。粮一千一百二十三石八斗三升，草一万二千五百二十八束。 **黑泉**，所西五十里。粮一千石，草一万束。 **八坝**，在所北。军五十员名。 **九坝**，所西北四十里。军五十员名。 **红崖**，所西南百馀里。军二十五员名。 **镇羌**，军二十五员名。○按镇羌属庄浪，相距甚远。石峡堡东二十里有定羌庙，在山丹、永昌界。
分守右参将，兵备副使。	**肃州**，镇西五百十里。军九千一百八十九员		**嘉峪关**，肃州卫西六十里嘉峪山下。军三百八十八员名，马七百七十四匹，粮二千一百五十三石一斗，	**金佛寺**，肃州东南九十里。军二百员名。

	名，马二千三百八十匹，粮二万九千三百五十九石九斗，民运折银一万三千二百三十一两，盐粮一万四千六百五十石，草四十二万五千五百六十束，折草银一百三十四两，布一万六千六百十二匹，绵花六千五十三斤，毛袄四百领。	**镇夷**。镇西北三百里，南至肃州卫界四十里。军一千二百九十六员名，马七百七十四匹，粮四千九百八十四石五斗，盐粮二千二百九十八石八斗八升，草六万七千一百五十四束，布四千一百七十匹，绵花一千五百九十六斤，毛袄一百六十二领。	草二千二百二十束。	**临水**，肃州东四十里。军一百员名，粮一千一百三石三斗，草四万九千四十七束，折草银四十五两二钱。 **马营**，在镇夷所东。军五十员名。 **深沟**，镇夷所东五十里。军四十三员名。 **盐池**。镇夷所南少西五十里，东至深沟堡四十里。军□□员名。

洮河边第九

按洮、岷、河皆古羌、戎地也，与岷、阶等州居山谷之中，为秦、蜀屏蔽。自汉以来，良多故矣，控制之方，岂无所衷乎？乃吾闻阶、文、西固所名。之间，诸羌盘聚，无有宁所，岂非据山谷者易动难静，自昔然哉？盖尝考阶州有羊肠鸟道之险，西固有重冈复岭之雄，而文县接近松潘，苍崖绝壁，阴平故险，实蜀口之要区也。驭羌靖边者，其必先于此。乃若山川名胜，则洮、岷与河州固其尤也。记曰：西倾，岷山之宗也，朱圉、鸟鼠为辅，嶓冢、秦岭为屏，陇首为限，而江出于岷，渭出鸟鼠，汉出嶓冢，河浮积石，洮出西倾，陇出陇首，天下山川，皆其支派，考形胜者，此又不可不知也。

洮州镇，属卫一，关五，寨二，堡二十四。马步官军六千一百七十五员名，新旧召募选舍人土兵民夫八百名，马三千七百十六匹，各处民运粮三万五千九百六石零，草八千七百五十九束，民屯粮三千九百四十九石零，布八千四百四，绵花三千三百斤。

洮州监收通判一，参将一，总巡指挥四，东路一，南路一，西路一，北路一。把总管队官全，印屯局捕首领官全，防守官十八。

驻各寨堡。

岷州镇，属卫一，所三，寨七十，堡八。马步官军一万四千九百三十八员名，召募民壮四百四十五名，马二千一百九十二匹，各处民运粮折银二万九千五百八十七两三钱三分，额征民屯粮二万八千五百九十四石零，布三万七千七百五十一匹，绵花一千三百二十二斤，草二万三千一百九十束。

岷州边备副使一，驻岷州。守备三，本镇一，西固一，阶州一。总巡千户所四，阶州二，文县二。总巡指挥三，东路一，南路一，西路一。把总管队官全，印屯局捕首领官全，防守官十七。驻各寨堡。

河州镇，属卫一，所一，关二十四，堡三。马步官军九千二百十七员名，新旧召募壮丁二百九十二名，马二千三百六十四匹，各处民运粮一万八千六百八十石，草六万一千九百六十束，本处民屯粮二万九千八百七十五石，屯草折银一千六百七十七两，本色盐粮三千三百六十石，折色盐粮银二千百十二两五钱。

河州监收通判一，守备一，把总管队官全，印屯局捕首领官全，归德所印操官全，总巡指挥二，西路一，南路一。防守官十七。驻各关堡。

洮河边图 补注

洮州卫

西倾山，洮州西南二百五十里，桓水出焉，禹贡所云因桓是来也。石岭山，州北一十五里，山势峭拔，草木不生。洮河，卫南三十五里，出西倾山，东流入岷州北，经临洮府至兰州北入黄河。白水江，卫西南五百里，源出香藏族，东流入洮州。

按洮州，旧志有九关，已见省图。

岷州卫

岷山，在岷州北，山黑无树木，洮水经其下，相传禹受黑玉书于此。贵清山，卫东百五十里，顶平衍可耕种。分水岭，卫南四十五里，下有分水岭河。马淳河，卫东百八十里，流入漳水。

按岷州，旧志所载诸寨数十，与此相出入，多寡亦复不同，详见前图。

河州卫

积石山，卫西北七十里，《禹贡》导河处也。雪山，卫西南五十里，接洮州番境，四时有雪，亦名雪岭。大夏河，卫南三里，亦名白水河。州关寨俟考。

文县军民所

太白山，所南二百五十里，山谷高深，尝多霜雪。滴水岩，所城北，乱山矗立，划开二峰，如髻对峙，有飞泉千尺，州人置槽引以汲用。上清洞，所北四十里，深远不可穷。白水，在所城外，源自故松州赤磨岭流下，东北流至本境，黑水、白马水、东维水皆入此。天池，所西北百六十里，一名天魏湫，合众山凹为大壑，环百五十里，水积其中，不见畔岸。

洮河边图

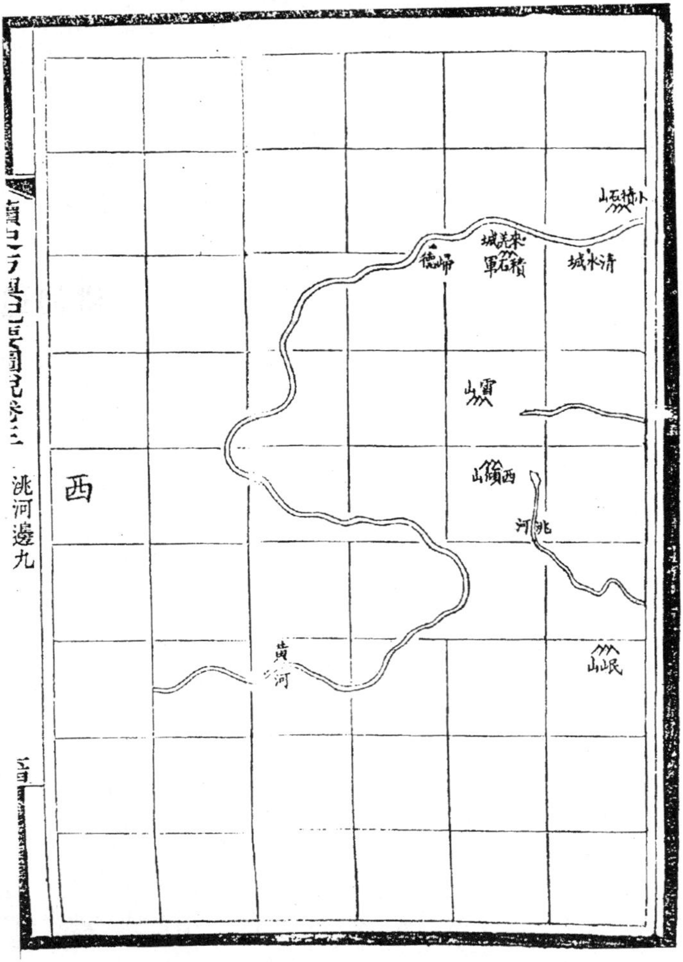
洮河邊九
西
小積石山
歸德
來羌城
積石軍
清水城
西傾山
洮河
黃河
岷山

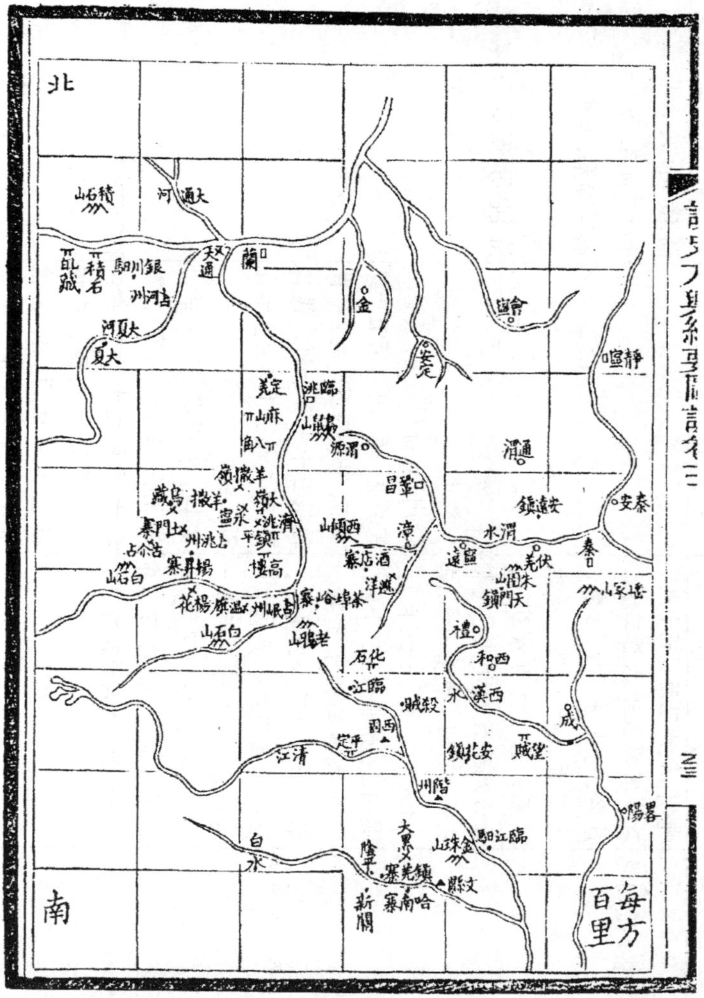
北
南
每方百里
蘭
臨洮
安定
通渭
秦
靜寧
會寧
秦安
渭水
禮
西和
西漢水
成
階州
文縣
白水
清江

	卫三	所四	关塞堡
参将， 万历六年改设洮、岷副总兵，驻洮州， 边备副使， 志有分守阶、文、西固参将， 守备，	**洮州**，岷州卫西百五十里。马步官军五千六百二十二员名，舍人土兵八百名，马三百九十八匹，民运粮三万五千九百六石，草五万八千五十九束，民粮三千九百四十九石五斗，布八千四百匹，绵花三千三百斤。 **岷州**，阶州北六百三十里，领茶埠峪等四十一寨。军七千五百五十四员名，马一千四百二十九匹，民运粮银三万二千七百七十两一钱二分，民屯粮二千七百八十四石，布三万六千一百六十五匹。	**阶州**，在阶州城内，领望贼等关寨。军二千七百五十二员名，马一百五十九匹，民运银三千七百十两二钱二分，民屯粮五千六百九十九石三斗。 **文县**，阶州南二百十里，领阴平等十一寨。军二千三百九十一员名，马一百五十九匹，民运银三千一百两，民屯粮五千一百七十五石，布一千五百八十六匹，绵花一	**高楼等关**，马步官军七十二员名，马二匹。 **杨昇等塞**，马步官军三十员名。 **济洮等堡**，马步官军四百五十员名，马十六匹。

		千三百二十三斤，草七千六百七十六束。 **西固**，岷州卫南四百里，领沙川桥等十三寨。军一千六百三十九员名，召募民壮四百四十五名，马四百四十匹，草一万五千五百八十三束。	
守备， 志有分守河州参将。	**河州**。洮州卫北三百十里。马步官军七千七百员名，马二千二百八十五匹，民运粮一万三千六百六十石，民屯粮二万六千五百九石六斗，屯草粮一千三百二十四石九斗。馀见前。	**归德**。河州卫西七百里。军一百四十八员名，马五十五匹，民屯粮三千三百六十六石，屯草折粮三百五十三石四斗。	**积石等关三十二**，军二百九十三员名，马十四匹。 **大通河等堡**。军九百七十六员名，马十四匹，民运粮三千一百十六石四斗，草一万八千六百束。

松潘边图第十

按松潘诸境，大略山川峻险，民羌连结，不特川蜀之襟带，而亦秦关之藩篱，议兵议食不可已也。试推其概，诸戎之窃伺者非章腊乎？则屯宜密也。龙州实松潘之咽喉，一或梗焉，则饷道绝而调拨疏矣。且地东连汉、沔，进可战而退可守，诚相度中原，此固要区。茂州汶川，蜀土之藩，而威州控驭西番之重地，有唐李公曾事此矣，其经略犹可想见焉。先民有言：吐番入寇，多在黎、文；蕃、诏纠合，恒由灌口。于此数方者，防守得宜，则西北之险，于蜀可以无虞矣。

松潘卫等处军民指挥使司隶四川川西道。领守御所一，小河。宣抚司一，龙州。安抚司四，八郎一，麻儿匝一，芒儿者一，阿角寨一。长官十七，牟力结一，蜡匝一，白马路一，山洞一，阿昔洞一，勒都一，祈命一，北定一，者多一，麦匝一，班班一，阿昔一，阿用一，包藏一，思曩儿一，潘斡寨一。

茂州卫指挥司领守御所二，叠溪一，威州一。长官司五，静州一，岳希蓬一，叠溪一，郁即一，陇木头一。三司隶茂州，二司隶叠溪。

松潘卫小河所三路新旧屯田二千八百九十五顷七十亩零，主客官军各兵万一千六百八十四员，额坐各仓粮九万九千三百八十一石，布政司原额茶课十九万二千九百四十四斤，原额盐课银七万八千四两。安、绵、坝底、石泉四路各官军各兵六千四百五十二员，额坐各仓粮三万一千一百十八石。

茂州卫并叠溪、威州、灌县四路主客官军兵一万四千百五十二员名，守御所新旧屯田八百五十六顷七十四亩，额坐各仓粮十万三千九百十七石，外仓二十，收粮十万三千八百十七石。

巡抚四川兼理松潘、安、绵、建昌等处兵备御史，驻四川。

整饬松潘、威、茂、安、绵等处兵备按察司分司三，松潘驻松潘，威茂驻茂州，安绵驻绵州。

分守松潘等处副总兵一，驻松潘。协守东路左参将一，驻小河坝底，辖守备一，提督指挥五。南路右参将一，驻威州，辖提督指挥三，千户一，镇抚一。协守游击。东路驻龙州，辖江油至汉关；南路驻叠溪，辖镇五，茂州。

松潘边图 补注

雪栏山、松潘卫东三十里，山势宛延，四时积雪。大分水岭，卫北二百三十里，高峻，水分二流。○排栅山，叠溪南五里，明初大军于此立栅为营，故名。云峰山，所东六里，高耸凌云。翼水，所南五十里，源有二，一出松潘地，一出黑水，合流如张两翼，唐置翼水县，以此。○金凤山，龙州司东十五里，山土色赤，日光炤映，形如金凤。崆峒山，司西北十里，山谷深峻，西接番界。马盘山，司东南百二十里，高三千馀丈，形如马，旋而上，重峦叠嶂，行者难之。牛心山，司东南百五十里，山形秀拔。石门山，司东南百七十里，两壁相对如门，与氐、羌分界，邓艾尝屯兵于此。〇白水江，青川东三百里，邓艾作浮桥处。〇茂湿山，茂州北十六里，树木茂密，尝有岚气，因名。鸡宗山，州西南四十二里，鸡宗关在焉。〇高碉山，威州北三十里，三面悬崖，古维州城也。雪山，威州西南，与乳川白狗岭相连，山有九峰，上有积雪，春夏不消。赤水，在威州西北。又州北有平谷水、溪谷水，俱入大江。

松潘图

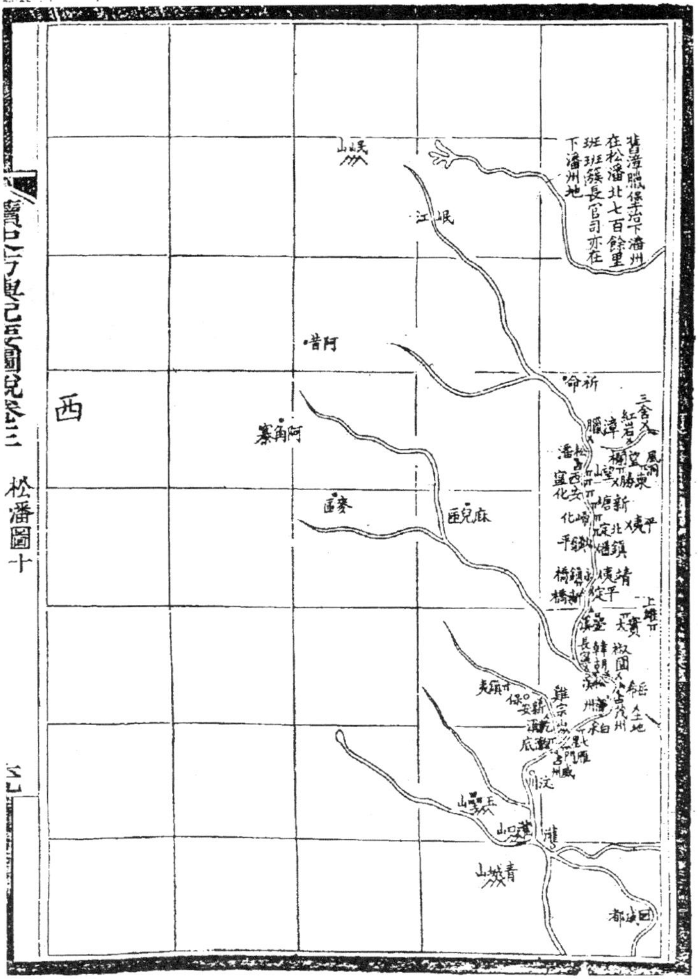
松潘圖十
西
岷山
岷江
阿昔
阿角寨
麥匝
麻兒匝
祈命
漳臘
松潘
汶川
青城山

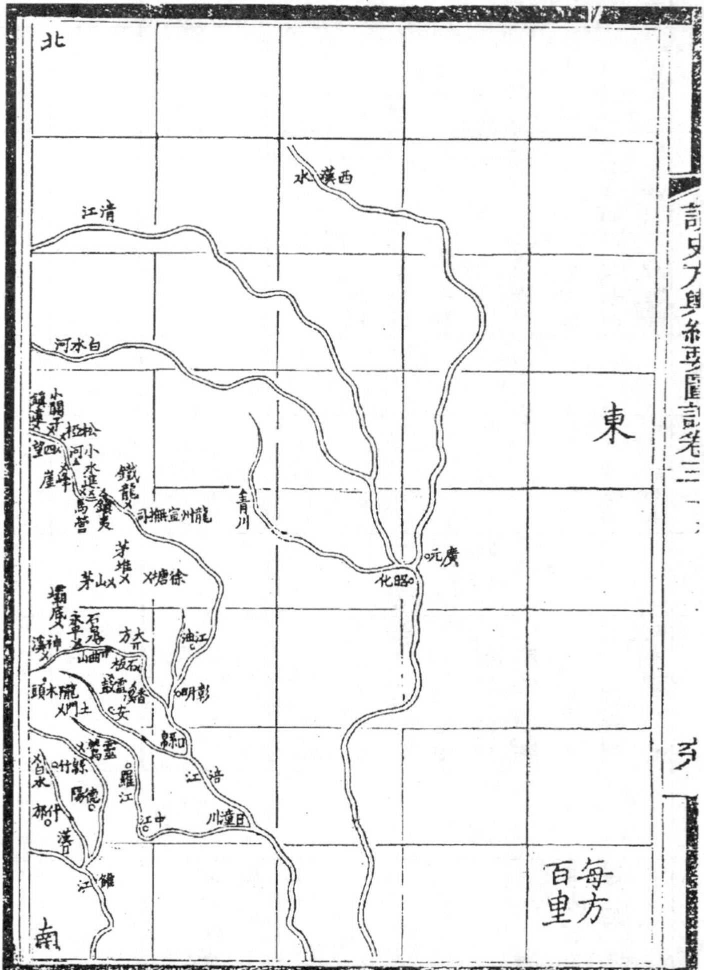
北
東
南
西漢水
清江
白水河
廣元
昭化
青川
龍州宣撫司
鐵龍
茅山
徐唐
彰明
中江
每方百里

	提督十五	关	屯堡	墩	官军	民快土兵	屯田	屯粮	仓粮	马
东胜等堡皆在松潘城四周近郊。分守副总兵驻松潘。	一领东胜等六关堡。		东胜，熊溪，红花谷，高屯，羊峪，塘舍，潭郭，漳腊，艾蒿，镇革，小屯。〇潭郭，一作潭璙，或作潭赫。		五百九十员名。		原额九百十六顷三十九亩，新增一百十六顷二十五亩。	三千八百七十石。	九万三千二百七十一石，外麦一千七十四石。	四百八十七匹。
浦江、新塘等关在松潘南路数十百馀里之间。	一领浦江等六关堡。	浦江，北定，归化。								
自浦江至望山各路	一领新塘	新塘，安化，								

俱辖于副总兵。	等三关。	西宁。							
平定等堡在松潘南路，当叠溪所以北。	一领平定等六堡。		平定，镇夷，镇番，镇平，金瓶，平夷。						
松潘东路自望山至四望，又东即小河所。	一领望山等十三关堡。	望山，雪栏，风洞。	松林，三舍，镇远，小关，松垭，三路，师家，四望。		一千四百三十员名。				
小河路自峰崖东至铁龙，	一领峰崖等六堡。		峰崖，叶堂，马营，水进，镇夷，铁龙。		四百七十员名。	五十五名。	原额一千百顷，新增六百九十顷。	四千八百九十石。		九十四匹。

当龙州西北。										
曲山等关堡在安县、绵竹境，观子、石板、平番等。	一领曲山等十五关堡。	曲山。	雷鼓，香溪，叠溪，曲溪，三江，灵鹫，马尾，白水，龙蟒。		一百八十五员名。	一千二百四十五名。			三万三千四十五石。	
关堡在石泉县境，为安、绵、坝底、石泉四路。	一领观子等八关堡。	大方。	徐平，观子，平通，大印，茅堆，山茅，徐塘。		四百七十五员名。	四百七十五员名。				
安绵兵备驻绵州，协守	一领石板等八	石板，上雄。	坝底，石塘，白印，青冈，石泉。		七百九十一员名。	一千八百三十三名。				

东路左参将，辖小河路及安、绵、坝底、石泉四路，驻小河所。	关堡。								
	一领平番等三堡。		平番，赤土，奠酒哑。		五百馀员名。				
永镇等关堡在叠溪所以北。	一领永镇等九关堡。	永镇桥，镇平。	新桥，大平，永镇，普安，静夷，镇番。			原额五十八顷五十一亩。	一千五百九十六石。		九十七匹。
彻底等关堡在威州境，协守右参将驻威州。	一领彻底等九关堡。	彻底，镇夷，保子。	乾溪，坝州，坡底，保县，新安，西平。			原额六十二顷四亩，新增百三十四顷	五千二百五十八石。		

							四十二田。			
茂州南路有七星等关堡以达于威州，威茂兵备驻茂州。	一领七星等十五关堡墩。	七星，鸡宗。	石鼓，雁门，青坡，文镇抚村，大宗渠，麦园头，羊毛坪。	迁桥，白水，瞰远，四顾，五星。	九百九十四员名。	三百八十五名。	原额五十九顷十八亩。	一千六百十四石。		一百五十六匹。
茂州东路有土地等堡达于桃关，东出石泉县。	一领土地等七关堡。	桃坪。	土地，镇夷，关子，神溪，夹山，土门。		七千九百六十员名。	三百七十三名。				

茂州北路有实大等关堡达于叠溪所。威、茂、叠溪诸路俱辖于右参将。	一领实大等关堡。	实大，魏磨。	椒园，韩胡，松溪，长宁，穆肃。		一千七百六十四员名。	四十三员名。	原额三百四十六顷五十亩，新增百八十三顷有奇。	一万五千五百七十二石。	一万五千六十石。	五百四十九匹。

建昌边图第十一

按建昌古越嶲地，东连乌蒙，西距吐蕃，南接滇池，北邻黎、雅，亦形胜地也。然吾闻有国以来所不忽者，惟乌撒、芒部等境恒多称重焉，故议绥辑者，恒叙、泸是亟而建昌反缓，岂知守硐门以控诸番，固昔人筭也，谋人国者可忽于斯欤？

四川行都司领卫六，属所七。关七，堡五十四。总为六十七。屯粮五万六千七百四十三石，秋米七十万八千七百四十五石九斗，盐课米三千六百石零。

整饬建昌等处兵备兼分巡上川南道地方四川按察司佥事一，驻昌州。督理粮册兼管上川南道四川布政司参议。驻雅州。

以都指挥体统行事守备二。宁越一，黎雅镇西一。

建昌边图 补注

螺髻山，都司东南四十五里，极高耸，顶如螺髻。凉山，司东百三十里，群峰嵯峨，四时多寒。铁石山，盐井卫西北七十里，产铁刚利。密勒山，会川城东二百里，有银矿。孤山，有二，一在越嶲城西，一在南二十里，高出众山之上。金沙江，在会川南二百五十里，源出吐蕃，东流合泸水至黎溪，即马湖，其间最多岚瘴。

建昌图

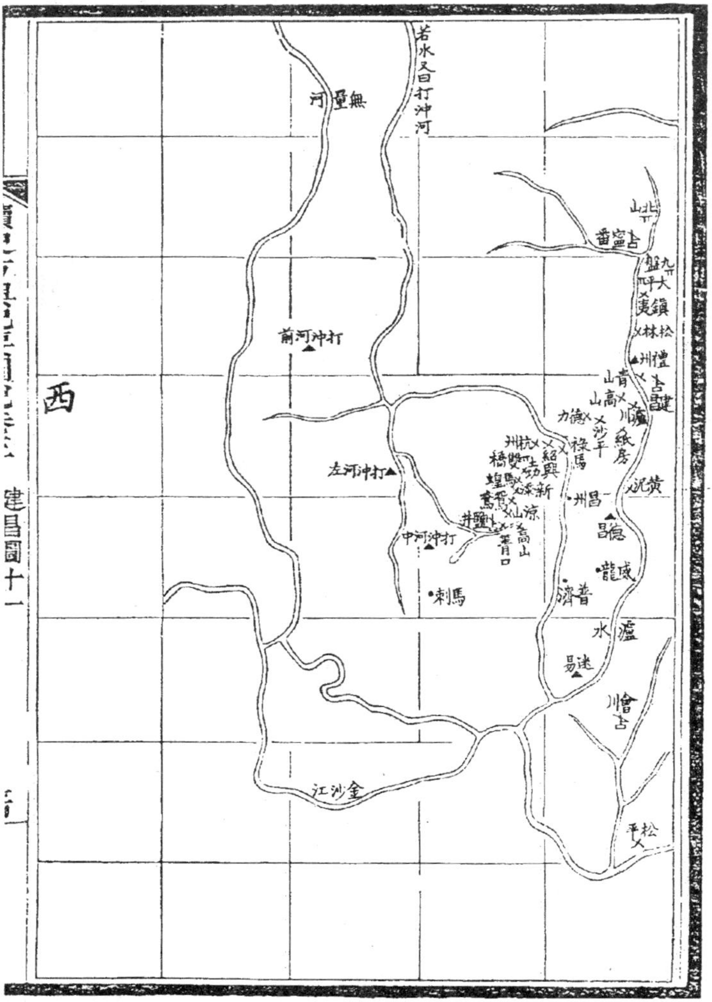
建昌圖十一
西
無量河
若水又曰打沖河
打沖河前
打沖河左
打沖河中
金沙江
瀘水
會川
禮州
松林
黃泥
昌州
普濟
威龍

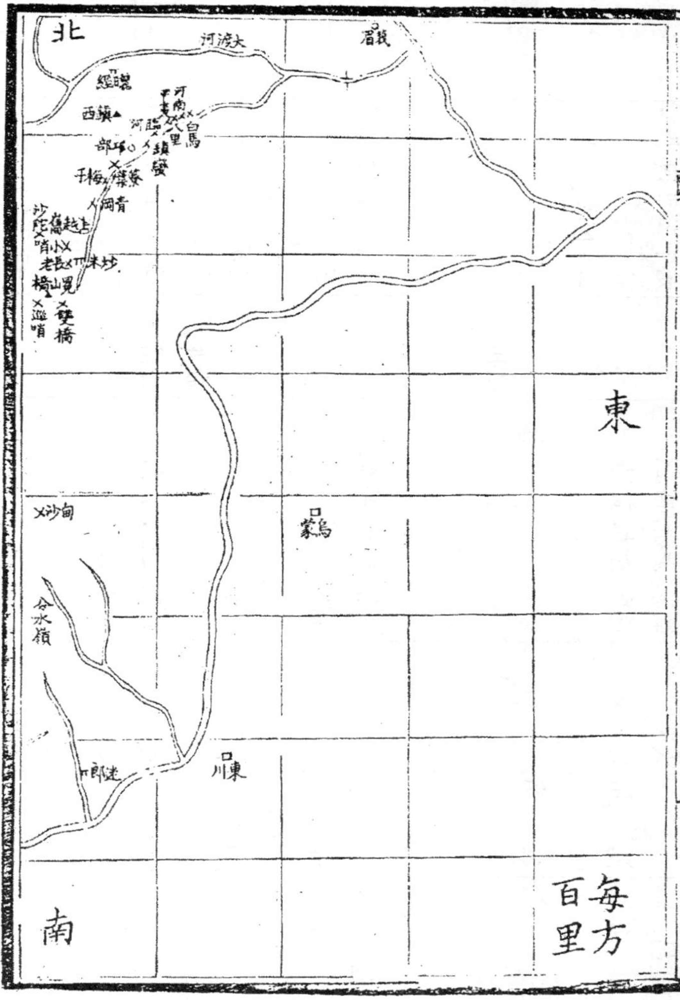
北
大渡河
東
南
分水嶺
東川
每方百里

	卫六	所	关	堡	长官	屯粮	仓粮
行都司，兵备佥事，	建昌，		太平。	纸房，泸州，高山，沙平，德力，黄泥。		九千三百四十二石。	
		礼州中，				一千四百十三石。	
		礼州后，			昌州，		
	建昌前，			青山，松林，平蛮，镇夷。		六千八百七十四石。	
		打冲河中前，					八百六十六石六斗。
		德昌，				二万一百四十石。	
宁越守备	宁番，		冕山，沙陀，	铁厂，巡哨，李子，双桥，白石。	威龙，普济，	三万八百七十四石。	四千二百石。
		冕山桥，	三桥，九盘，北山。			二千十五石。	一千八百五十石。

	越巂，		炒米，晒经，青冈。	箐叶，木瓜，平坝，苦菜，平夷，镇夷，八里，河南，白马，镇蛮，梅子，临河，小哨，长老，溜水。		二千四百九十六石。	五千四百四十石。
		镇西，			邛部，	六百十八石。	三千二百石。
	会州，	迷易，	甸沙，松平，迷郎。	虎头。		七千三百九十八石。	二千六百十一石三斗。
	盐井。		双桥。	菁口，高山，凉山，鸳鸯，新添，马蟥，土功，杭州，绍兴，禄马，镇南，定远，镇西，新化，明远，清平，康宁。	马剌。		五百七十八石。

麻阳图第十二

镇溪叛苗二十寨：董朵，董其，亚糯，嗷冷，嗷勒，亚西，十八箭，红崖，小梢，小米，流沙，板凳，茅冈，下水，彪山，小铅场，盘朵，龙亭，闷洞，東那。

箄子坪叛苗二十七寨：洞头，中略，留绞，亚保，谷耶，大略，琴图，盘营，回寨，大塘，爆木，岩口，盘那，孟庾，大唐，池巳，乌牌，冷水，排那，寥铁，乌巢，老莱，岩洞，小五图，恶党，古藏，板栗。

贵州叛苗二十七寨；黑潭，乾溪，骂劳，吕喝，骂冲，地所，塘寨，蜈蚣，地运，平头，地根，老条，龙潭，苟脑，山岔，栗凹，治古，麦地，抱木，老见，旦逞，普杓，田坪，乌牌，平茶，麻峒，木坪。

麻阳图

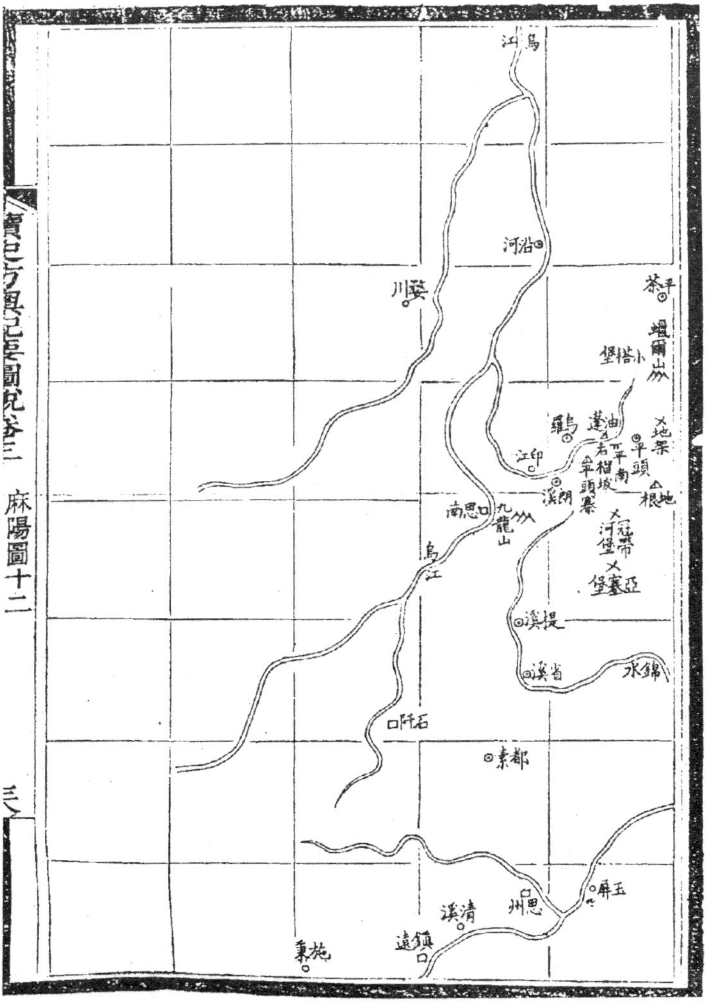
讀史方輿紀要圖說卷三
麻陽圖十二
三八
烏江
沿河
婺川
平茶
蠟爾山
小塔堡
烏羅
印江
朗溪
思南
九龍山
烏江
提溪
省溪
錦水
石阡
都素
思州
玉屏
清溪
鎮遠
施秉

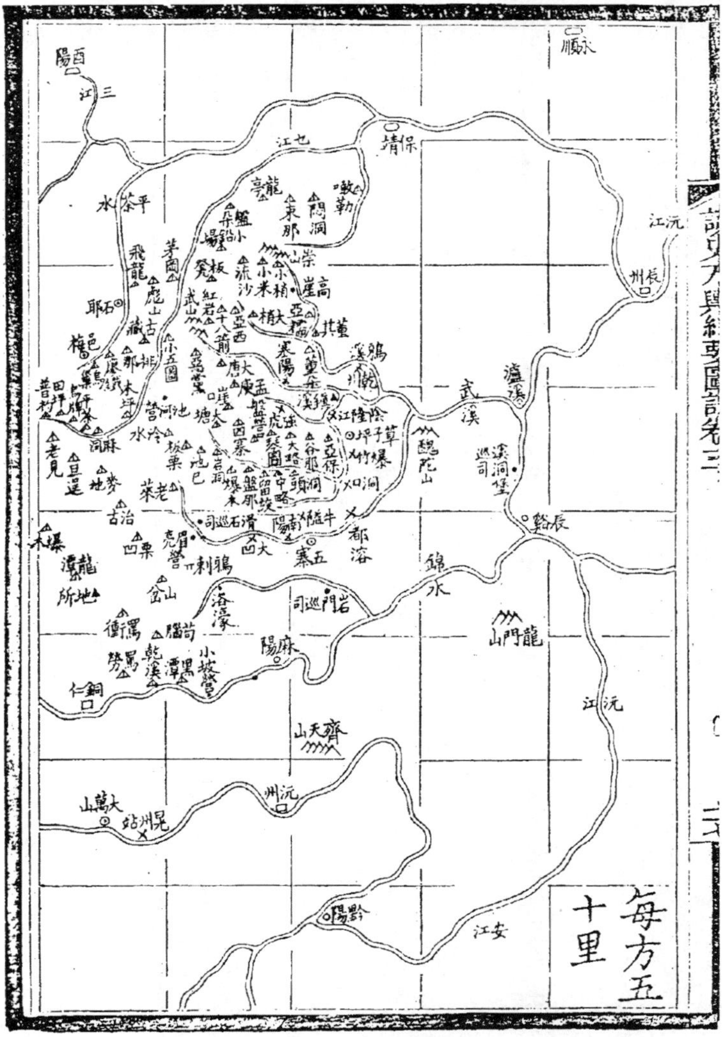
酉陽
三江
永順
保靖
七江
沅江
辰州
平茶水
武溪
瀘溪
辰谿
錦水
龍門山
麻陽
銅仁
齊天山
沅州
大萬山
晃州站
黔陽
安江
沅江
每方五十里

虔镇图第十三

虔镇辖布政司四，府八，州二，县六十五，卫七，属所二十二。共官六百十四员名，军二万八千七百一十三名，寨隘共二百十六处。

巡抚南、赣、汀、漳提督军务都御史。驻赣州。

江西湖西道赣州兵备兼管岭北道、广东岭南、岭东道、福建武平道、漳南道、湖广上湖道郴、桂等处岭北驻赣州、漳南驻上杭，岭东驻长乐，郴桂驻郴州，馀驻各省。守备以都指挥行事。南赣一，南韶一，郴桂一，惠潮一，汀漳一。

按罗氏曰：赣东南境内，闽之汀、漳，广之雄、韶、潮、惠间，隔数十岭，岩峭巉绝，绵历盘纡，奚啻千里。其人皆依负险阻，凶犷顽悍，所称大帽、岑冈、高沙、下历、浰头、横水、左溪等巢穴，唇齿辅车，脉络贯通，兵之用本不易，加以财力绌乏，拘挛牵顾，益难矣。虽然此皆吾内地耳，震叠绥怀，人有说焉，时平议为晚也。中间舛误，未遑参校原本，容俟详定云。

虔镇图

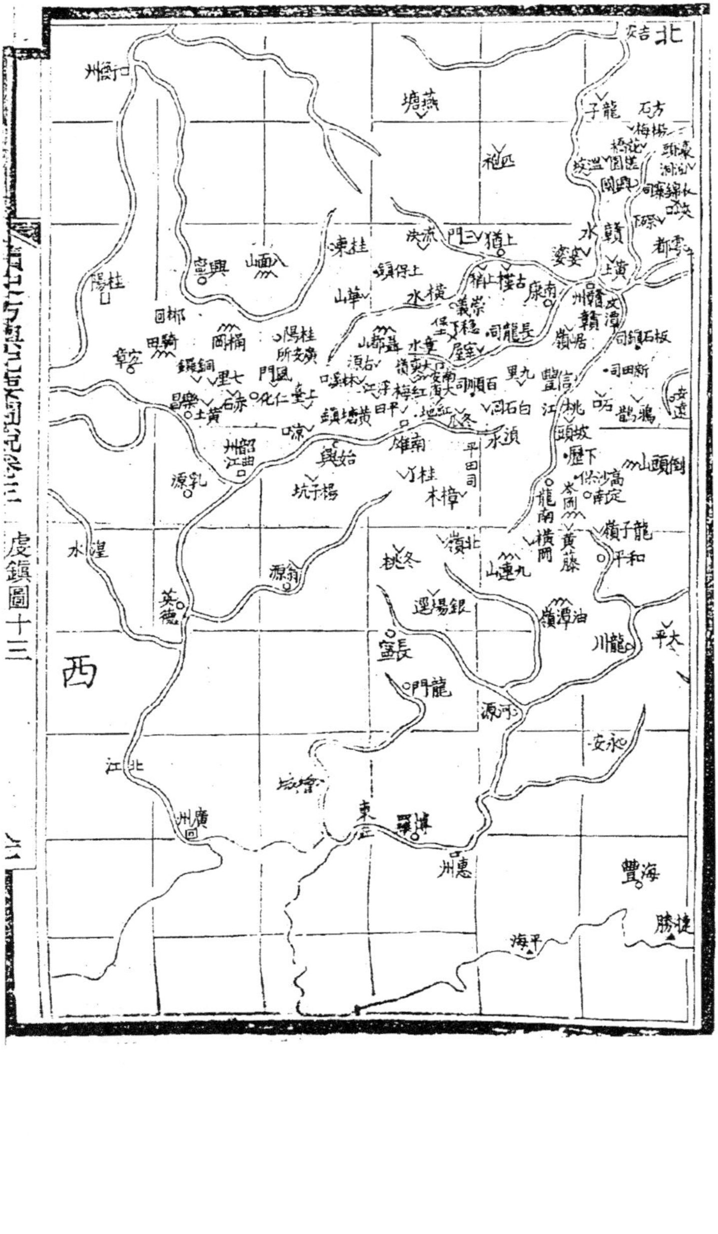
虔鎮圖十三
北
西
韶州
英德
廣州
惠州
南雄
始興
長寧
和平
龍川
海豐

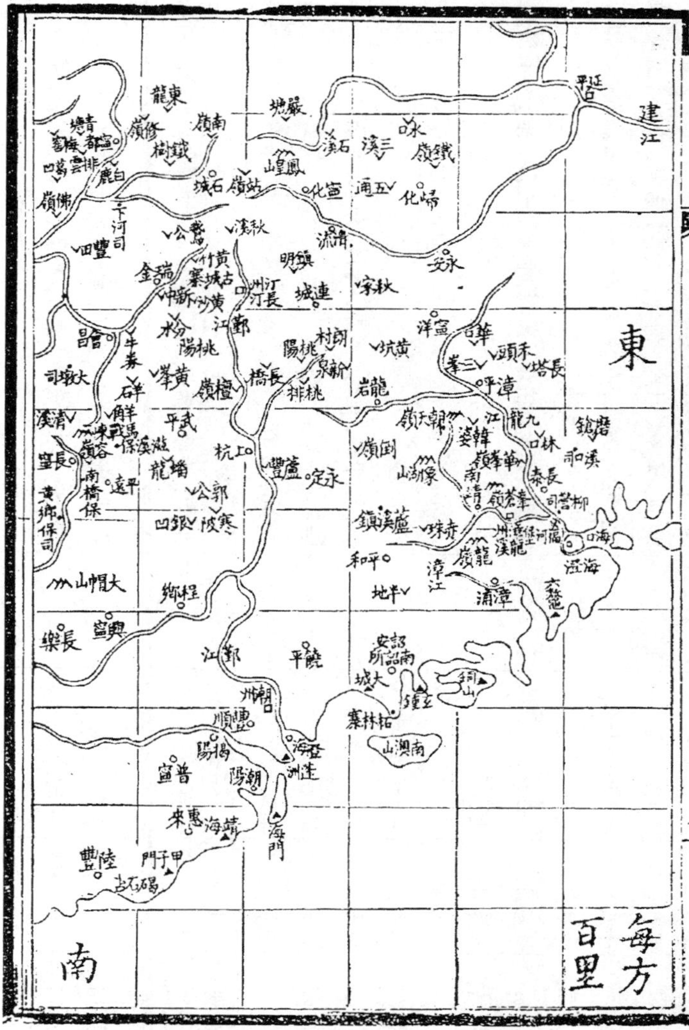
東
南
每方百里
長汀
連城
寧化
歸化
清流
永安
寧洋
石城
瑞金
會昌
漳平
龍巖
永定
平和
南靖
漳浦
海澄
程鄉
興寧
長樂
大帽山
饒平
潮州
揭陽
潮陽
普寧
惠來
南澳山
銅山
玄鍾

讀史方輿紀要圖說卷三

卫	所	官	军		隘
赣州，		七十三员。	二千九百二名。	赣州府属。	赣县，文潭，黄土，婆婆。
		十八员。	一千八十七名。		兴国，龙子，刘坑，梅窖，衣锦，油洞，南村，温坡，峡田，龙沙，垓头，荷树，企岭，墟下，槎园，花桥，迴龙，壕头，方石，杨梅。
	信丰，	十四员。	七百十七名。		
		十三员。			宁都，东龙，田埠，青塘，白鹿，长胜，排云，下河，修岭。
	会昌，	五十员。	七百名。		
		十九员。			雩都，磜下，龙潭，马岭，峡口，左坑，牛岭，丰田，佛岭，葛凹。
	南安，	八员。	一百七十五名。		
潮州，		八员。			会昌，牛券，羊角，湖界，清溪，分水，羊石。
	程乡，	八员。	二百二十五名。		信丰，石口，平冈，陂头，竹篙，鸦鹊，九里。
		五员。			安远，板石，大墩，黄乡，双桥，雁洋，南桥，腰古，滋溪，寻邬。
	大城，	二十七员。	三百三十名。		
			三百十八名。		龙南，黄藤，南埠，樟木，横冈，油潭，龙子岭，岑冈，高沙。
	靖海，		二百五十四名。		
	蓬州，				石城，坝口，羊畲，铁树，南岭，站岭，蓝田，秋溪。
	海门，		一千二百五十一名。		瑞金，新中，黄沙，黄竹，桃阳，车断，湖陂，鹅公，平地，桐木。
碣石，					

	海丰，	六员。	四百八十五名。	南安府属。	大庾，右源，浮江，宰屋，云山。
	捷胜，	八员。			南康，崌岭，古楼。
	平海，	五员。	五百五十名。		上犹，上稍，三门，赖塘，匹袍，卢王，大雷。
	甲子，	十员，	八百十名。		崇义，长流，上保，长龙，横水，流决，聂都，关田，稳下，小坑，华山。
			三百六十名。		
		四十八员。	四千四百八十名。		长汀，古城，九礤，黄峰，龟龙，分水，长桥，桃阳，镇明，佛祖。
惠州，	河源，	三员。	六百六十九名。		宁化，石溪，凤皇，岩塘。
	龙川，	十员。		汀州府属。	上杭，芦丰，南坪，斧冈，军营，郭公，长岭，塞陂，银凹，鲜水溪，桃排，板寮，羊蹄。
			一千一百十九名。		
	长乐，	二员。			连城，秋家，廖天，横山，朗村，新泉，乌石，石固。
	南雄，	七员。	百四十一名。		武平，蟠龙，郑家，湖界，硿头，檀岭。
		四十员。	三百八十六名。		归化，铁岭，五通，下防，三溪，水口。
汀州，			一千八百九十名。		
	武平，	十二员。			
			七百十名。	漳州	龙岩，水槽，黄坑，狗骨，三峰，倒岭，萧坑。

	上杭，	十一员。	六百八名。	府属。	龙溪，柳营，福河，龙岭，华封，苦竹，良村，宜招，海口。
		四十二	四百八十五		长泰，鸬鹚，林口，磨枪，白桐，溪口，上宁。
漳州，	南诏，	员。	名。		南靖，峰苍，韩婆。
	龙岩，	六员。	四百十七名。		平和，象湖，朱公畲，芦溪，曹充，赤珠，高磜，半地，
		十三员。	四百三名。		三角。
镇海。		五十六	九百三名。		漳平，三峰，华口，石门，南坑，卓安，白泉，禾头，虎
	六鳌，	员。	九百九十三	南雄府	山，吴崎，流溪，高星，东坂，三阳，东边，云洞，朝天
	铜山，	十九员。	名。	属。	岭，下马坑，香树，石锥，马啣，火烧。
	玄钟，	十三员。	五百三十三	韶州府	保昌，平田，白石，红梅，闻韶，冬瓜，林溪，南亩，红
	韶州，	五员。	名。	属。	地，百顺。
	郴州，	十五员。	七百十九名。	惠州府	始兴，花腰石，桂丫，河溪，凉口，上台，杨子，沙田，黄
	桂阳，	十五员。	四百十名。	属。	塘。
	广安，	十九员。	六百三十六		仁化，风门，城石，赤石，七里。
		七员。	名。		翁源，银场，冬桃，北岭。
			五百四十六		乐昌，铜罗，龙口，象牙，黄土。
			名。		长乐，银坑，古楼，榕树，平塘，解沙，芙蓉，象鼻，董
			二百五十名。		源，大别，秋溪。
					兴宁，四都，太平。

	宜章。	七员。	三百六十二名。	郴州属。	桂东。燕塘，九磴，八面，猴子。

黄河图说第十四

按黄河自南徙以来，其为祸患何代无之。然他时河、淮犹分二渎，自元人排河、淮，遂并为一，故治河即以治淮，非臆说也。今者河南之境荥阳、原武而下，讫淮、亳、濠、泗诸墟，居民之离荡，田产之漂溺，何可涯量？岂真无策以处此哉？夫河所以不利其东行者，以漕渠赖之。然议漕既定，而议河举矣，是沁水可引也。于下流迤东之处疏支，创圩田，作水，亦可使之不悍且固也。特患讲求者无人耳！不然三策具在，上策虽未可行，就其中策亦何不可行之有？

附记

嘉靖七年盛应期请开新河，功未成而罢。四十五年诏开之，自南阳以东南至留城，凡百四十一里，粮运由境山过旧河进新河，至南阳出口，河水通无关阻云。又史云白南阳东南至夏村，又东至留城。

黄河入海故道

明初黄河决原武县黑阳山，东经府城北五里，又东南至项城境入淮，而自虞城至济河之故道也，永乐初复流入，故自是河分为二。正统中又决而东北，经府城西南至项城县入淮，而为城北之新河。

黄河图

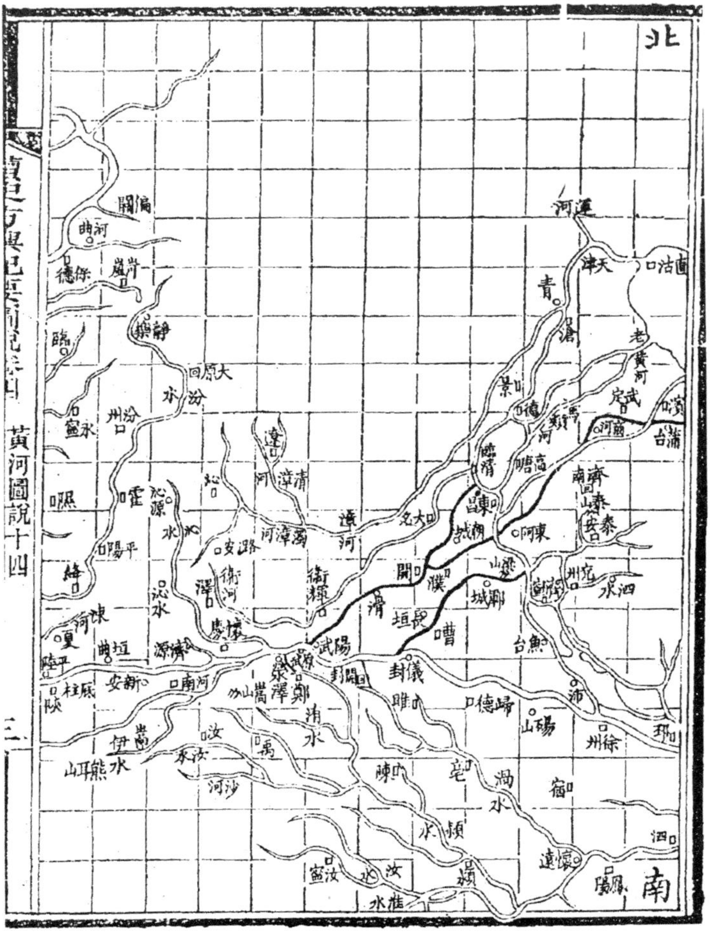

北
南
黃河圖說十四
運河
天津
滄
泰安
東阿
儀封
歸德
徐州
渦水
潁水
汝水
伊水
大原
汾水

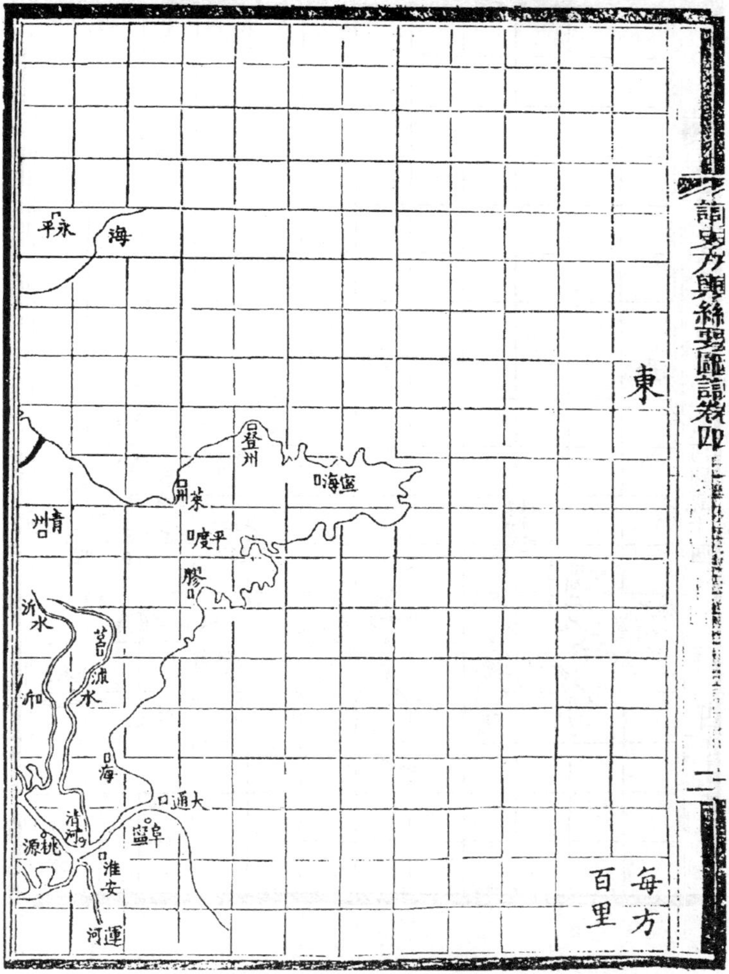
讀史方輿紀要圖說卷四
東
永平
海
登州
寧海
萊州
青州
平度
膠
沂水
莒
沭水
泇
海
大通口
清河
阜寧
桃源
淮安
運河
每方百里

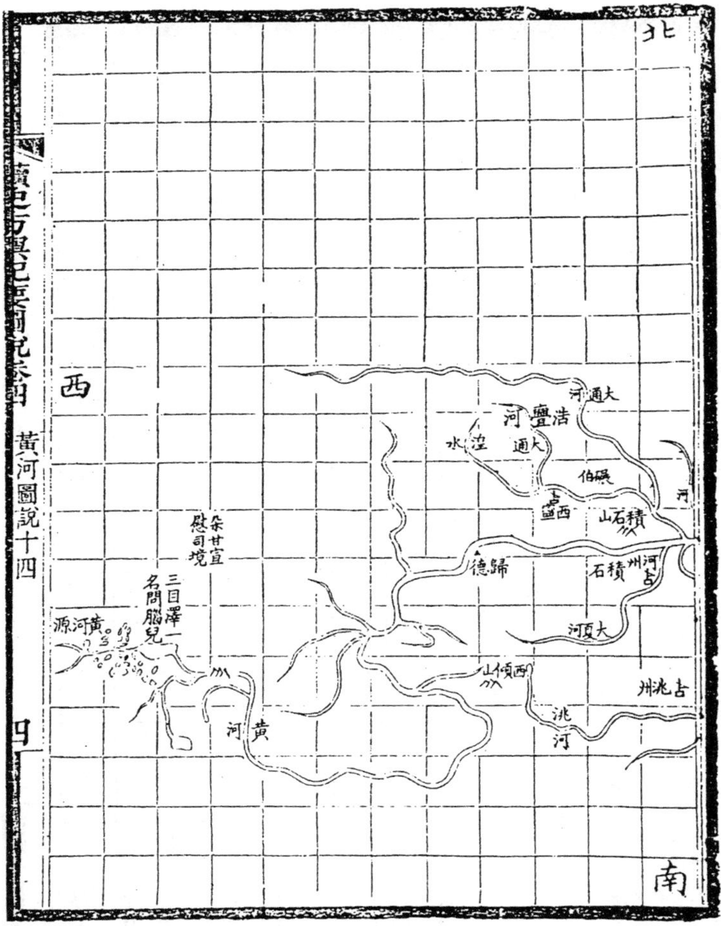
黃河圖說十四
北
西
南
大通河
浩亹河
大通
湟水
伯顏
西寧
積石山
河
古河州積石
歸德
大夏河
西傾山
古洮州
洮河
黃河
黃河源
朶甘宣慰司境

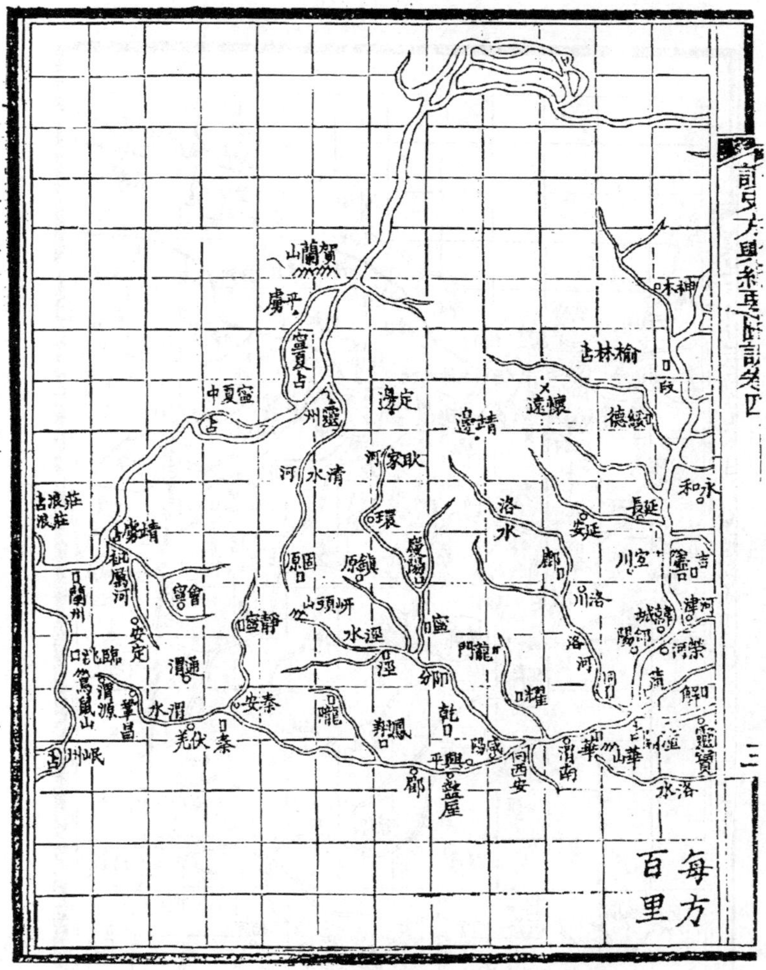
賀蘭山
平虜
寧夏
寧夏中
靈州
定邊
靖邊
懷遠
榆林
神木
綏德
永和
延長
延安
宜川
鄜
洛川
洛水
洛河
韓城
郃陽
河津
榮河
解
潼
靈寶
華山
渭南
西安
咸陽
興平
盩厔
鄠
鳳翔
乾
邠
涇
涇水
龍門
耀
隴
秦安
秦
伏羌
鞏昌
渭源
渭水
鳥鼠山
臨洮
岷州
蘭州
靖虜
莊浪
會寧
安定
通渭
靜寧
固原
鎮原
慶陽
環
耿家河
清水河
水洛
每方百里

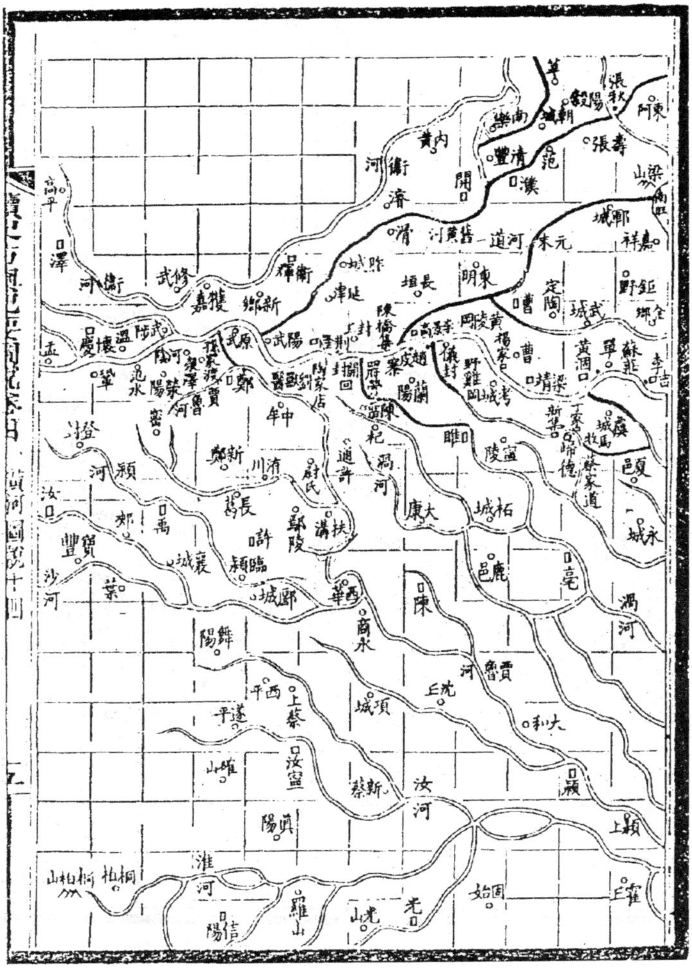
黄河圖説
衛輝
新鄉
獲嘉
修武
懷慶
溫
武陟
孟
濟
滑
開
清豐
内黄
濮
東明
長垣
曹
定陶
鉅野
嘉祥
鄆城
武城
封丘
延津
原武
陽武
陳橋
蘭陽
儀封
考城
中牟
鄭
新鄭
洧川
尉氏
許
扶溝
鄢陵
長葛
臨潁
郾城
襄城
禹
汝
寶豐
葉
舞陽
西平
上蔡
遂平
確山
汝寧
真陽
新蔡
汝河
項城
沈丘
陳
商水
西華
太康
杞
睢
寧陵
柘城
鹿邑
亳
永城
夏邑
歸德
虞城
太和
潁
潁上
霍丘
固始
光
光山
羅山
信陽
淮河
桐柏
桐柏山
渦河
沙河
潁河
賈魯河
通許

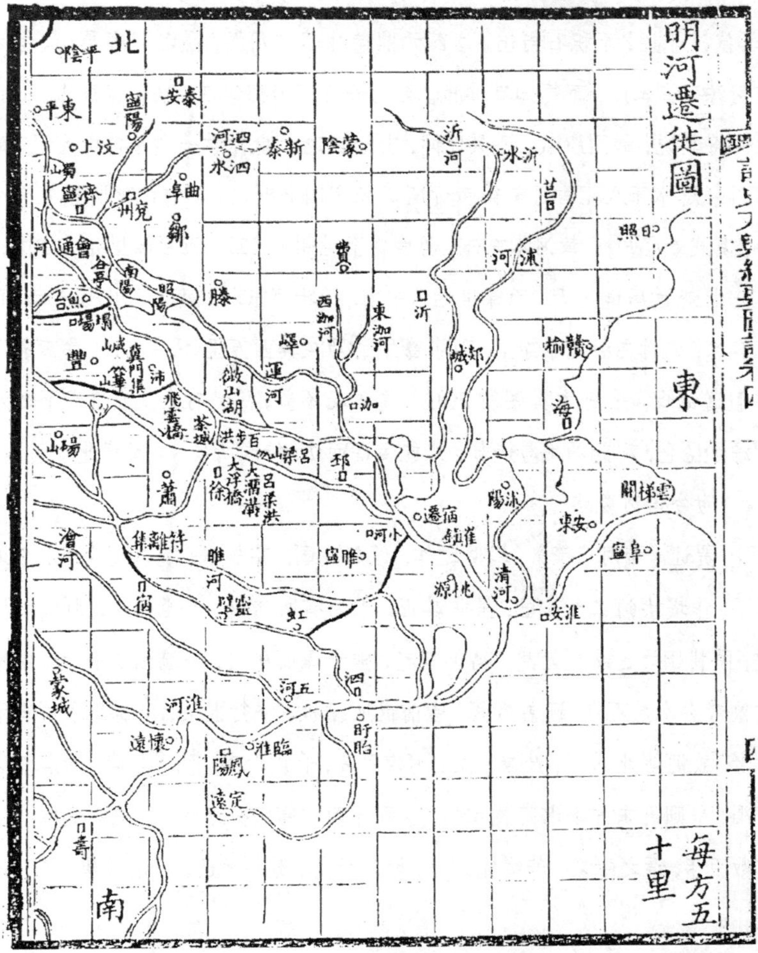
明河遷徙圖
北
東
南
每方五十里
平陰
東平
寧陽
泰安
汶上
泗河
泗水
新泰
蒙陰
沂河
沂水
莒
曲阜
兗州
濟寧
鄒
會通河
南陽
昭陽
魚臺
滕
費
沂
西泇河
東泇河
沭河
日照
贛榆
海
郯城
嶧
豐
沛
微山湖
運河
邳
百步洪
呂梁洪
徐
蕭
碭山
宿遷
沭陽
安東
雲梯關
睢寧
桃源
清河
淮安
阜寧
小河口
符離集
睢河
澮河
宿
靈璧
虹
泗
五河
淮河
盱眙
臨淮
鳳陽
定遠
懷遠
蒙城
壽

黄河源说

罗氏曰：汉使张骞持节西域访河源，以为河水发葱岭，趋于阗，汇盐泽，伏流千里，至积石再出。唐薛元鼎使吐蕃访河源，得之闷磨黎山。世之言河源率皆本此，而莫知其非也。至元命都实为招讨使，佩金符往求，四越月而得其说，如图所载，还具以闻，出授其说于翰林学士潘昂霄撰为记。而临川朱思本于八里吉思家得帝师所藏梵字图书释之，于潘昂霄所撰互有小异，俱载《元史》。黄河本东流，历西番至兰州北，四千五百馀里始入中国，又东北流过虏境凡千二百馀里始入中国，始转河东，又南至蒲州凡一千八百里有馀，通计屈曲九千馀里，而张骞所访乃在其西万里外，盖为吐番遮隔不得假道故也。朱思本舆图所记山水道里必不差，故特存之。或言天下之水皆源于昆仑，观此图足与辨哉。未能复诣而访，传闻所失，又奚啻此也。

古今治河要略

贾让《治河三策》：堤防之作，近起战国。齐与赵、魏以河为境，齐地卑下，作堤去河二十五里，虽非其正，水尚有所游荡，时至而去，则填淤肥美，民耕田之，或久无患，稍筑室宅，排水泽而居之，湛溺固其宜也。今堤防狭者去水数百步，远者数里，皆前世所排也。今行上策，徙冀州之民当水冲者，放河使北入海，此功一立，河定民安，千载无害，谓之上策。乃若多穿漕渠，旱则开东方下水门溉冀州，水则开西方高门分河流，为民兴利除害，支数百年，谓之中策。若缮完故堤，增卑培薄，劳费无已，数逢其害，最下策也。

欧阳修曰：河水泥沙无不淤之理。淤尝先下流淤高，水行壅，乃淤于上流低处，此势之常也。然避高就下，水之本性，故河已弃之道，其势难复，是决河非不能力塞，故道非不能力复，所复不久，终必决于上流也，由故道淤而水不能行也。知者之于事有所不能，必则权其利害之轻重，择其害之少者而为之而已。

元至正《河防记》：治水一也，有疏、有浚、有塞，三者异焉。酾河之流，因而导之，谓之疏。去河之淤，因而深之，谓之浚。抑河之暴，因而扼之，谓之塞。疏浚之别有四：曰生地有直有纡，因直而凿之；曰故道有卑有高，高者平之以趋卑，高卑相就，则高不壅，卑不潴，而虑夫壅生溃潴生湮也；曰河身者水虽流通，而身有广狭，狭者难于水溢，以计辟之，广难为岸，岸若善崩，故广者以计御之；曰减水河者，水放旷则以制其逸，水堕突则以制其怒。治堤一也，有创筑、修筑、补筑之名，有刺水堤，有截河堤，有护岸堤，有缕水堤，有石船堤。治扫一也，有岸埽、水埽，有龙尾、拦头等埽。其为埽台及牵制、薶掛之法，有用土、用石、用铁、用木、用草、用苇、用絙之方。塞河一也，有缺口，有豁口，有龙口。缺口者成川。豁口者旧常为水所豁，水退则口下于堤，水涨则溢出于口。龙口者，水之所会，自新河入故道之潨也。

宋濂曰：夫以数千里湍悍难治之河，而欲使一淮以疏其怒势，万万无此理也。分其半水使之北流以杀其势，河之患可平矣。譬如百人为队，则全力莫敢与争，若分为十则顿损，又分为十则全缺矣，要孰逾于此哉？或者曰兹论固然，然又当因势，否则宋人为河之患可鉴矣。

刘天和曰：河之患，至则冲决，退则淤填，而废坏闸座，冲广河身，阻隔原泉，害岂小哉？前此张秋之决，庙口之淤，渐河之役，今兹数百里之淤河，可鉴也已。议者有引狼兵以除内寇之喻，真名言也。先时宋司空礼、陈平江暄之经理，亦惟道汶建闸，不复引河。且于北岸筑堤捲扫，岁费亿计，防河北徙如寇盗。然百馀年来，纵遇旱涸，亦不过盘剥寄顿，及抵京稍迟耳，未始有壅塞不通之患也。惟汶泉之流，遇旱则微，汇水诸湖，以淤而狭，引河之议亦虑此，然国计所系当图万全，无已，吾宁引沁之为愈耳。盖劳费正艺而限以斗门，涝则纵之俾南入河，旱则约之俾东入运，易于节制之为万全也。若徐二洪而下必资河水之入而后深广，惟当时疏浚，慎防御，相高下逆顺之宜，酌缓急轻重之势，因所向而利导之耳。

海运图说第十五

按海运始于元，而朱清、张瑄者故海上亡命也，久为盗魁，出没险阻，若风与鬼，掠劫商人，甚苦之。至元二十一年伯颜建议海运，乃招二人授以金符千户，押运粮三万五千石，仍立海道万户府三，以清、瑄与罗壁为万户，辖千户所，领虎符金牌素银牌。船大者不过千石，小者三百石，自刘家港出扬子江，盘转黄连沙觜，月馀始至淮口，过胶州劳山，一路至延真，望北行转成山，西行到九皋岛、刘公岛、沙门岛，放莱州大洋，收界河西，月馀抵直沽，实为繁重。至元二十六年增粮八十万石，二月开洋，四月直沽交卸，五月还复运粮，至八月回，一岁两运。是时船小，人恐惧。至元二十七年朱万户请与李福四押运，自扬子江开洋，落潮东行，离长滩，至白水、绿水、黑水大洋北延真岛，转成山西行，入沙门，开莱州大洋，进界河，不过一月或半月至直沽，漕运利便，因加朱为浙江省参政，张为浙江盐运司都运，如斯者三十馀年。大德七年招两浙上户自造船，与脚价十一两五钱，分拨春夏二运。延祐以来，各造海船，大者八九千石，小者二千馀石，岁运三百六十万石，京师称便，迤南番贡亦通。盖自上海至直沽内杨村马头，凡万三千五百五十里，不出月馀可以达，省费不赀。若长乐港出福州经崇明以北，又自古未有之利也。洪武三十年犹仿其制，岁运七十万石以给辽东。至永乐间会通河成，始不复讲。议者恒有不复意外之虞，以为人生一日食不下咽，则死亡立至。会通河南北之咽也，访求古道，择才而任之，且重其权，抑亦可为先事之防。即使有如清与瑄者，亦且消其骁勇而诱以自效。又博采王献开胶莱河之说，因其垂成之功，督以画一之法，使表里兼资，参酌利害，以苏漕卒之困，而求无疆之利，忧世之君子，岂无是心哉？夫此皆成说也，若议之于将来，其为利便，固有不待智者而后知者。予欲有所俟焉，而不敢轻为之说也。

海运图占验

占天

朝看东南黑，势急午前雨，暮看西北黑，半夜看风雨。

早起天顶无云，风雨霎时辰，云起南山暗，风雨转时辰，西北黑云生，秋风掉背来，风息始静然，红云日没起。

占云

日出渐明，风静郁蒸热，风雨时辰见，日没黑云接，雷雨必有声，晓云东不虑，乱云天顶绞，晴天不可许。

暮看西边无穹，云雷必振烈，日出卯遇云，风雨不可说，势若鱼鳞，夜雨就过西，风雨来不少。

明日晴明，东风云过西，无雨必天阴，云布满山低，来朝风雨阵。

游丝天外飞，雨下不移时，云随风雨疾，连宵雨乱飞，云钩午后排，大飓连天恶，云过都暗了。

久晴便可期，东南卯没云，风雨霎时息，云从龙门起，风色属人猜，恶云半开闭，红云日出生。

清朝起海云，雨下巳时辰，迎雨对风行，飓风连急雨，夏云钩出内，大飓随风至，劝君莫外行。

占风

秋冬东南起，不必问天公，夏风连夜倾，初四还可惧，二月风雨多，傍船人难进，七月上旬来，有雨不相逢，秋冬西北风，不昼便晴明，望日二十三，出门还可记，端午汛头风，争秋莫开船。

春夏西北风，天光晴可喜，雨过东风至，飓风君可畏，初八及十三，二九君还记，八月上旬时。

夏来雨不从，长夏势轻风，晚来越天巨，七八必有风，十九二十一，西北风大犴，随潮不可移。

汛头风不长，舟船最可行，风雨潮相攻，汛头有风至，三月十八雨，回南必乱地。

汛后风雨毒，深秋风势动，飓将难避，春雪不二旬，四月十八至六月十三。

春夏东南风，风势浪未静，初三有飓君须记，风雨带潮来，彭祖连天忌。

占日

乌云即日，狂风即起，午前日晕，风色不犴，明日烘天，日光晴彩，明日狂风，雨即倾滴，申后日珥，午后日晕，飞沙走石，朝日烛地，日光早出，夜雨滂沱，早白暮赤，晴风必扬，久晴可待。

晴朗无妨，一珥单日，风势须防，日没暗红，细雨必止，晴明必久。

云下日光，明日有雨，午后日晕，飞沙走石，朝日烛地，日光早出，夜即大雨。

早间日珥，雨珥双起，晕开门起，无雨必风，暮光烛天，返照光黄。

占电

虹下雷雨，不明天变，晚雾即散，三日雾濛，电光西南来，无虑夏风电下来。

晴明可期，断虹早挂，晴天可求，必起狂风，明明炎炎，迟则危风，秋风对电起。

断虹晚见，有风不怕，雾收不起，白虹下降，电光西北乱明。

占虹

细雨不止，恶雾必散，雨下连宿，无风雨晴。

细雨必止，恶雾不散，雨下连宿，电光西北。

占雾

辰阙电飞，大飓可期，闪烁星光，星下狂风。

占海

蝼蛄放洋，大飓难当，满海荒浪，雨急风狂，大海无虑，至近无妨，金银徧海，风雨立待，海泛沙尘，大飓难禁，若近山岸，仔细寻思，乌鲭弄波，风雨必起，二日不来，三日难抵，水上鹅毛，风大难抛，东风可守，回来暂傲。

白虾弄波风便和。

占潮

月上潮长，月没潮涨，大汛潮光。小汛月上，水涨东北，东旋扰，西南水回，便是水落。北海之潮，终日滔滔。高丽潮来，一旦遭。莱州北洋水南北长落，北来自长，南退方见。扬子江内粮船之患，最怕船密，大风紧，急守旦守，船走难揽，纽定必凶，直至沙岸，走花路钉，鬼神惊散，要矴地，大洪泥硬，滩山一般，铁钉可障海泥泞，顺抛木矴。黑水洋深，接缴数寻，成山开处名罗鼓地，麻断棕毛篾缴，可抛成山万安泉。

海运图

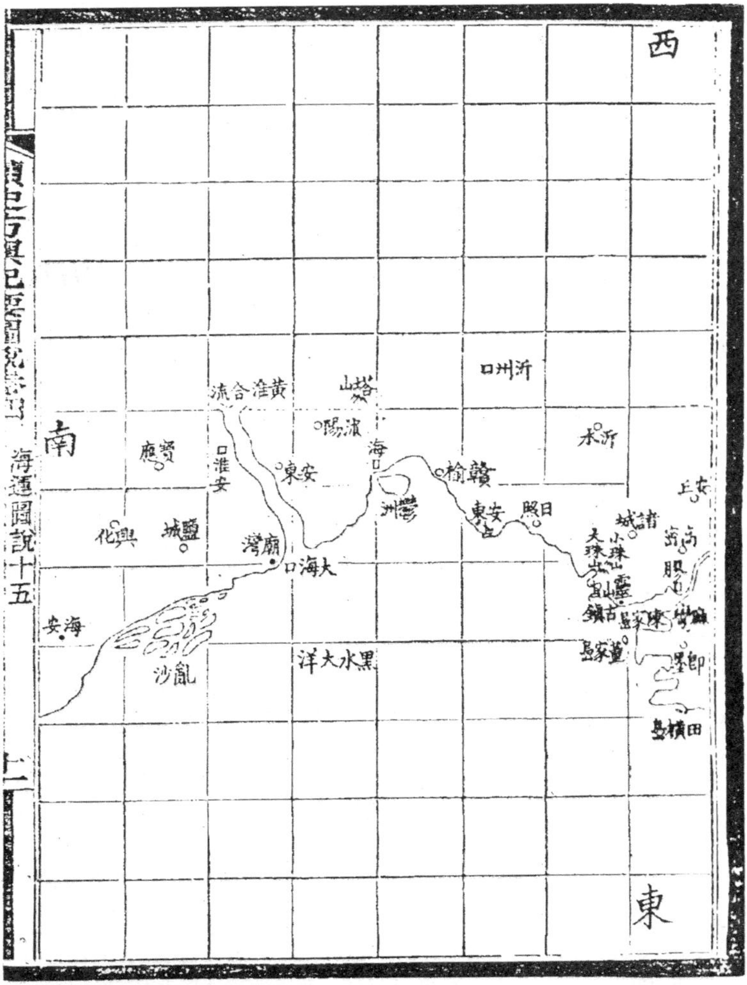
海運圖說十五
西
南
東
黃淮合流
沂州口
沂水
沭陽
安東
淮安口
寶應
鹽城
興化
廟灣
大海口
海安
亂沙
黑水大洋
贑榆
日照
諸城
安丘
高密
即墨
大珠山
小珠山
靈山
古鎮
董家島
田橫島

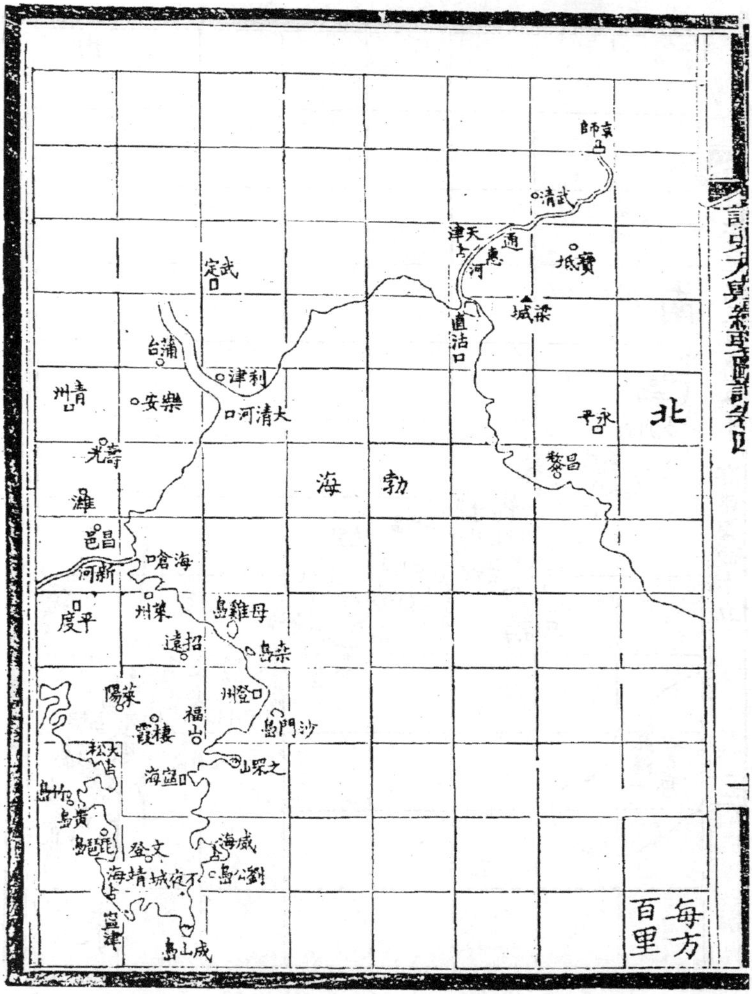
京師
武清
天津
通惠河
寶坻
梁城
直沽口
武定
蒲台
利津
青州
樂安
大清河
永平
北
昌黎
勃海
壽光
濰
昌邑
海倉
新河
母雞島
平度
萊州
招遠
桑島
登州
萊陽
福山
沙門島
棲霞
之罘山
寧海
黄島
文登
威海
劉公島
靖海
不夜城
成山島
每方百里

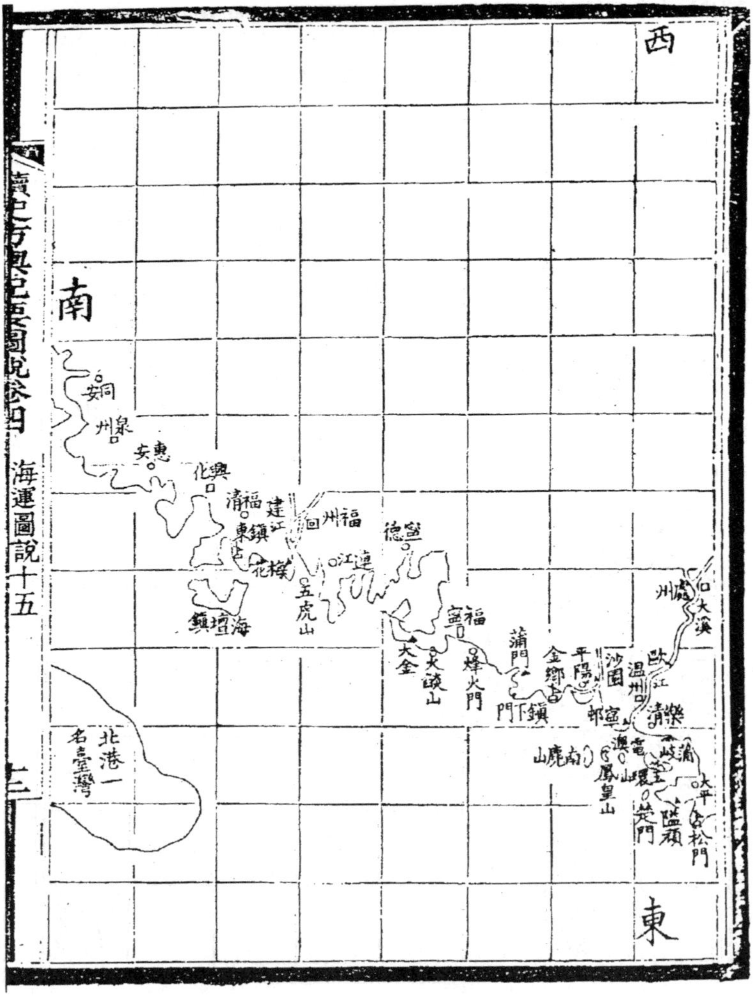
讀史方輿紀要圖說卷四
海運圖說十五
三
西
南
東
同安
泉州
惠安
興化
福清
鎮東
福州
連江
寧德
五虎山
海壇鎮
福寧
大金
烽火門
蒲門
鎮下門
金鄉
平陽
溫州
甌江
樂清
處州
大溪
南鹿山
鳳凰山
玉環
楚門
松門
太平
北港一名臺灣

北
大江
南京
鎮江
丹陽
溧陽
常州
無錫
如皋
杭州
錢塘江
海寧
嘉興
嘉善
海鹽
松江
嘉定
上海
太倉
劉家港
崇明
餘姚
慈溪
寧波
奉化
定海
舟山
黃公洋
蘇州洋
步洲洋
台州
黃岩
新河
每方百里

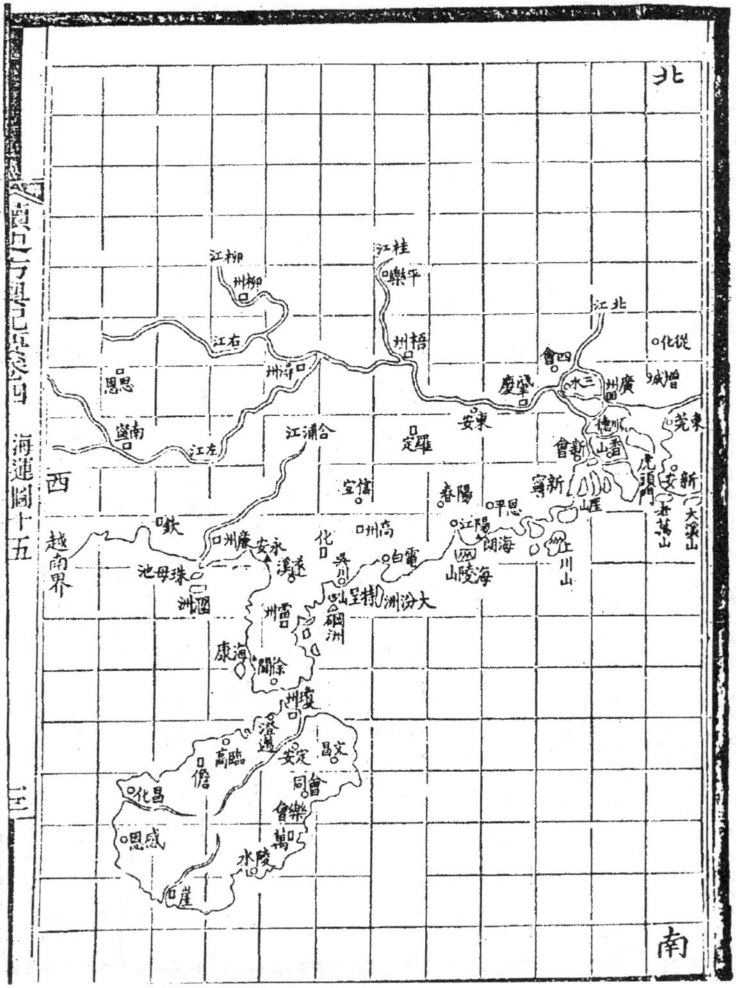
讀史方輿紀要
海運圖十五
北
南
西
柳江
柳州
桂江
平樂
梧州
北江
從化
四會
三水
廣州
增城
肇慶
東安
東莞
順德
香山
新會
新寧
新安
虎頭門
大奚山
老萬山
右江
潯州
思恩
南寧
左江
合浦江
羅定
信宜
陽春
恩平
陽江
高州
電白
吳川
化州
海朗
海陵山
上川山
欽州
越南界
廉州
永安
遂溪
珠母池
潿洲
特呈山
大汾洲
雷州
硇洲
海康
徐聞
瓊州
澄邁
臨高
儋州
定安
文昌
會同
樂會
萬州
陵水
昌化
感恩
崖州
三

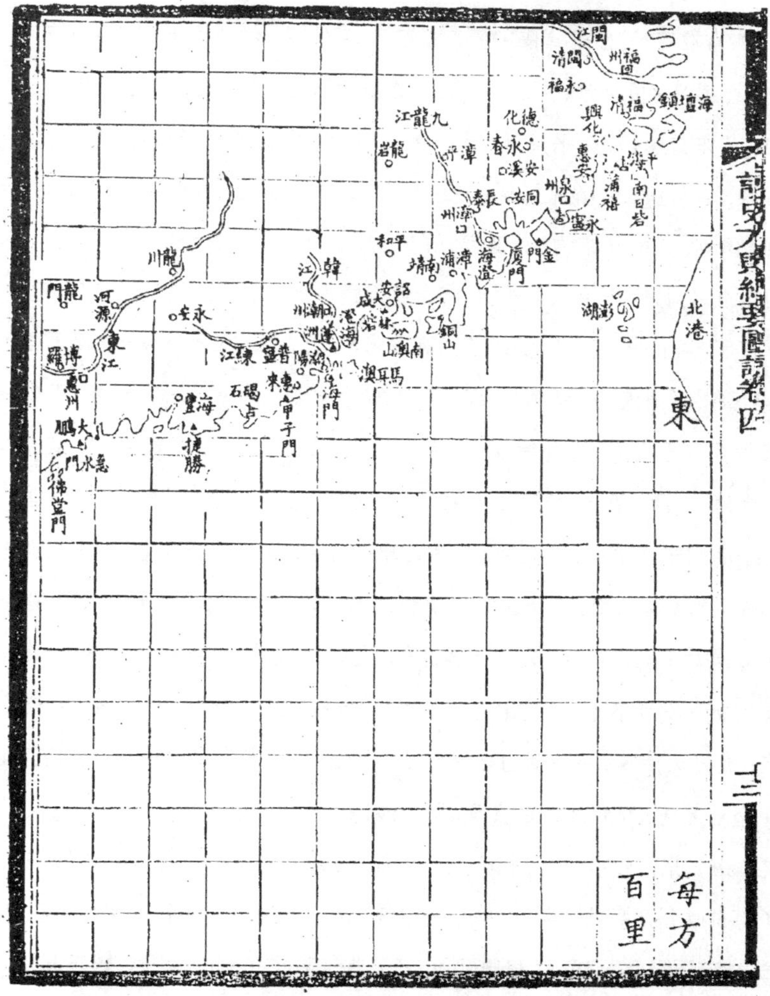
讀史方輿紀要圖說卷四
三
閩江
閩清
福州
永福
海壇鎮
福清
興化
德化
永春
安溪
同安
九龍江
龍岩
漳平
長泰
漳州
泉州
惠安
南日岩
永寧
金門
廈門
海澄
漳浦
南靖
平和
韓江
詔安
銅山
南澳山
澎湖
北港
東
潮州
澄海
揭陽
普寧
練江
海門
馬耳澳
甲子門
碣石
海豐
捷勝
永安
龍川
河源
龍門
東江
博羅
惠州
大鵬
急水門
佛堂門
每方百里

海运考详见川渎。

新河论附载

自淮河入河，北岸隔一里为支家河，可开通。经新沟至安东县有澳河、响水、三义，俱临淮，可通。东则有东涟河、朱家河、白家沟、七里河流入淮，又东有盐场河、平望河、界首河、白限河、牛洞河、车轴河流入海，俱宜筑塞。中有遏蛮河在淮、海之交，可置闸以杀水势。西则有沭阳水涸而为大湖、傅湖，又有杨家沟、西涟河、崔家沟、古闸河，皆为入涟河水道。自支家河至涟河海口计三百八十里。出海由海州赣榆至山东界，历安东卫、石臼所、夏河所、灵山卫、胶州、瞭头营至麻湾海口，计二百八十里。隔马家濠五里可以开通，经把浪庙、新河口、店口、杜陈村、小闸、戴高、刘家大闸、王朱杜家村至平度州，又经窝铺停口、大成昌渠、小闸、新河集、秦家庄、海仓口至大海口，计二百七十五里，大海口至直沽四百里，通计一千四百三十五里。而平度州东南本有南、北新河，水源出高密县，至胶州分二流，北河西北流至掖县海仓口入海，南河东南流至胶州麻湾口入海。元时曾浚此，谓以避迤东海道数千里之险者，近代所当讲矣。夫诚欲都燕，则海运安可不复，海运复则新河安可不开。海运由安东寻灵山，历陈家岛，傍岸而来，则触浮、劳之崄；放舟大海岸，夹延真自蓬头经成山、沙门，则苦万里之波涛。若新河由海仓至麻湾，相距才三百馀里，非如涉海数千里之阻也。下款三沙之洋，上接三山之渤，水势自然，非若引汶绝济，强决细流以蓄注也。莱守杨宾云：新河自胶州历昌邑、潍县，东北出界河，止八十里，内六十里海潮日至，其二十里淤塞，往时开坝，规制见成，至小直沽易易也。此河若成，天下利之，奈何吝此二十里之费，弃元人垂成之绩哉！丘学士云海舟不畏深而畏浅，不畏风而畏礁，其言又岂无据乎？

北海泊所

乾皮岭、杨林子、长滩、浇薄、苦房沟、通江沟、沙滩沟、打铁沟、摆渡口、南寨沟、朝花岛、快沽口、红草窠、黄林水、翦子河、青莲觜、那步、南北河、柳河、白河、红草沟、薤韭驼、官沟、梁房口。

漕运图说第十六

按漕运敝至今日，不可言，不忍言矣。然稽其地，亦未云善也。夫古今称转运者莫如刘晏，晏所运夫皆官雇，而雇佣钱皆盐利也。元人都燕，犹用深口滦之运，元初粮道自江入淮，由黄河至封丘县，中二旱站，陆运至濬县淇门，百八十里入御河。其后专恃海运。今设食粮之军，多兑以为费，民出正粮一石，加兑至五六斗，是以一石五六斗为一石也。然此官加旧例耳，若军在卫所，既支月粮，及出运又支行粮，一夫岁运不过三十石，通其所加兑及所支给者而计之，则浮于所运之数矣。盖费一石而后得一石也，而舟船费且不与焉，然此犹军之敝耳。又国家既以漕为重务，则不得不增设重臣，添置员役，乃当事者即借监视之名，巧为掊克之计。民竭其财以奉军，军竭其财，而盘剥之费，捐溺之苦，正额之不充，军人鬻产及孥以偿之。盖自运道以来，军民交痛，有由然矣。夫官雇不可复也，以盐利为运费亦可也。海运不可全恃也，近海之方，讲求其利而行之，费省而功倍，何不可也。诚欲除害而迁利，舍危而就安，国有成算存焉矣。

总督漕运都御史一，驻淮安，景泰二年设。理刑刑部主事一，驻淮安，天顺二年设。监仓户部主事四，淮安一，徐州一，临清一，德清一。管河工部良口中二，安平镇一，分理济宁以北；高邮州一，分理济宁以南。管河工部主事二，驻沽头闸一，驻济宁一。管泉工部主事一，驻宁阳。清河提举一，卫河提举一。临清。

惯运粮储兼镇守地方总兵二，协同漕运参将一，俱驻淮安。

运粮把总官一，指挥一百零二，千、百户七百七十七，镇抚六，旗军十二万一千七百十一，船一万二千一百四十八。运粮四百万八千九百八十八石九斗九升二合。

漕运图

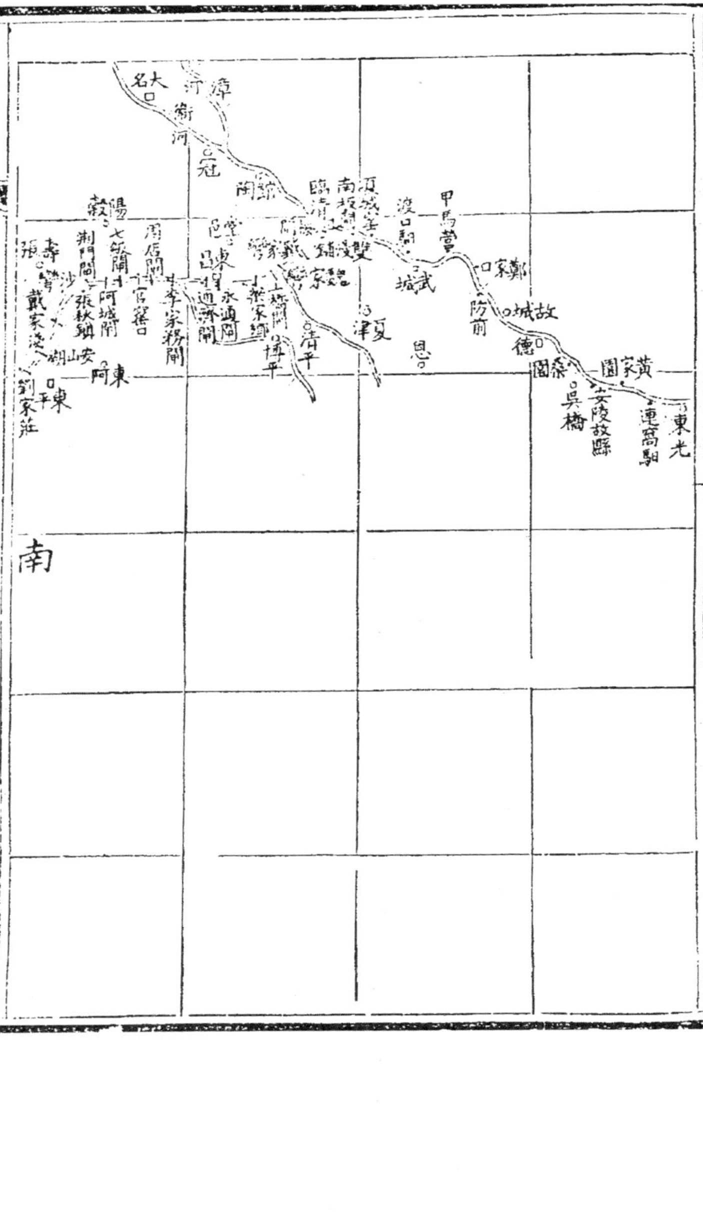

讀史方輿紀要　漕運圖說十六

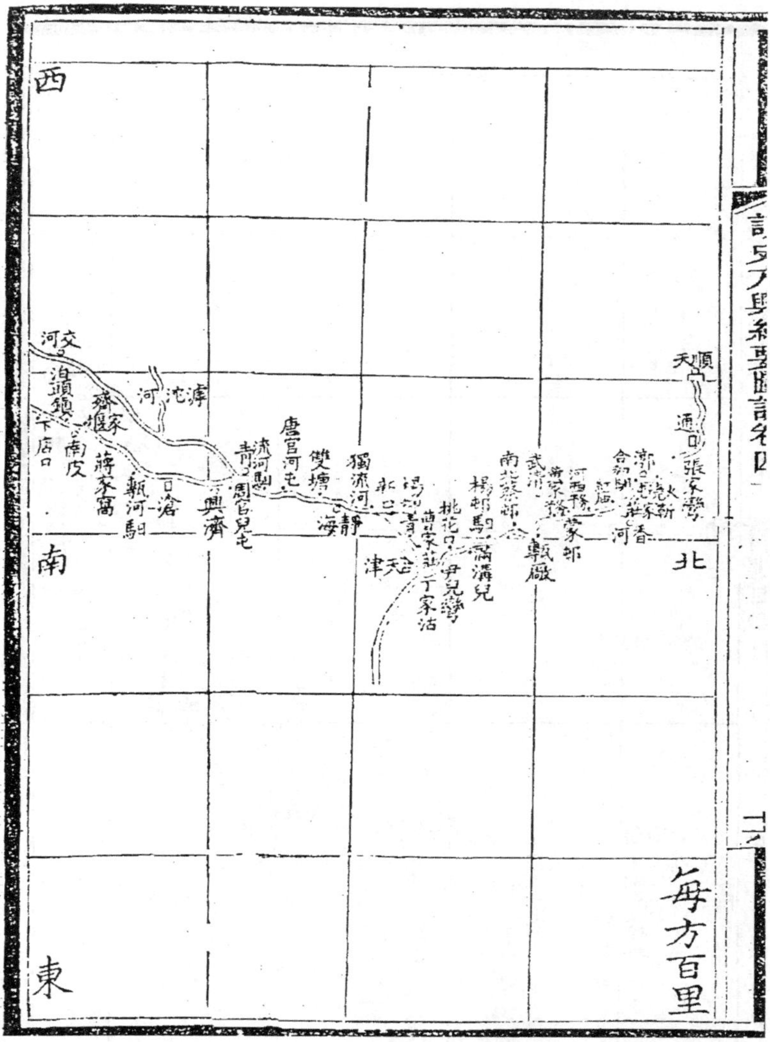
西
南
東
北
每方百里
順天
張家灣
香河
河西務
楊村驛
天津
靜海
唐官屯
雙塘
獨流河
桃花口
尹兒灣
丁家沽
興濟
南皮
泊頭鎮
交河
滹沱河
磚河驛
薛家窩

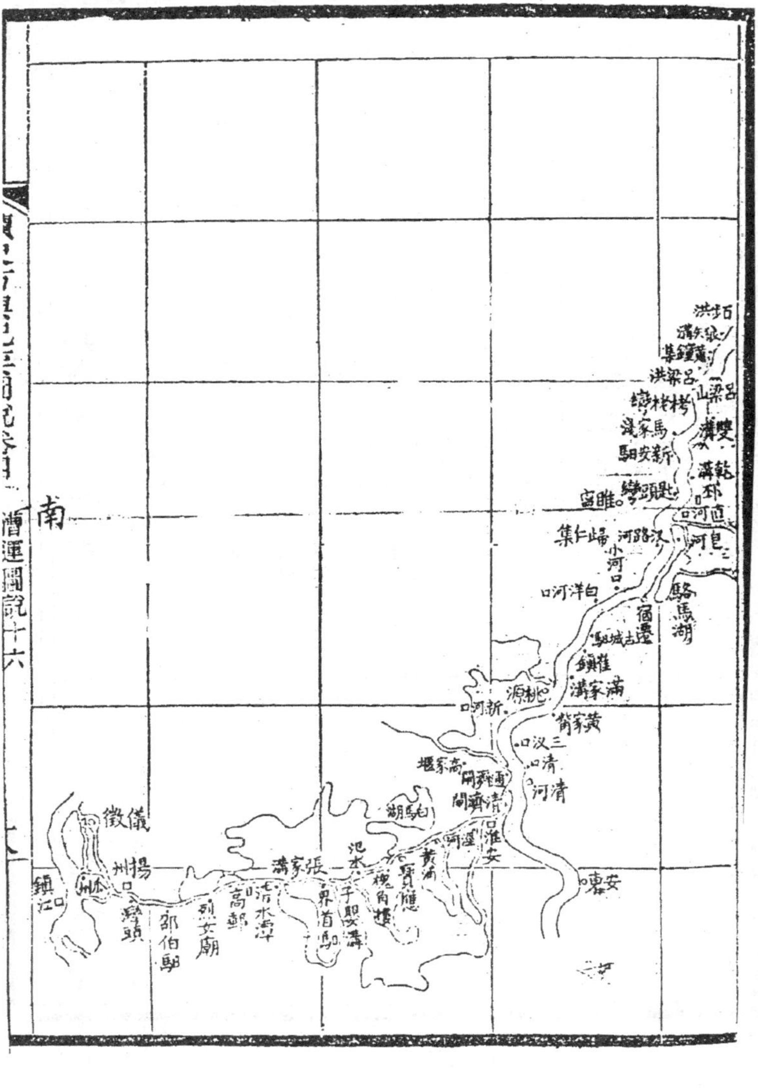
漕運圖說十六
南
儀徵
揚州
鎮江口
邵伯驛
烈女廟
高郵
張家溝
白馬湖
淮安
清河
安東
桃源
駱馬湖
白洋河口
小河口
直河口
皂河
新安驛
呂梁洪

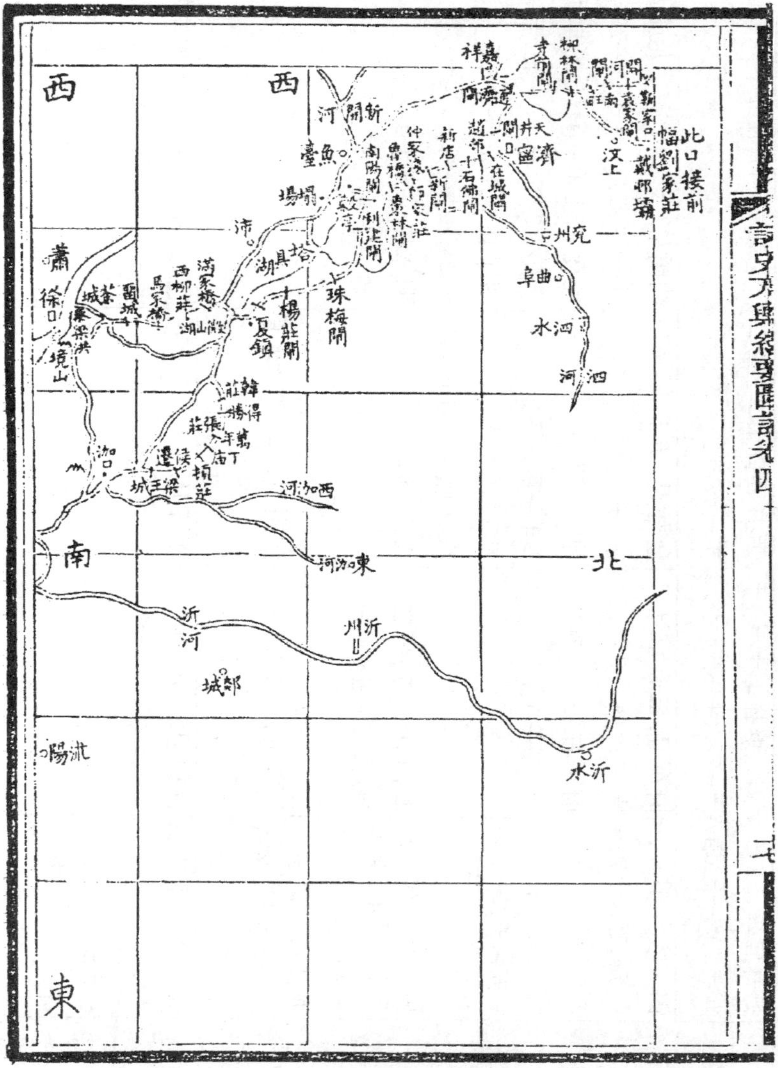
西
西
南
北
東
濟寧
汶上
兗州
曲阜
泗水
泗河
魚臺
沛
珠梅閘
夏鎮
西泇河
東泇河
沂河
沂州
郯城
沂水
讀史方輿紀要圖說卷四
七

南京总二，其一	把总官二，卫三十四，指挥二十五，千、百户百四十二，清江厂造船一千七百五十九，运粮五十五万一千八百八十一石六斗一升六合，旗军一万八千。				
	锦衣卫，一万四百六十九石三斗八升。 骁骑右，一万一千二十二石零二升。 留守左，五千八百九十四石七斗八升。 龙江右，四万五千六百五十二石八斗七升。	府军卫，五千九百九十一石一斗六升。 府军右，三千一百三十一石一斗。 鹰扬卫，一万一千四百八十二石五斗四升。 广洋卫，三万六千一百九十七石六斗五升。	金吾卫，五千三十石一斗二升。 神策卫，四千一百四十四石七斗七升。 镇南卫，一万四千四百八石九斗。 江阴卫，二万四千四百石。	豹韬左，六万二千三百八十六石四斗六升。 虎贲左，七千一百八十四石二斗六升。 留守中，四千九百一十二石三斗一升。 羽林右。一万九百一十二石三斗一升。	龙虎卫，一万五千二百五十一石。
其一	旗手卫，六千八百一十五石八斗四升。	武德卫，一万一千二十二石零升。	横海卫，一万四千三百一十五石四斗五升。	留守右，一万一千二百一石八斗六升。	府军左，五千九百八十二石八斗九升。

	金吾前，四千五百七十四石五斗九升八合。	府军后，四千五百四十三石八斗九升。	沈阳卫，三千四百二十五石四斗五升。	豹韬卫，一万一千八百八十一石六斗七升。	
	虎贲右，一万八千一百一十四石一斗七升。	应天卫，七千石五升六合。	水军右，二万三千六百七十一石二斗四升。	水军左，五万一千九百四十七石六斗八升。	
	龙虎左，四万四下八十石二斗七升。	羽林卫，二千七百一石七斗七升。	兴武卫，一万一千八百八十一石二斗四升。	龙江左。三万一千九百三十石八斗。	
湖广总，	把总一，卫所十三，指挥十一，千百户八十七，旗军一万七百零四，武昌厂造船一千十二，运粮三十万六百九十五石三斗八升。				
	武昌卫，三万六千四百二十一石三斗一升。	武昌左，三万四千三百三十四石八斗二升。	蕲州卫，四万三千八百八十六石二斗五升。	黄州卫，三万一千九百三十石八斗。	德安所，二万二千三百四十二石三斗。
	沔阳卫，三万三千三百二十一石二斗一升。	岳州卫，一万九千二百八十九石四斗五升。	荆州卫，三万三千八百八十六石一斗五升。	荆州左，三万二千三百八十石七斗五升。	

	荆州右，三万三千七百六十三石三斗四升。	襄阳卫，二万二千五百九十六石六斗七升。	承天卫，二万六百九十三石一斗四升。	显陵卫。	
江西总。	把总一，卫所十一，指挥四，千百户五十八，旗军九千七百九十四，九江厂造船六十六，运粮三十万六百□石□斗□升□合。				
	南昌前，二万七千九百四十七石六斗。	袁州卫，七万八千六十石二斗二升。	赣州卫，二万六百九十三石。	吉安所，三万四千二百九十四石一斗三升。	
	安福所，一万七千七百五十八石九斗二升。	永新所，一万六千九百七十八石二斗。	建州所，一万七千二百八十五石二斗二升。	抚州所，二万三千三百二石八斗。	
	广信所，一万六千九百四十七石五斗。	铅山所，一万九千五百二十六石四斗七升。	饶州所。一万四千三百一石七升。		
浙江总，	把总一，卫所十三，指挥八，千户四十，百户七十九，镇抚四，旗军二万一千六百，苏州造船二千三十九，运粮二千六万七千五百九十八石六斗三升二合。				

	杭州前，六万八千四百六十五石四斗六升。 台州卫，八万八千七百五十九石四斗八升。 金华所，七万三千八百三十九石一升。	杭州右，七万四千六百五石八斗六升。 温州卫，八万九千九百五十六石四斗。 衢州所，一万五千九百六十五石四斗。	绍兴卫，八万五千四百四石五斗四升。 处州卫，六万二千三百三十九石一斗。 严州所，三万八百五十五石五斗一升。	宁波卫，九万五千三百二十九石七斗一升。 海宁卫，一万五千四百七十三石八斗。 湖州所。一万九千六百四十九石二斗八升。	海宁所，一万四千二十八石六斗八升。
中都总，	把总一，卫所十二，指挥九，镇抚二，千百户八十三，旗军八千七百十六，清江厂造船八百八十七，运粮二十六万七千五百九十八石六斗三升三合。				
	凤阳卫，二万九千六百五十八石二斗三升。 留守中，二万七千七百二十三石九斗。	凤阳中，三万八千七石九斗六升。 怀远卫，二万八千六百四十石七斗五升。	凤阳右，三万一千三百六石零四升。 长淮卫，四万七千二百八十一石八斗。	留守左，三万四千三百五十五石五斗。 宿州卫，一千七百四十五石七斗。	

	武平卫，一万四千二百四十五石七斗二升。	颍州卫，六千一百四十石四斗。	颍上卫，一千五百三十五石五斗。	洪塘所。六千四十八石二斗九升。	
江北总二，其一	把总一，卫所十八，指挥十五，千百户百七十六，旗丁二万六千七，清江厂造船二千六百八十七，运粮八十八万九千七百七十四石一斗零二合。				
	淮安卫，六万八千三百十一石九斗五升。	大河卫，十一万三千七百九十石二斗九升。	邳州卫，四万八千六十四石二斗三升。	徐州卫，七万七千百四十六石二斗三升。	
	徐州左，四万一千六百三十石九斗一升。	寿州卫，四万五千九百六十石八斗九升。	泗州卫，九万三千三百六十四石七斗八升。	归德卫。二万三千五百七十九石一斗三升。	
	扬州卫，四万七千四百三石八斗八升。	通州所，一万七千三百七十七石二斗三升。	泰州卫，一万四千八百九十石四斗七升。	盐城所，一万四千二百七十六石四斗三升。	庐州卫，五万二千四百五十六石五斗五升。
其一	高邮卫，四万四千八百五十五石六斗二升。	兴化所，一万二千四百九十五石七斗一升。	仪真卫，三万三千七百二十二石二斗。	滁州所，二万二千七百五十石一斗八升。	六安卫。二万九千百六十六石九斗。

江南总二，上江	把总一，卫所十，千百户九十九，旗军一万五千三百八十九，安庆厂造船千四百二十三，运粮四十七万二千七百四十三石零七升。				
	建阳卫，四万一千四百四十七石七斗。 九江卫，六万三百六十一石一斗三升。	宣州卫，一万五千七百八十石八斗三升。 水军左，旧遮洋二万五百七十石九斗七升。	新安卫，三万五千三百七石三斗。 龙江左，旧遮洋一万七千九百九十九石六斗。	安庆卫，五万五千六百一石三斗二升。 龙江右，旧遮洋万三千百四十二石三斗。	广洋卫，旧遮洋二万五百六十石九斗。 江阴卫。旧遮洋二万七千九百九十九石六斗。
下江	把总一，卫所九，指挥七，千百户十九，旗丁一千七百六十四，清江厂造船七百七十七，运粮五万四千三百二十九石六斗六升。				
	镇江卫，七万三千六百二十二石二斗九升。	苏州卫，五万九千七十石六斗四升。	太仓卫，四万六千九百七十四石六斗。	镇海卫，五万六千六百七十五石八斗九升。	横海卫，旧遮洋万四千五百七十七石六斗。

	松江卫，一万五千三百五十石。	嘉兴所，一万一千二百八十石八斗。	水军右，旧遮洋万七千百四十二石四斗。	应天卫。旧遮洋万二百八十五石四斗。	
山东总，	把总一，卫所七，千百户四十七，旗丁二千七百六十五，□□厂造船千□百□，运粮二十四万八千四百二石零三升。				
	临清卫，七万九千五百七十八石五斗八升。 兖州卫，一万八千四百二十一石三斗。	平山卫，三万一千八百七十石二斗七升。 东平卫，八千五百三十五石一斗五升。	东昌卫，二万三千百七十二石一斗一升。 濮州卫。七千八百九石一斗。	济宁卫，六万八千九百五十六石六斗九升。	
遮洋总，	把总一，指挥十二，卫十六，千百户四十五，旗丁六千二百，清江厂造船五百二十五，运粮二十四万石。				
	通州左，旧北直四千四十九石。	通州右，旧北直三千四十三石。	神武卫，旧北直三千四百五十九石。	定边卫，旧北直三千六百十三石。	

	天津卫，旧北直四千四百五十八石。 德州左，旧北直万四千五百零三石。 大河卫，四万七千一百四十一石八斗二升。	天津左，旧北直三千七十二石。 徐州左，旧江北万二千八百九十四石八斗。 高邮卫，三万一千四百二十八石一斗。	天津右，旧北直三千零十三石。 泗州卫，旧江北一万四千六百八十四石四斗。 扬州卫，三万零八百五十六石四斗八升。	德州卫，旧北直一万四千五百二十三石。 淮安卫，二万七千四百二十七石九斗六升。 长安卫。二万八百五十六石四斗六升。	
岁运	洪武三十年，海运粮七十万石于辽东。				
	永乐六年，海运粮六十五万一千六百二十石于北京，卫河儹运粮四十五万二千七百七十六石于北京。				
	十二年，接运海运粮四十一万四千八百于通州。				
	宣德八年，儹运粮五百万馀石。通仓收二分，京仓收一分。				

	十六年，会通河儹运粮淮安等处常盈等仓四百六十四万六千五百三十石于北京。
	正统二年，儹运粮四百二十三万五千石。
	景泰二年，儹运粮二百九十三万九千五百石，支十二万六千二十石三斗，兑二百八十二万三千四百八十石。
	七年，儹运粮四百二十三万五千石。
	天顺四年，儹运粮四百万石。
	成化八年，儹运粮四百三十五万石，支七十二万一千八百石。
	弘治二年，儹运粮四百万石，兑运粮三百三十万石，支运粮七十万石。
	正德六年，儹运粮四百万石，兑运粮三百三十万石，改兑六十三万三千石，支运仓粮六千七十石。
	嘉靖元年。儹运粮五百万石，兑运粮三百三十万石，改兑粮六十三万九千四百石，支运仓粮七万六百石。

朝鲜图说第十七

朝鲜本箕子所封，秦属辽东外徼。汉初为燕人卫满据其地。武帝定朝鲜，为真番、临屯、乐浪、玄菟四郡，昭帝并为乐浪、玄菟二郡。汉末为公孙度所据，传至公孙渊，魏灭之。晋永嘉末陷入高丽。高丽本扶馀别种，其王高琏居平壤城，即乐浪郡地。唐征高丽，拔平壤，置平乐都护府。其国东连鸭渌江，东南千馀里。五代唐时王建代高氏，辟地益广，并古新罗、百济而为一，迁都松岳，以平壤为西京。其后子孙朝贡宋、辽、金，历四百馀年，未始易姓。元至元中西京内属，置东宁路总管府，画慈悲岭为界。洪武初其主王容表贺即位，封为高丽国王。后李旦代有其国，遣使请改国号，赐曰朝鲜。其国分为八道，中曰京畿；东曰江源，本濊貊地；西曰黄海，本马韩地；南曰全罗，本弁韩地；东南曰庆尚，乃辰韩地；西南曰忠清，皆古马韩城；东北曰咸镜，本高句丽地；西北曰安平，本朝鲜故地；分统郡府州县。其忠清、庆尚、全罗三道，地广物众，州县雄巨，最为富庶，俗尚诗书，人才之出，比诸道倍多。平安、咸镜二道，境接靺鞨，俗尚弓马，兵卒精强。东西南邻海，北邻女真，西北抵鸭渌江，东西二千里，南北四千里。

朝鲜图

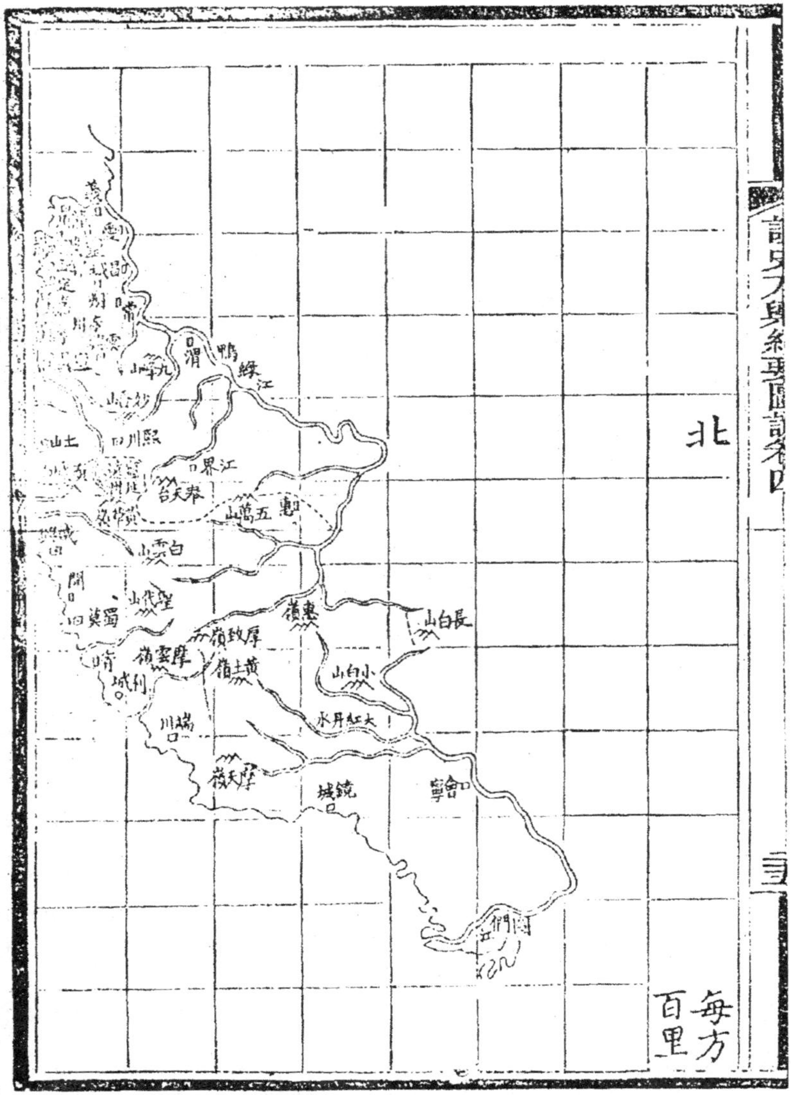
北
鴨綠江
江界
長白山
小白山
白雲山
五萬山
黃土嶺
摩雲嶺
摩天嶺
厚致嶺
大紅丹水
端川
鏡城
會寧
每方百里

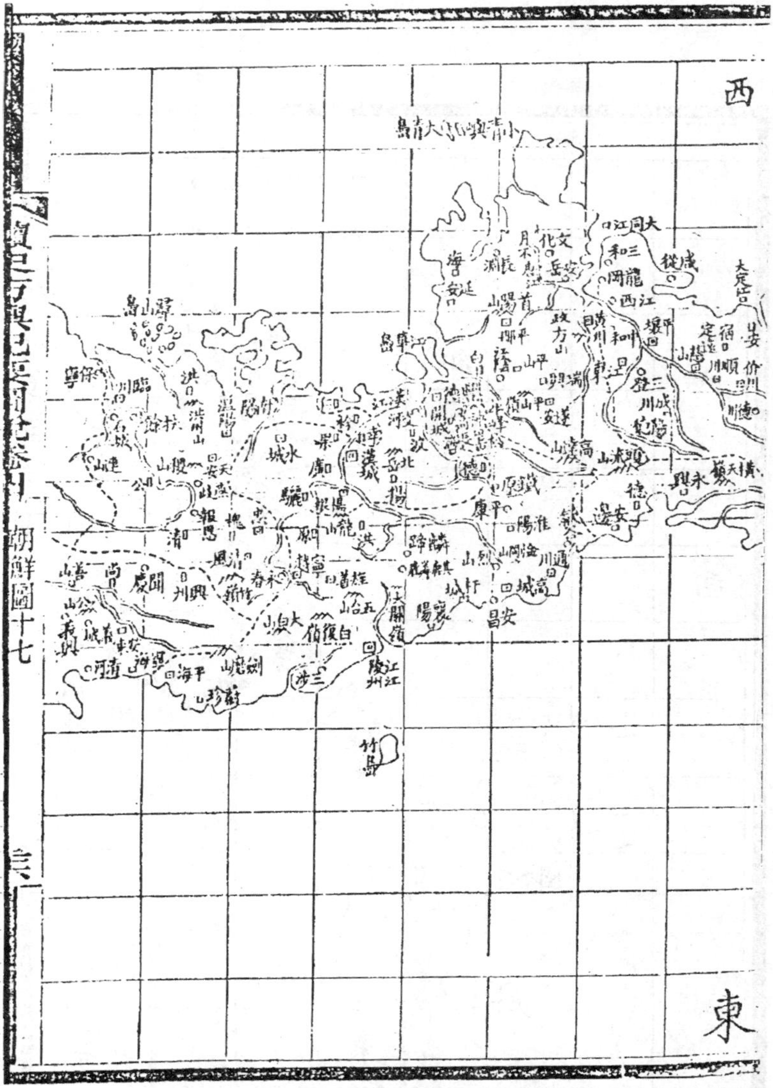
西
東
朝鮮圖十七

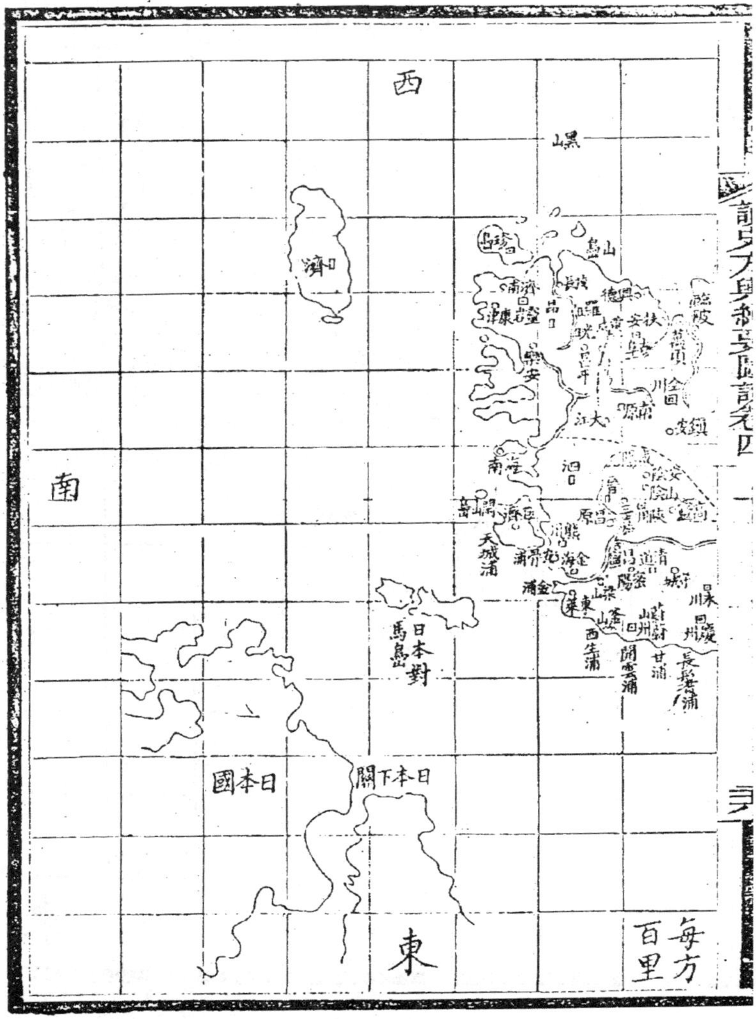
西
南
東
每方百里
日本國
日本下關
日本對馬島

道，	郡，	府，	州，	县。
京畿，	杨根，丰德，水城。	汉城，开城，长湍。	扬州，广州，润州，骊州，果州，谷州，坡州。	交河，三登，土山。
江原，	忤城，平海，通川，宁越，松岳，旌善，高城。	江陵，淮阳，三陟，襄阳，铁原。	原州，江州，槐州，冥州。	平康，安昌，烈山，麒麟，酒泉，丹城，蹄麟，蔚珍，瑞和，歙谷。
黄海，	遂安，延安，平邮。	平山，瑞兴，承天。	黄州，白州，海州，爱州，仁州。	安岳，三和，龙冈，咸从，江西，牛峰，文化，长渊。
全罗，	灵岩，古阜，珍岛。	全州，南原。	罗州，济州，光州，昂州。	万顷，茂长，镇安，扶安，全渠，康津，兴德，黄成，乐安，昌平，济南，会宁，大江，临波，古皋，南阳，富顺，扶宁，麻仁，绪城，海南，神云，移安。
庆尚，	蔚山，咸阳，熊川，陕川，永川，梁山，清道。	金海，善山，宁海，密阳，安东，昌原。	庆州，泗州，尚州，晋州，蔚州。	东莱，清河，义城，义兴，闻庆，巨济，昌宁，三嘉，安阴，山阴，高灵，守城。

忠清，	清风，温阳，天安，临川。		忠州，清州，公州，矜州，靖州，幸州，兴州，礼州，洪州。	永春，报恩，连山，扶馀，石城，燕岐，保宁。
咸镜，	端川，蜀莫，宁远。	咸兴，镜城，会宁，永兴，安边。	延州，德州，开州，惠州，苏州，合州，燕州，隋州。	利城。
平安。	嘉山，价川，郭山，云兴，熙川，宣川，江东，慈山，龙川，顺川，博川。	平壤，成川，定远，昌城，合兰，广利，见仁，宁边，江界。	安州，定州，平州，义州，钢州，铁州，灵州，朔州，抚州，宿州，渭州，买州，青州，昇州，常州，银州。	土山，德川，阳德，江东，中和，泰川。

安南图说第十八

安南古南交地，秦属象郡。汉置交趾、九真、日南三郡。交趾治羸陵，后汉徙治龙编。吴增置九德、武平、新昌郡，刘宋增置宋平郡，自梁及唐皆置都督府。五季时土豪曲成美始据其地，后杨氏、吴氏相继为长帅，宋初复为丁氏所据。宋平岭表，丁琏内附，封为交趾国王，后黎桓、李公蕴、陈日煚转相篡立，元季叛服不常，宪宗封为安南国王。永乐初黎季犛篡陈氏而自立，四年讨平之，建交趾布政司，领府十七，州五，属府州四十二，县一百五十七。宣德二年黎利复叛，遣兵讨之。利惧，奉表乞立陈氏后，许之，罢郡县，已而利复篡立。嘉靖六年，其参督莫登庸乘黎之乱，弑黎譓自立，僭国号曰大越，改元明德。子方瀛嗣，改元大正，且侵内地。十八年遣兵讨之，因其请罪乞降，命方瀛为安南都统使，嗣是擅专如故。今按：入交趾凡三道，详载于后。

安南图

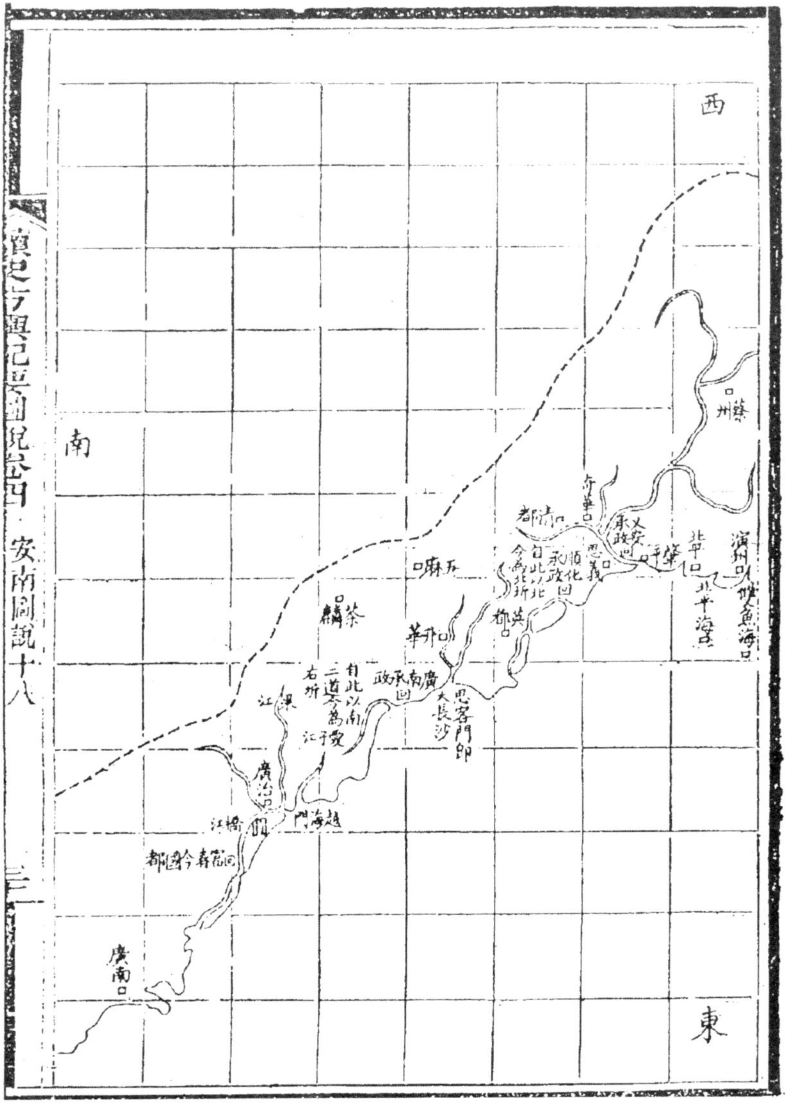
西
南
東
安南圖說十八
蔡州
廣南

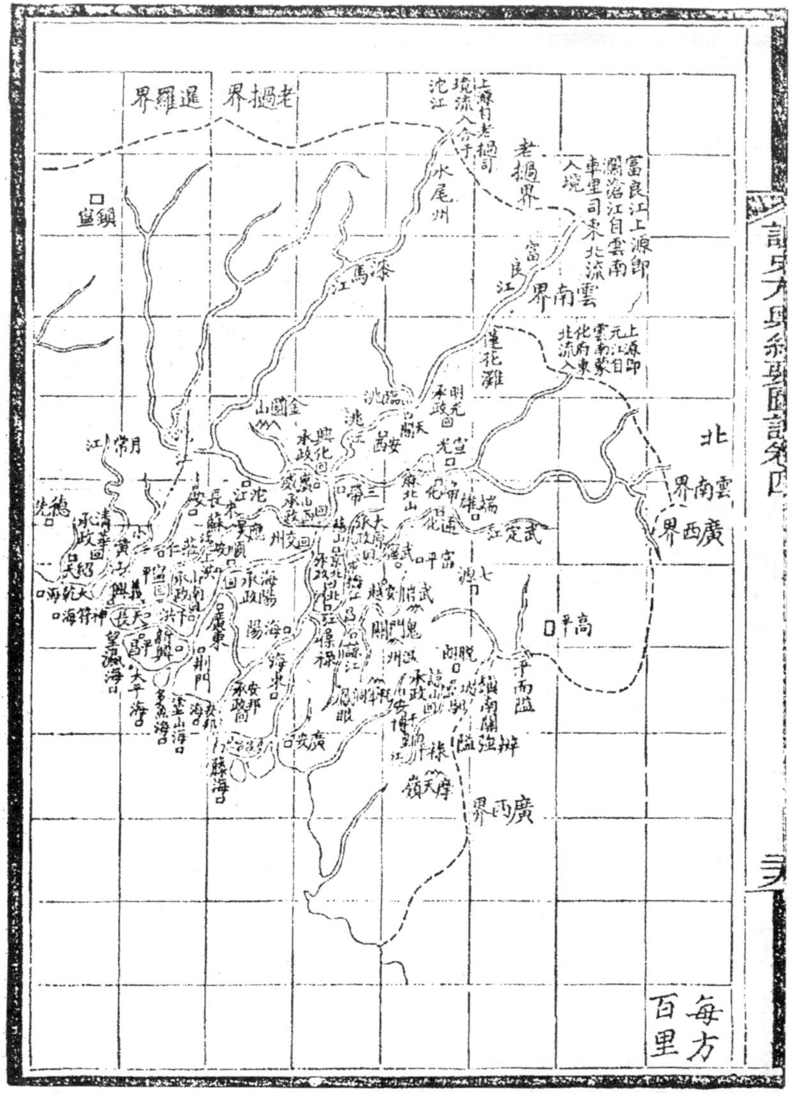

老撾界
暹羅界
上源自老撾司境流入合于沱江
老撾界
富良江上源即瀾滄江自雲南車里司東北流入境
水尾州
漆馬江
富良江
雲南界
上源即元江自雲南蒙化府東北流入
蓮花灘
北
雲南界
廣西界
武定江
高平
廣西界
摩天嶺
每方百里

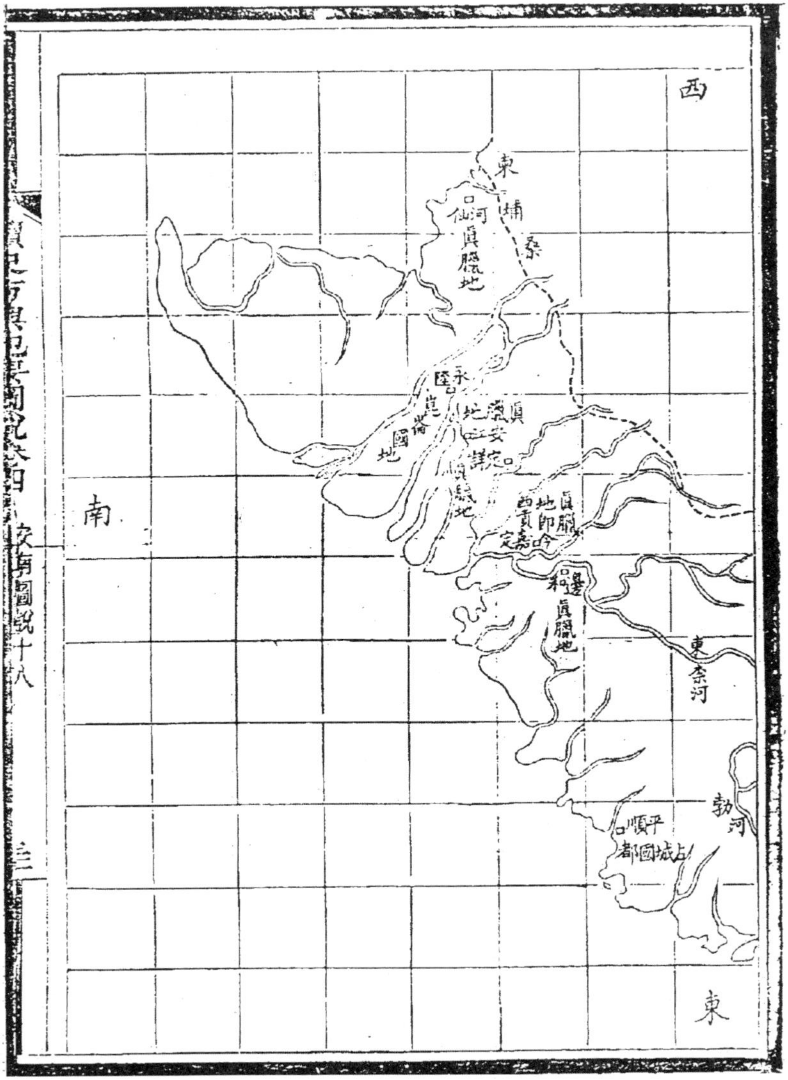
西
南
東
東埔寨
仙河口
眞臘地
永隆
崑崙國地
眞臘地
邊和口
眞臘地
東奈河
平順
占城國都口
勃河

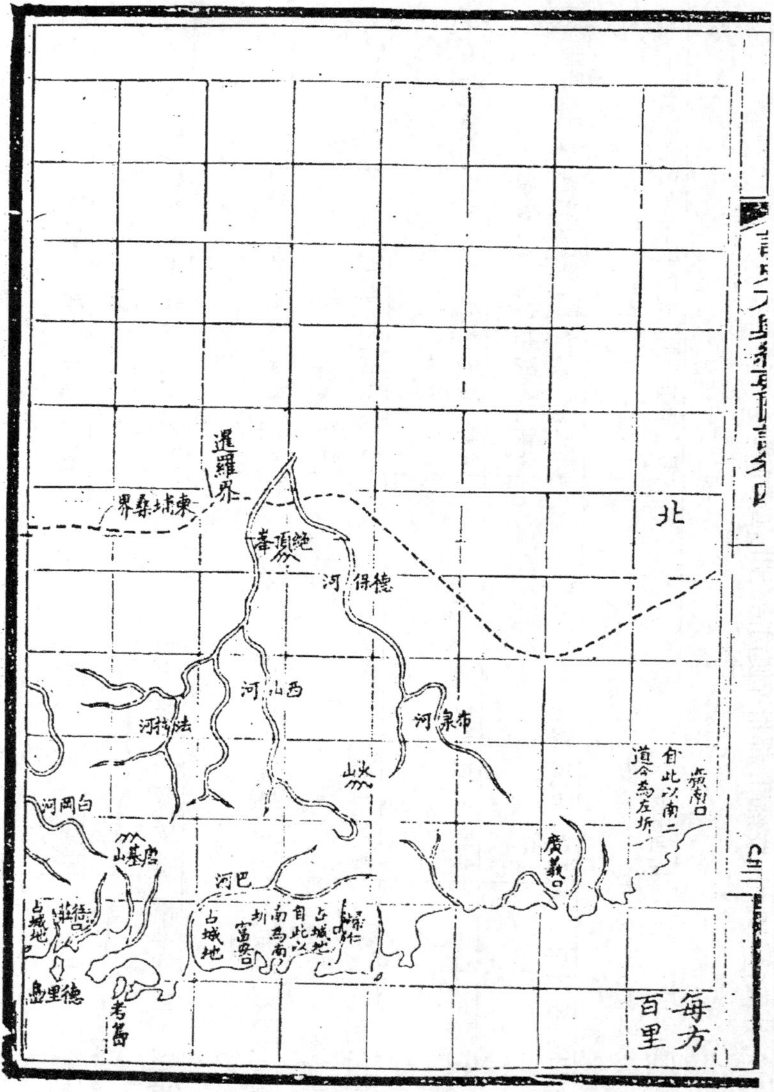
暹羅界
東埔寨界
絶頂峯
德保河
西山河
布泉河
北
白岡河
巴河
占城地
廣義口
自此以南二道今為左圻
每方百里
德里島

交趾等处承宣布政司，按察司，都指挥使司治交州。宣德前置。		
府十七	州四十七	县一百五十七，又卫十一，所三，市舶司一。
交州，领州五，县十三。	慈廉，福安，威蛮，利仁，三带。	东关，石室，英蕾，清潭，清威，应平，平陆，利仁，安朗，安乐，扶宁，立石，慈廉。
北江，州三，县七。	嘉林，武宁，北江。	嘉林，超类，细江，善才，东岸，慈山，善誓。
谅江，州二，县十。	谅江，上洪。	清远，那岸，平河，凤山，陆那，安宁，保禄，古陇，唐安，多锦。
谅山，州七，县五。	上文，下文，七源，万崖，广源，上思，下思。	丘温，镇夷，渊县，丹巴，脱县。
新安，州四，县十三。	东湖，靖安，南策，下洪。	至灵，峡山，古费，安老，水棠，支封，新安，安和，同利，万宁，云屯，四岐，清沔。
建昌，州一，县六。	快州。	建昌，布县，真利，东结，芙蓉，永涸。

镇蛮，县四。		廷河，太平，古兰，多翼。
奉化，县四。		美禄，西真，胶水，顺为。
建平，州一，县六	长安。	懿安，大懿，安本，望瀛，安宁，黎平。
三江，州三，县五。	洮江，宣江，沱江。	麻溪，夏华，清波，西兰，古农。
宣化，县九。		旷县，当道，文安，平原，底江，收物，太蛮，杨县，乙县。
太原，县十一。		富良，司农，武礼，洞喜，永通，宣化，弄石，大慈，安定，感化，太原。
清化，州四，县十一。	九真，爱州，清化，蔡州。	安定，永宁，古藤，梁江，东山，古雷，农贡，宋江，俄乐，磊江，安乐。
乂安，州四，县十三。	驩州，南靖，茶笼，王麻。	卫仪，友罗，丕禄，士油，偈江，真福，古社，土黄，东岸，石塘，奇罗，盘石，河华。

新平，州二，县三。	政平，南灵。	衙仪，福康，左平。
顺化，州二，县十一。	顺州，化州。	利调，石兰，巴闽，安仁，茶偈，利蓬，乍令，思蓉，蒲苔，蒲浪，士荣。
升华。州四，县十一。	升州，华州，思州，义州。	黎江，都和，安备，万安，具熙，礼悌，持羊，白乌，义纯，鹅杯，溪锦。
	广威，县二。	麻龙，美良。
	宣化，县三。	赤土，车来，瑰县。
	嘉兴，县三。	笼县，蒙县，四忙。
	归化，县四。	安立，文盘，文振，水尾。
	演州。县三。	琼林，茶清，美菑。美菑一作美莒。

安南伪制，即交州为东都，僭设五府、五部、六寺、御史台、通政司、五十六卫、四城兵马等衙门。附郭府三，曰奉天、广德、永昌。其西都今为清化承政。古斋，莫登庸故乡，无城郭，以铁芳木作排栅三层为外卫，登庸所自居也。外分道十三，设承政司、宪察司、总兵使司。

十三承政司：

安邦承政司，即交州地。领府一，曰海东。

海阳承政司，即新安地。领府一，曰海阳。

山南承政司，即谅江、建昌、奉化、镇蛮、建平地。领府十一，曰上洪、下洪、天长、广东、应天、荆门、新兴、长安、莅仁、平昌、义兴。

京北承政司，即北江、谅江地。领府四，曰北河、慈山、谅江、顺安。

山西承政司，即交州、三江、嘉兴、归化地。领府六，曰归化、三带、端雄、安西、临洮、沱江。

谅山承政司，即谅山地。领府一，曰谅山。

太原承政司，即太原地。领府三，曰太原、富平、通化。

明光承政司，即宣化地。领府一，曰宣化。

兴化承政司，即广威州地。领府三，曰兴化、广威、天关。

清化承政司，即清化地。领府四，曰绍天、镇宁、蔡州、河中。

乂安承政司，即乂安、演州地。领府八，曰乂安、肇平、思乂、奇华、德先、演州、北平、清都。

顺化承政司，即顺化、升华地。领府三，曰顺化、英都、昇华。

广南承政司，即乂安地。领府三，曰广南、茶麟、五麻。

入交道三：一由广西，一由广东，一由云南。由广东则用水军，伏波以来皆行之。广西道宋行之，云南道元及明朝始开。广西道亦分为三：从凭祥州入者由州南关隘一日至交之文渊州坡垒驿，复经脱朗州北，一日至谅山，又一日至温州之北，险径半日至鬼门关，又一日经温州之南新丽村，经二十江，一日至保禄县，半日渡昌江，又一日至安越县南市桥江下流北岸。一道由思明府入，过摩天岭，一日至思陵州，过辨强隘，一日至禄平州，州西有路，一日半至谅山府，若从东南行，过车里江，永乐中黎季犛堰之以拒王师，后侦知堰处，乃决之以济师，一日半至安博州，又一日过秏军峒，山路险恶，又一日至凤眼县，又分二道：一日至保禄县，亦渡昌江；一道入谅江府，一日至安越县南市桥江北岸，各与前道会。其自龙州入者，一日至平而隘，又一日至七源州，二日至文兰州平茄社，又分为二道：一道由文兰州，一日经古陇县北，山径出鬼门关，平地四十里，渡昌江上流，经古陇之南，沿江南岸而下，一日至世安县，平地至安勇县，又一日至安越县中市桥江北岸；一道从平茄社西，一日半经武崖州，山径二日至司农县，平地又一日半亦进至安越县北市桥江上流北岸。市桥江在安越境中，昌江之南，诸路总会之处，皆可济师，一日至慈山府，又至东岸、嘉林等县，渡富良江以入交州。云南亦有二道：由蒙自县经莲花滩入交州之石陇关，下程兰洞，循洮江右岸，四日至水尾洲，八日至文盘州，五日至镇安县，五日至夏华县，又三日至清波县，又三日至临洮府；洮水即当富良上流，其北为宣光江，南为沱江，所谓三江也；临洮二日至山围县，二日至兴化府，即古多邦城，自兴化一日至白鹤神庙三岐江，四日至白鹤县，渡富良江。其一道自蒙自县河阳隘循洮江左岸，十日至平源州，五日至福安县，又一日至宣江府，二日至端雄府，又五日至白鹤三岐江，然皆山径，攲侧难行，其循洮江右岸入者，势平夷，乃大道也。若广东廉州自乌雷山发舟，北风顺，一二日可抵交之海东府。若沿海岸以行，则乌雷山一日至永安州，自白龙尾二日至玉山门，又一日至万宁州，万宁一日至庙山，庙山一日至屯山巡司，又二日至海东府，海东府二日经熟社，有石堤，陈氏所筑以御元兵者，又一日至白藤海口，过天寮司南至安阳海口，又南至涂山海口，又南至多鱼海口，各有支港以入交州。自白藤而入，则经水棠、东潮二县至海阳府，复经至灵县过黄径、平滩等江。其自安阳海口而入，则经安阳县至荆门府，亦至黄径等江，由南策、上洪之北境以入。其自涂山而入，则取古斋，又取宜阳县，经安老县之北至平河县，经南策、上洪之南境以入。其自多鱼海口而入，则由安老、新明二县至四岐，溯洪江，至快州，经咸子关以入。多鱼海口南为太平海口，其路由太平、新兴二府，亦经快州、咸子关口，由富良江以入。此海道之大略也。交州之东有海阳、荆门、南策、上洪、下洪、顺安等境，去海颇远，各有支港穿达，迤逦数百里，大舟不能入，故交人多平底浅舟以入海港云。

沙漠海夷图上

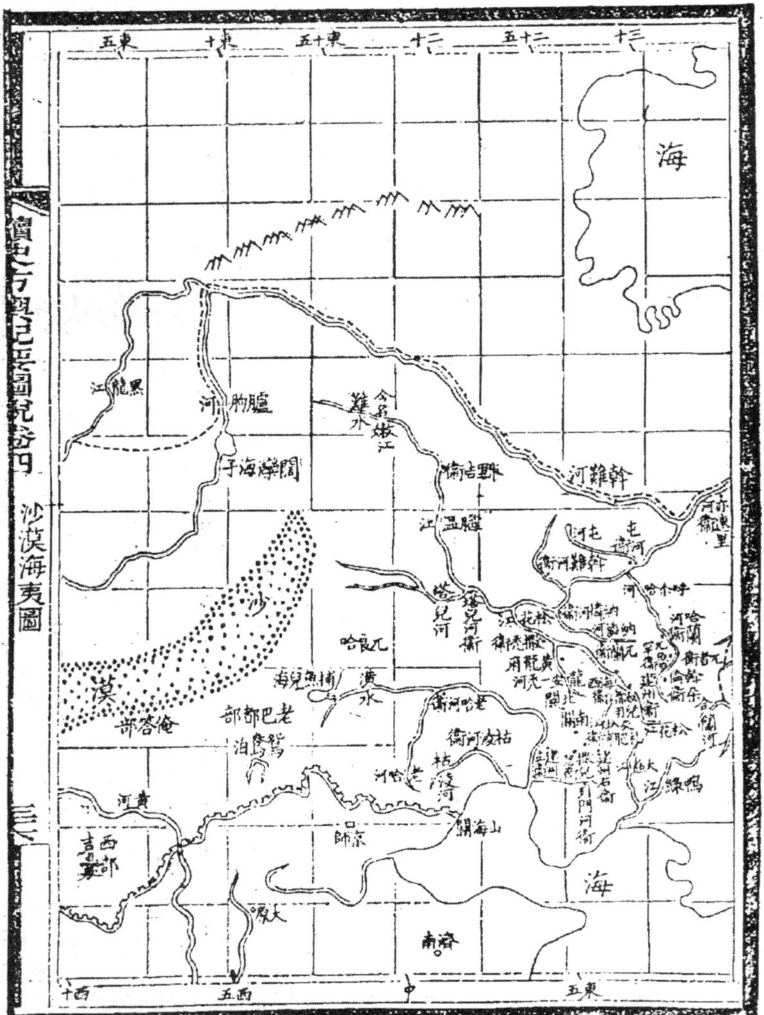
讀史方輿紀要圖說卷四
沙漠海夷圖
三
東五
東十
東十五
二十
二十五
三十
海
黑龍江
臚朐河
闊灤海子
嫩江
一名難水
斡難河
腦溫江
沙
漠
哈良兀
捕魚兒海
潢水
老巴都部
俺答部
鴛鴦泊
老哈河
黃河
京師
山海關
海
鴨綠江
松花江
西十
西五
中
東五

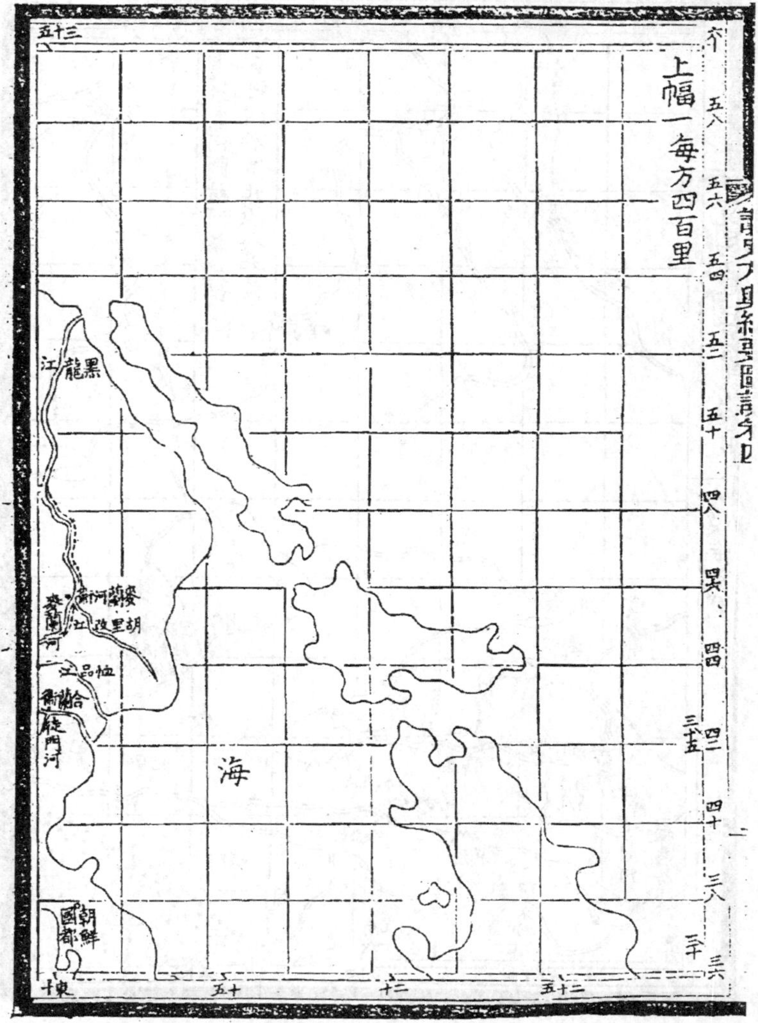
上幅一每方四百里
黑龍江
胡里改江
恤品江
徒門河
海
朝鮮國都

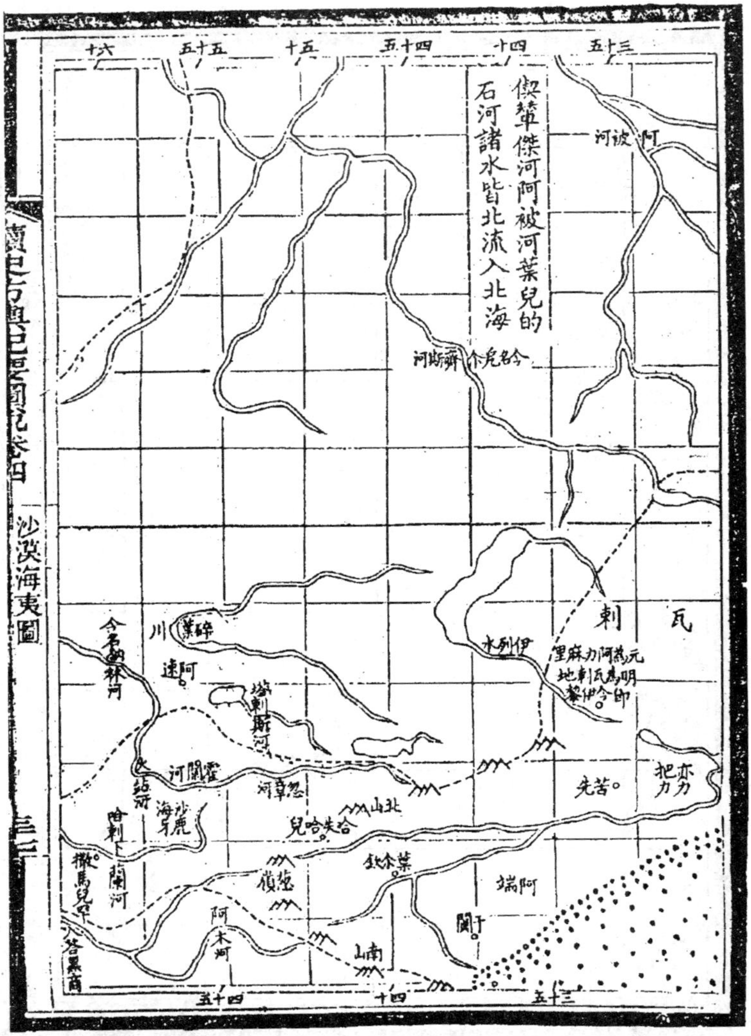
沙漠海東圖
傑河阿被河葉兒的石河諸水皆北流入北海
十六
五十五
十五
五十四
十四
五十三
阿被河
伊列水
瓦
刺
元為阿力麻里地明為瓦刺伊黎
苦先
亦力把力
阿速
忽章河
北山
蔥嶺
阿木河
南山
阿端
沙鹿海牙
撒馬兒罕
答黑商

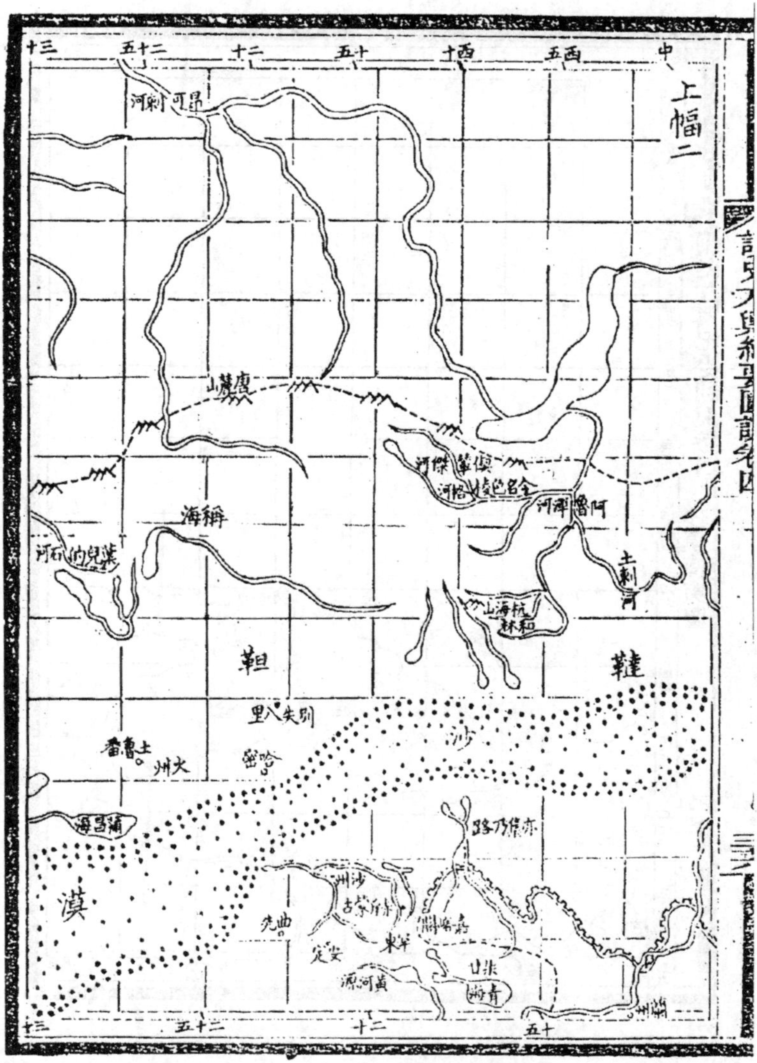

上幅二
昂可剌河
稱海
阿魯渾河
土剌河
杭海山
和林
韃
靼
別失八里
沙
哈密
火州
土魯番
蒲昌海
漠
亦集乃路
沙州
曲先
安定
黃河源
青海

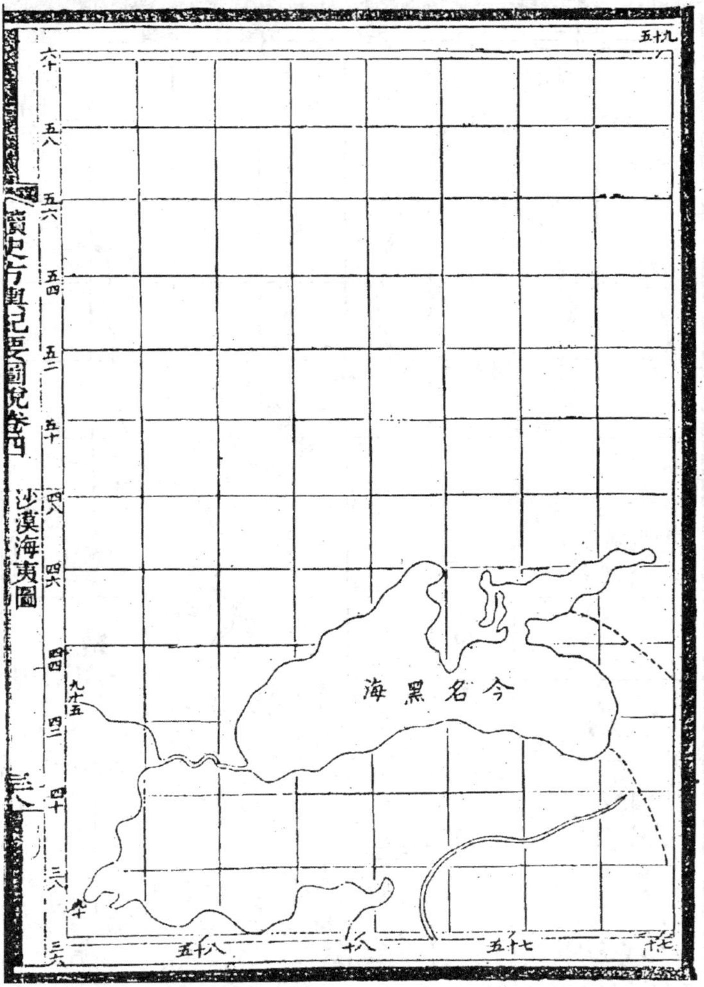
讀史方輿紀要圖說卷四
沙漠海夷圖
三八
今名黑海
六十
五八
五六
五四
五二
五十
四八
四六
四四
四二
四十
三八
三六
五十九
五十八
五十七

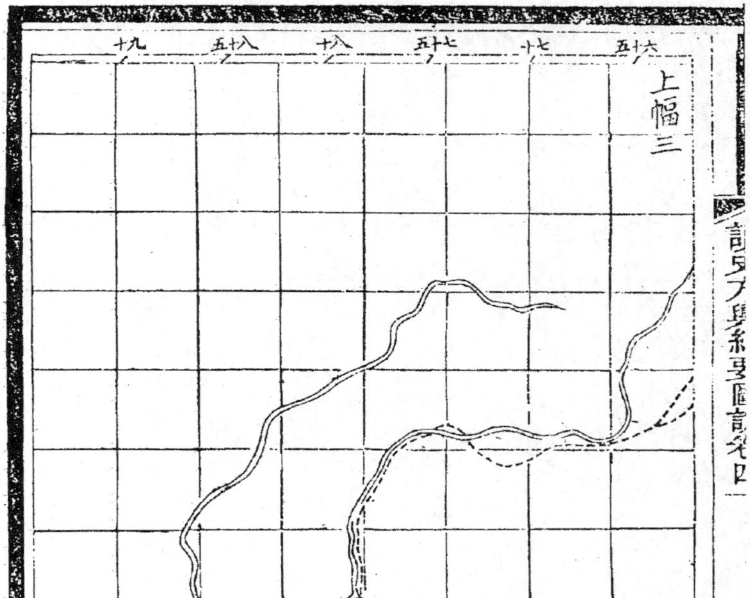

十九
五十八
十八
五十七
十七
五十六
上幅三
寬田吉斯海
今名裏海
雷翥海今名鹹海
阿沐河
阿母河
五十六
十六
五十五
十五

沙漠海夷图中

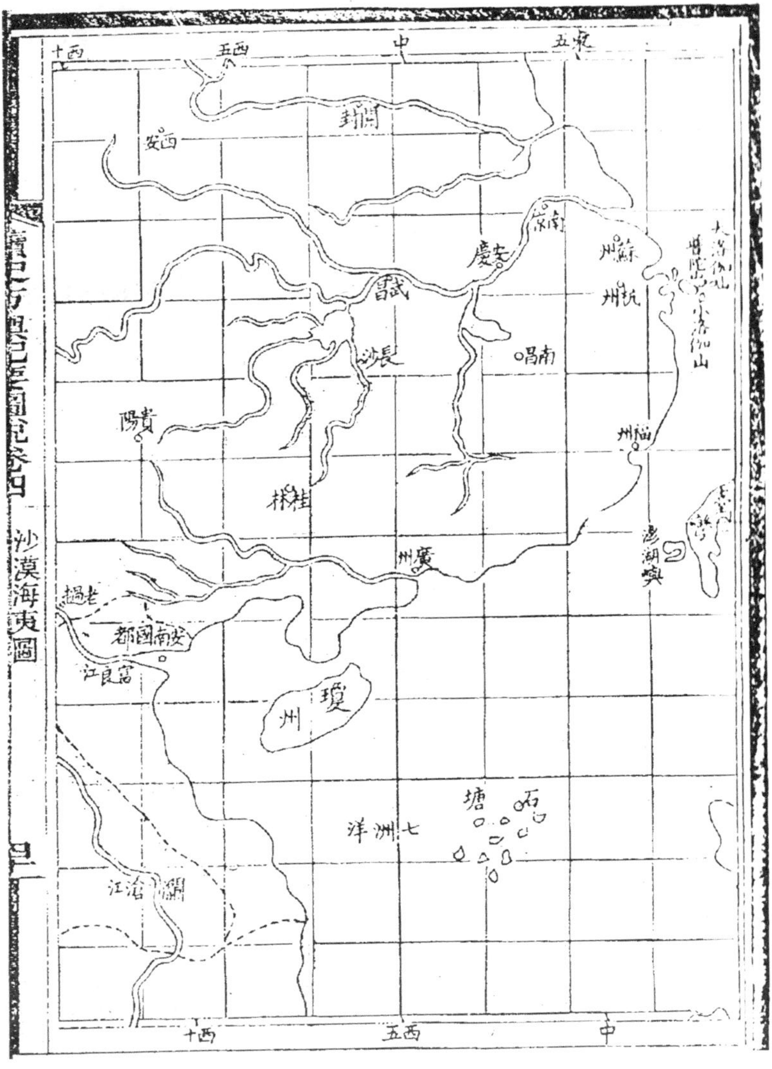
沙漠海夷圖
開封
西安
南京
安慶
武昌
長沙
南昌
蘇州
杭州
普陀山
大洛伽山
小洛伽山
貴陽
福州
桂林
廣州
澎湖嶼
老撾
安南國都
富良江
瓊州
七洲洋
石塘
瀾滄江

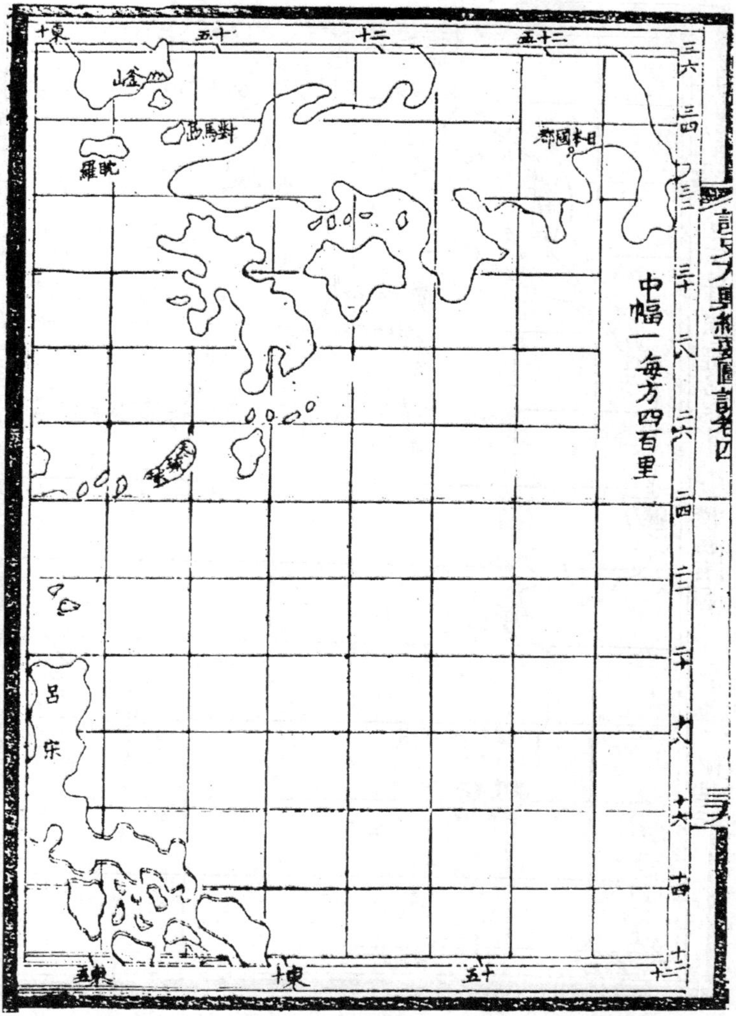
釜山
對馬島
耽羅
日本國都
呂宋
中幅一 每方四百里

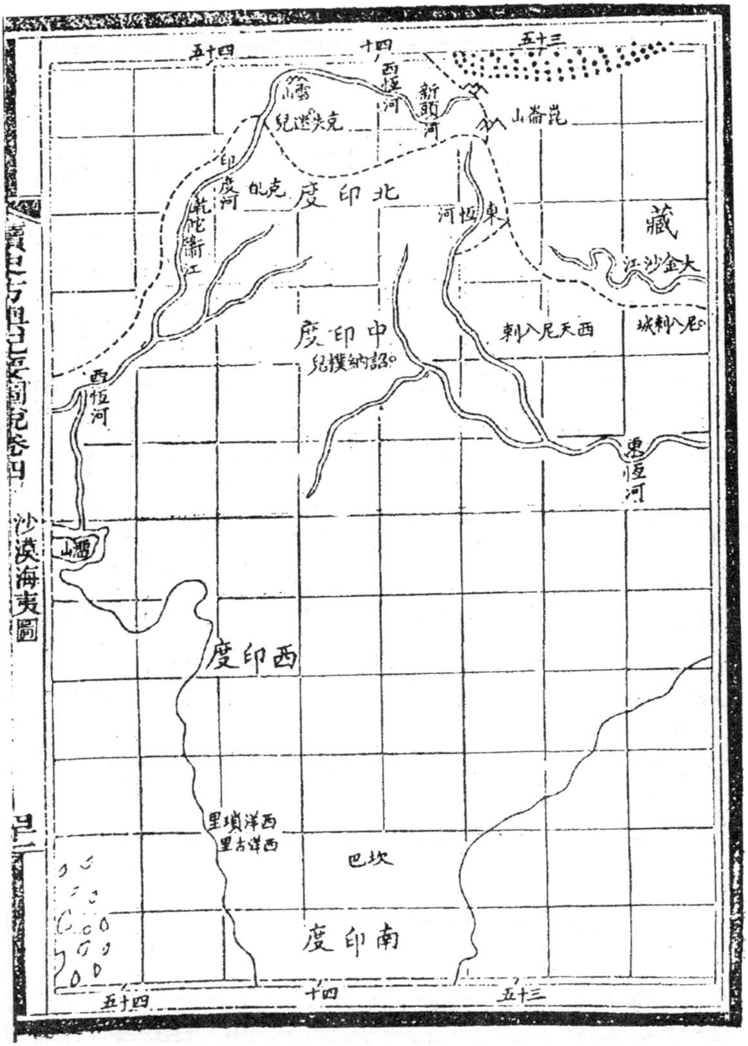
沙漠海夷圖
五十四
四十
五十三
雪山
克失迷兒
西恆河
新頭河
崑崙山
北印度
印度河
乾陀衞江
東恆河
藏
大金沙江
中印度
諾納樸兒
西天尼八剌
尼八剌城
西恆河
東恆河
西印度
西洋瑣里
西洋古里
坎巴
南印度

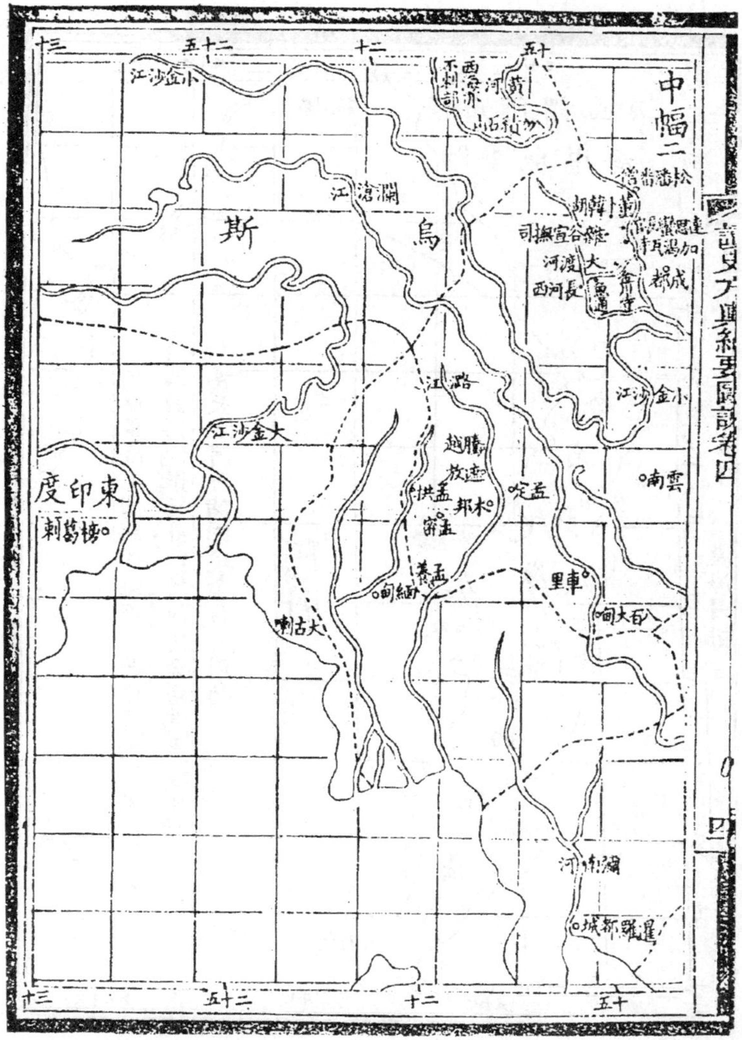
中幅二
小金沙江
黃河
瀾滄江
烏斯
大金沙江
東印度
路江
小金沙江
雲南
成都
長河西
大渡河
孟定
木邦
孟養
緬甸
大古喇
車里
八百大甸
暹羅都城

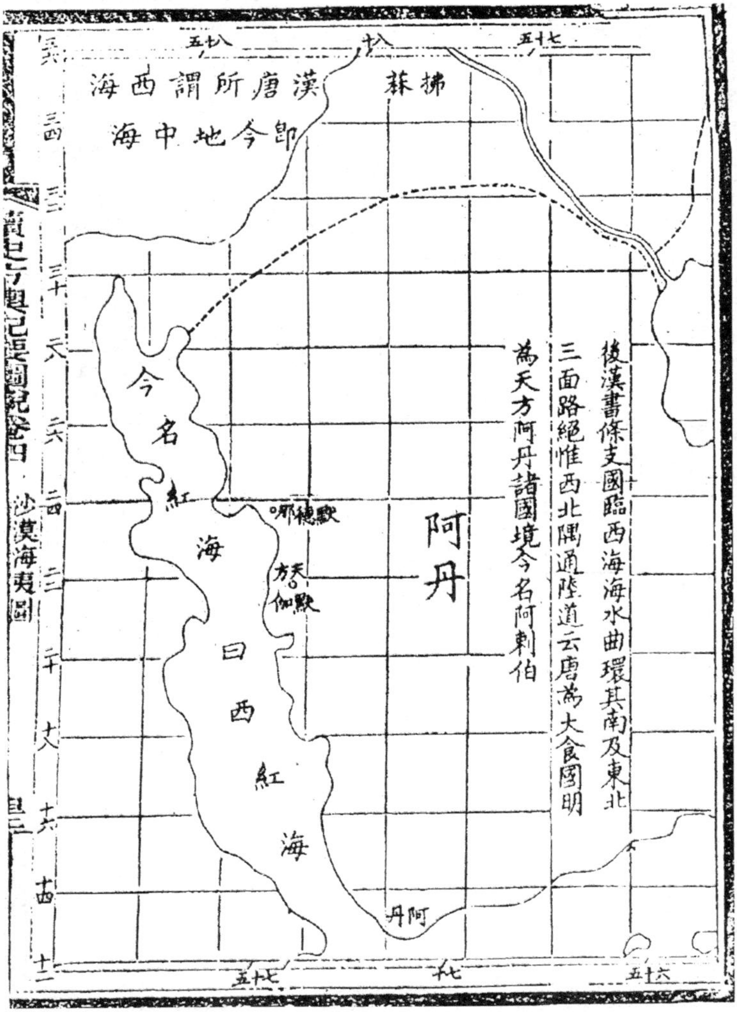

漢唐所謂西海
即今地中海
拂菻
今名紅海
曰西紅海
默德那
天方默伽
阿丹
阿丹
後漢書條支國臨西海海水曲環其南及東北
三面路絕惟西北隅通陸道云唐為大食國明
為天方阿丹諸國境今名阿剌伯
讀史方輿紀要圖說卷四 沙漠海夷圖

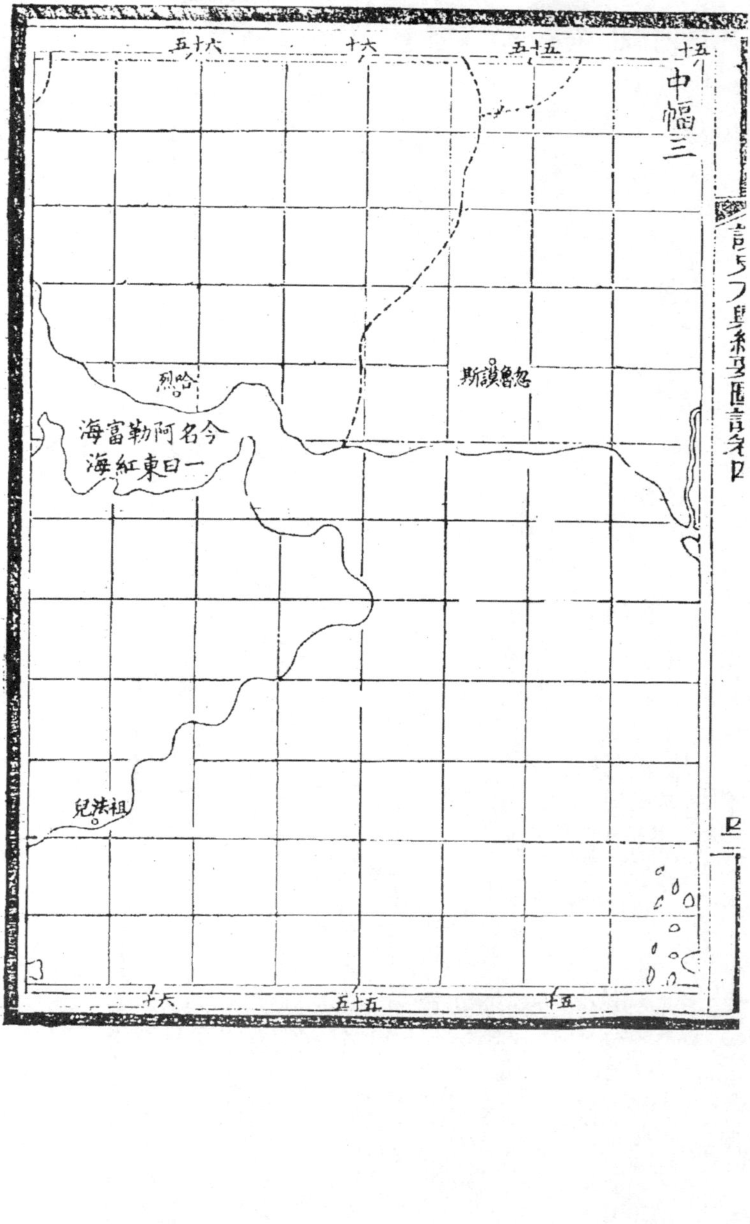
中幅三
哈烈
忽魯謨斯
今名阿勒富海
一曰東紅海
祖法兒

沙漠海夷图下

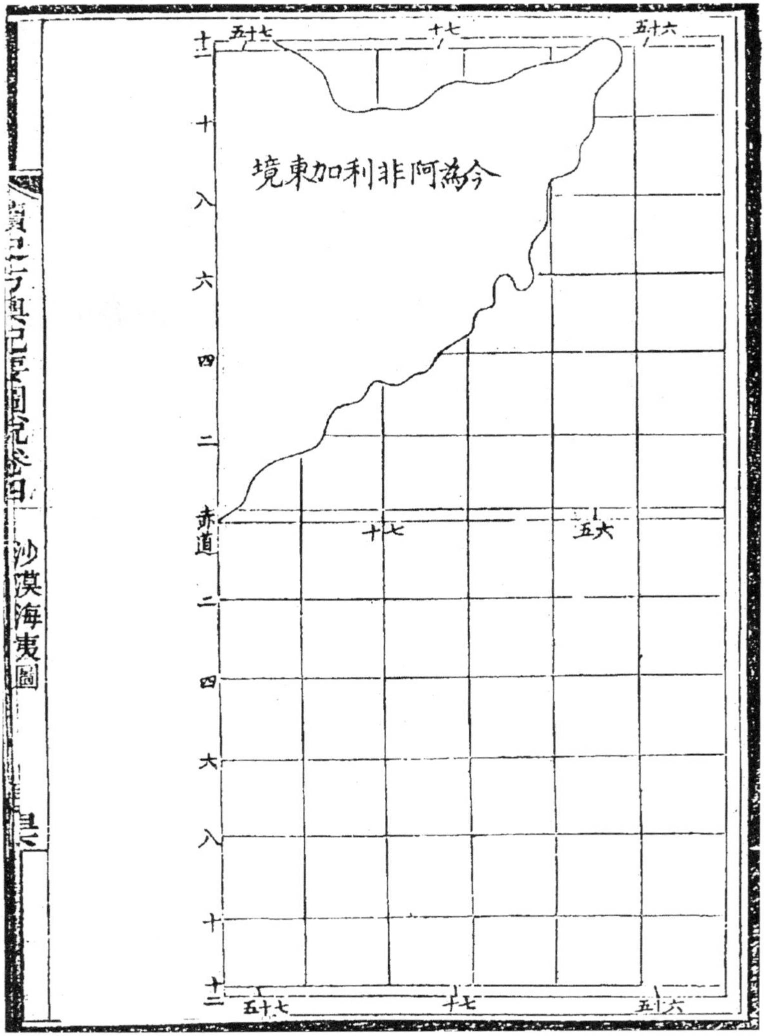
沙漠海夷圖
今為阿非利加東境
赤道
五十七
十七
五十六
十二
十
八
六
四
二

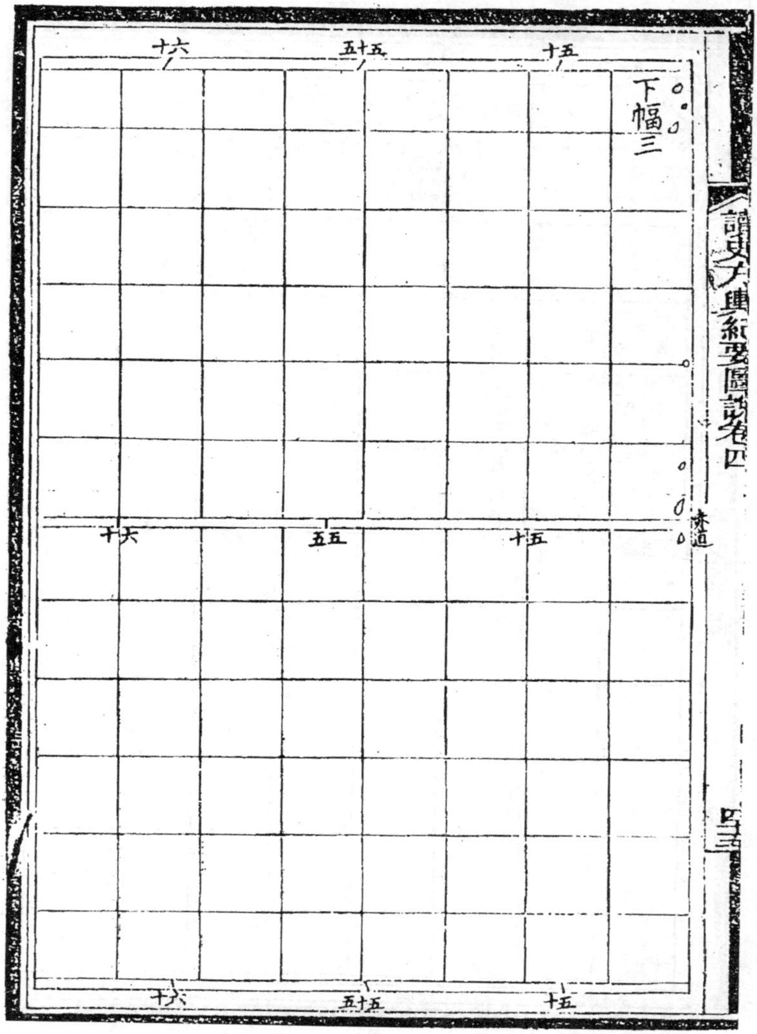
十六
五十五
十五
下幅三
讀史方輿紀要圖說卷四
十六
五五
十五
赤道
十六
五十五
十五

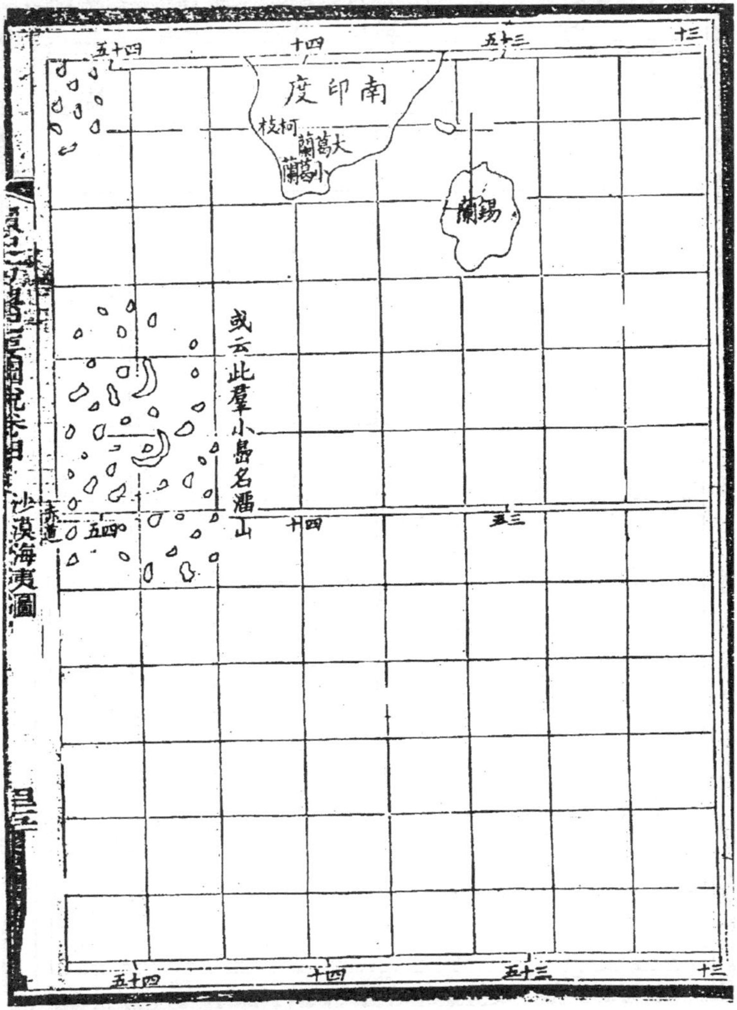
南印度
柯枝
大葛蘭
小葛蘭
錫蘭
或云此羣小島名溜山
赤道
沙漠海夷圖

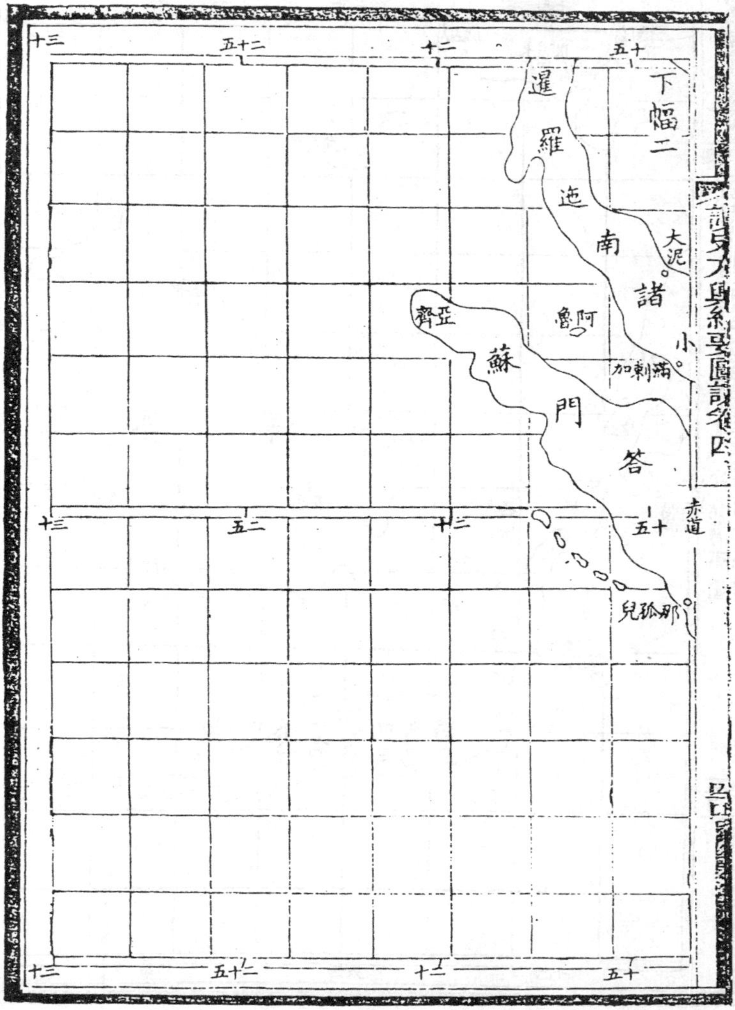
下幅二
暹羅
迤南諸小
大泥
阿魯
亞齊
蘇門答
滿剌加
赤道
那孤兒
十三
五十二
十二
五十

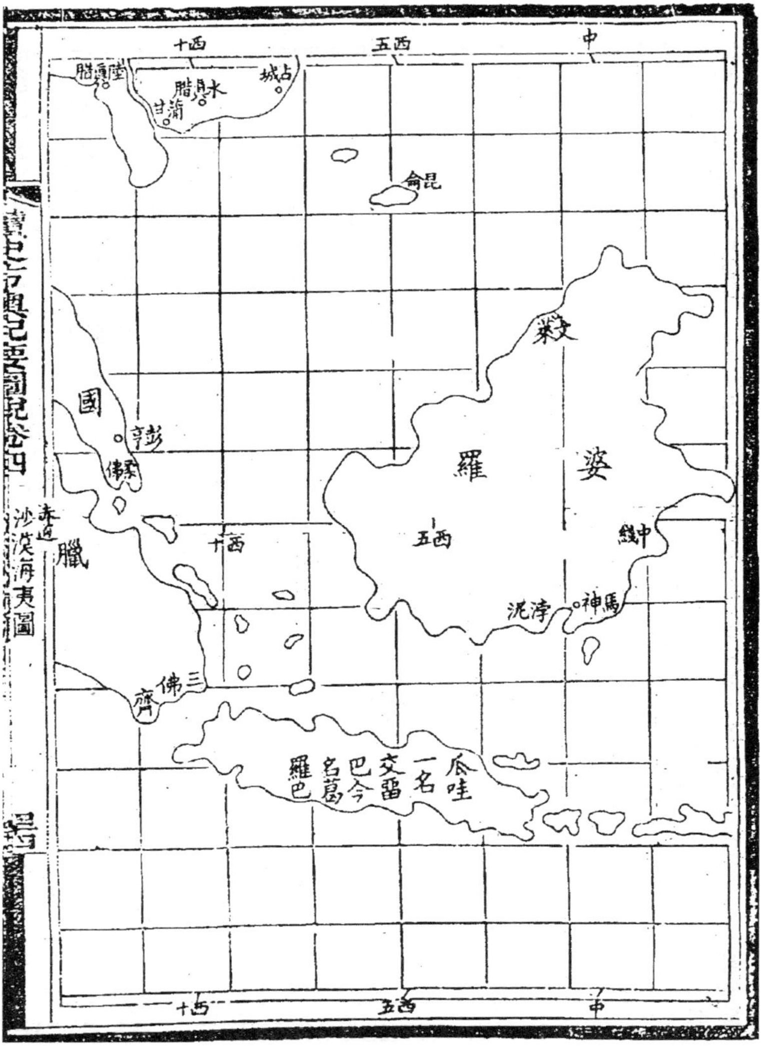
十西
五西
中
占城
水尾
昆侖
文萊
婆羅
國
彭亨
赤道
三佛齊
中綫
馬神
淖泥
爪哇一名交留巴今名葛羅巴
海夷圖

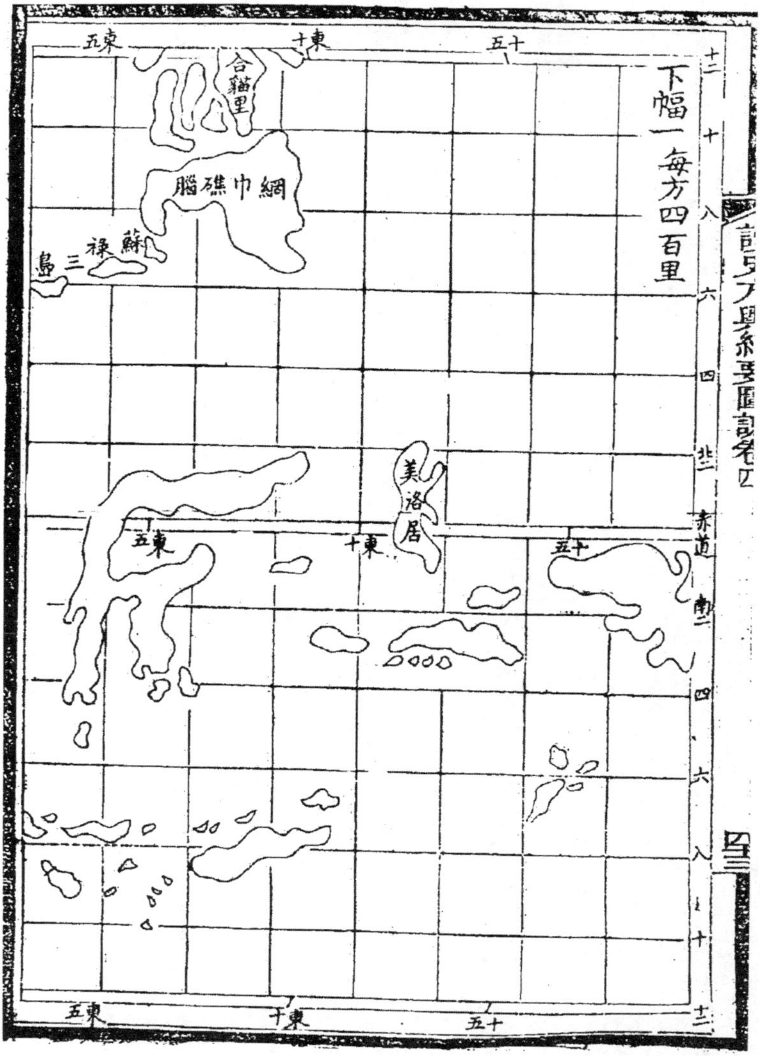
下幅一每方四百里
合貓里
網巾礁腦
蘇祿
三島
美洛居
赤道
五東
十東
五十

海夷图说第十九

东海，海岸国一，朝鲜。海岛国二，耽罗、日本。

朝鲜，见前。**耽罗**，朝鲜全罗道南原府西南海中济州岛即故耽罗也。**日本**。**居东海中**，岛屿环错，地方数千里，国都曰山城，直扬州府正东海外，有五畿七道，以州统郡，附庸国凡百馀。西北有对马岛，与朝鲜东南境之釜山相望，扬帆半日可至。洪武、永乐间屡入贡，其贡道西渡海至浙东定海县东北之普陀洛伽山，水程四十更，由宁波以达于京师。海行难以道里计，一昼夜分为十更，每更约六十里。

东南海，海岛国三。

大琉球，在福建泉州东海中，明初其国分为三：曰中山、山南、山北。洪武五年入贡，以后相继不绝，由福建达京师，后山南、山北为中山所并。**吕宋**，居东南海中，去福建漳州甚近，在台湾正南，洪武五年、永乐八年入贡。**合猫里**。一名猫里务，东南海中小国也，在吕宋南，永乐三年遣使附爪哇入贡。近合猫里有网巾礁脑，其东南有美洛居，一名米六合，皆东南海岛。

南海，海岸国七，安南至彭亨。海岛国十四，婆罗至古麻剌。

安南，见前。**占城**，洪武二年入贡，诏遣中书省管勾甘桓等封为占城国王，自是朝贡不绝。其地东距海，西抵暹罗，南接真腊，北连安南，东北至广东崖州，可七日而达。**真腊**，在占城南，亦名占腊，所领聚落六十馀，地方七千里，有属国十数，洪武四年入贡，自后不绝。其地东际海，西接蒲甘。**蒲甘**，真腊属国，或云即缅甸西南之蒲甘城。**暹罗**，本扶南国地，后分为暹、罗斛二国，元时暹为罗斛所并，遂称暹罗斛国。明洪武十年其世子来朝，诏赐之印文曰暹罗国，王之印自是始称暹罗。其地东界安南，东南界占城、真腊，西北接云南老挝、八百大甸，西距缅甸，南滨海，有土斗入南海中，广不及朝鲜，而延长则过之。其东南尽处为彭亨国，彭亨之西为柔佛国，柔佛之西北为满剌加国，满剌加之东北为大泥国，或误以为浡泥，此数国毗连于暹罗南境而服属焉。**满剌加**，明初服属暹罗，永乐三年入贡，诏封为满剌加国王，嘉靖初为佛郎机所灭。其地在暹罗南，自占城南行，顺风八日至龙牙门，又西行二日即至。或曰即古顿逊国。杜氏通典顿逊国在海崎山上，回入海中千馀里，涨海无涯岸，舶未曾得径过，东通交州，西接天竺，北去扶南三千里云。扶南，今暹罗。**彭亨**，洪武十一年来贡。其国气候常温，在暹罗极南境，东抱海，西北距满剌加，西南接柔佛，柔佛西南与苏门答腊岛隔海港相望。〇**婆罗**，一名文莱，东洋尽处，南洋所自起也。闽、粤海中以是岛为最大，疆域殆倍于日本。同岛分为数国，西北曰文莱，一名文郎，极南曰马神，近马神曰浡泥。由福建泉州厦门放舟东南行至吕宋七十二更，由吕宋西南行至文莱四十二更。而马神则自厦门西南趋粤南七洲洋，再西南行绕岛之西南隅转东行始至。马神距厦门水程三百四十更，同在一岛而南北水程相距悬远。婆罗于永乐二年有东西二王并遣使朝贡。**浡泥**，与婆罗同岛，去占城四十日程，所管十四州。洪武三年遣使自泉州航海，阅半年始至其国，随遣使入贡。其国北有大山，永乐中敕封为常宁镇国之山，附祭福建山川之次。**苏禄**，在婆罗大岛之东，所属有三小岛。永乐十五年其国三王浮海朝贡，并封为国王。**爪哇**，一名莆家龙，又曰下港，曰顺塔，或谓即阇婆，又名交留巴。洪武十年其国王及东西二王并遣使朝贡，距厦门水程二百八十更，自占城往顺风西南行，二十昼夜可至，亦南海中大岛也。元时征爪哇，以至元二十九年十二月发泉州，明年正月即抵其国云。**日罗夏治、碟里**，与日罗夏治皆近爪壁小国，并于永乐三年入贡。**苏门答腊**，暹罗南海中有大岛斜峙于满束加、柔佛之西，自宋以前为婆利国。史言婆利东西南北数千里，为海南大国，盖即是岛也。岛之东南垂为三佛齐国，岛之西北境即苏门答腊，疆域稍大，自满剌加西北行顺风九昼夜可至。永乐元年入贡，诏封为国王。迨万历间国两易姓，改国名曰亚齐。自苏门答腊而西南，接壤有那孤儿、南渤利诸小国。或云南渤利为苏门答腊附近小屿。**三佛齐**，与苏门答腊同岛，东距爪哇，隔一海港，相去不过数十里。明初爪哇强，常威服三佛齐而役属之。洪武九年入贡，诏遣使封为国王。爪哇怒其与己埒，邀杀朝使，后竟为爪哇所灭，改其地名曰旧港。**那孤儿**，西北接苏门答腊，东南近三佛齐，西面海，地狭止千馀家，永乐中尝入贡。**须文达那**，洪武十六年来贡。或云即苏门答腊。**览邦**，在西南海中，近三佛齐，洪武九年入贡。**淡巴**，亦西南海中小国，洪武十年入贡。**百花**，居西南海中，洪武十一年入贡。**阿鲁**，一名亚鲁，又曰亚路，西南海中小岛也。东南距满剌加水程三十更，西北距苏门答腊二十五更，永乐中三入贡。或云阿鲁亦与苏门苔剌同岛而在其东南。**古麻剌**。在满剌加之南。或云东南海中小国也。永乐十八年其王来朝，还至福建，卒。

西南海。榜葛剌以下至坎巴皆印度境内滨海之国，夏剌比以下至白、黑二葛达未详所在，祖法儿以下至鲁密为印度以西滨海之国，锡兰山以下则印度海中岛国也。

榜葛剌，即东印度也，西北距中印度，南滨海，自苏门答腊顺风二十昼夜可至。永乐迄正统初屡入贡，后不复至。其国四时气候常如夏，有东恒河大川经其国城东北而南入海。**柯枝**，南印度小国，自小葛兰西北行，顺风一日夜可至。永乐九年入贡。其国与锡兰山对峙，中通古里，东界大山，三面距海。**小葛兰**，其国与柯枝接境，东大山，西大海，南印度小国，自锡兰山西北行，六昼夜可达。永乐五年附古里入贡，俗淳，土薄，仰给榜葛剌。又有大葛兰者，波涛湍悍，舟不可泊，商人罕至。**西洋古里**，西印度大国，为诸蕃要会。自柯枝舟行三日可至，自锡兰山十日可至，西滨大海，南距柯枝，东七百里接坎巴，北距狼奴儿国。**西洋琐里**，洪武二年命使臣刘叔勉以即位诏谕其国，三年平定沙漠，复遣使臣颁诏，其王遣使表献方物。永乐元年、二十一年偕古里、阿丹等十五国来贡。**琐里**，近西洋琐里而差小，洪武五年入贡。**加异勒**，印度小国，永乐九年入贡，宣德八年偕阿丹等十国来贡。**急兰丹**，永乐九年入贡。**甘巴里**，亦印度小国，永乐十二年入贡。其邻境有阿拨把丹、小阿兰二国，皆东印度之部落。**坎巴**，在古里之东。**夏剌比**，**奇剌泥**，**窟察泥**，**舍剌齐**，**彭加奴**，奴，一作那。**八可意**，**乌沙剌踢**，**阿哇**，**打回**，自坎巴以下十国永乐中尝遣使朝贡。其国之风土物产无可稽。**白葛达**，宣德元年入贡，其国土地瘠薄，市易用铁钱，崇释教。**黑葛达**，亦以宣德时来贡，俱未详所在。**忽鲁谟斯**西洋大国也。自古里西北行，二十五日可至。永乐十年命郑和诏赐，其国遣使入贡，十二年至京师，所贡有狮子、麒麟、驼鸡。其国在西印度之西，王及臣下皆回回人。气候有霜无雪，多露少雨。南滨海，东距印度河。**不剌哇**，自锡兰山别罗里放舟二十一昼夜可至。永乐十四年至二十一年凡四入贡。其国傍海而居，地广斥卤。**祖法儿**，自古里放舟西北行，顺风十昼夜可至。永乐十九年偕阿丹、剌撒诸国入贡。其国东南大海，西北重山，天时常若八九月。王及臣民悉奉回回教，多建礼拜寺。所贡有驼鸡，颈长类鹤，足高三四尺，毛色若驼，行亦如之。《汉书》：安息国有大马爵。又言以大鸟卵献于汉。《后汉书》：安息国献条支大鸟，时谓之安息雀。祖法儿，盖汉之安息地矣。**阿丹**，自古里西行，顺风二十二昼夜可至。永乐十四年入贡，十九年中官周姓者往市，得猫睛、珊瑚、大珠、麒麟、狮子、驼鸡、白鸠以归。其国与天方、默德那接壤，气候常和，土地膏腴，饶粟麦。王及国人悉奉回回教。天方、默德那见《沙漠图》。**麻林**，去中国绝远。永乐十三年贡麒麟，十四年又贡方物。**鲁密**，一作鲁迷，去中国绝远。嘉靖三年贡狮子、西牛，五年冬复以二物来贡。二十二年偕天方诸国入贡，还至甘州，会迤北贼入寇，总兵官杨信令贡使九十馀人往御，死者九人，诏棺敛归其丧。二十七年、三十三年并入贡。〇**锡兰山**，在南印度南海中，与柯枝国对峙，自苏门答腊顺风西行，十昼夜可达。详见广西附考。**溜山**，在西印度南海中。山下有三石门并可通舟，又有八港，各以溜名。或言外更有三千溜，舟或失风入其处，即有沈溺之患。自锡兰山别罗里南行，七昼夜可至。自苏门答腊过小帽山西南行，十昼夜可至。永乐十年郑和往赐，其国自后三贡，并与忽鲁谟斯诸国偕。**南巫里**，在西南海中。永乐九年偕急兰丹、加异勒诸国入贡。**古里班卒**。岛夷也，未详所在。永乐中入贡。

防倭要略

海夷虽多，其国大而为吾患者，莫如日本。日本诸州以百数，其近于西南者萨摩为最，屡次入寇，多此州及肥后、长门二州人，二州亦近西南。其次则大隅、筑前、筑后以及丰前、丰后、和泉诸州人，率商于萨摩而附行者也。且山城倭主所居曰城，国以为名。号令久不行于诸州，而山口、丰后、出云等州专兵自恣。自后惟丰后独强，并有诸岛，摽掠出没，皆贫恶之民，欻忽而起，非有常尊定主也。国家惩倭之乱，缘海备御几千万里，其大为卫，置军六千一百四十一名。小为所，军千二百人。又次巡检司，弓兵百人。凡港次处所，皆设兵船五等，一数人船，一百斛船，一篙八橹哨船，一头快把梢船，一桨飞船。又有水寨、石营棚等项，官司相维，远近相连，几于密矣。夫倭船之来，恒在清明后，前乎此则风候不常，故倭不利于海行，届期则东北风而不变也。过五月风自南来，倭不利于行矣。重阳后风亦有东北者，过十月后风自西北来，亦非倭所利矣。故防倭者以三四五月为大汛，九十月为小汛焉。说者谓决胜于敌至时，不若防之未登岸之际也。盖倭入寇必向风所之，东北风大则由萨摩或五岛在萨摩西，有五山相错。至大、小琉球以视风色之变迁，北多则犯广东，东多则犯福建，而柘林、长乐等要害不可不守也。若正东风猛，则必由五岛历天堂、官渡水而视风色变迁，东北风多则至乌沙门分䑸，或过韭山海闸门分而犯温州，或由舟山南犯定海、象山、奉化、昌国、台州等处，而金塘、石浦、海门等要害不可不守也。正东风多则至壁下、陈钱分䑸，或由洋山之南而犯临观、钱塘，或由洋山之北犯青南、太仓，或过南沙而入大江，而乍浦、瓮山、赭山、狼山、福山等要害不可不守也。若在大洋而风欻东南，则犯淮、扬、登、莱。若在五岛开洋，南风方猛，则趋辽阳、天津，而乱沙、盐城、庙湾等要害不可不守也。夫沿海一路俱要害，而长乐、海门、狼、福诸重地苟不设备，皆其批亢捣虚之处也。昔人以击贼于海中为上策，御贼于海港为中策，虽然，水战岂易易哉？凡风潮之大小，顺逆收放之浅深，利害所当究心者也。

舆图云：沿海之中，上等要岙可避四面飓风者凡二十三处：马迹、两头洞、长途、高丁港、沈家门、舟山前港、岑港、烈港、黄岐港、梅港、定海港、湖头渡、石浦港、猪头港、海门港、松门港、苍山岙、玉环山梁岙、楚门港、黄花水寨、江口水砦、大岙、女儿岙。可避三面飓风者凡十八处：马木港、长白港、蒲门、观门、竹斋港、石牛港、乌沙门、桃花门、海闸门、九山、爵溪岙、牛栏矶、旦门、大陈山、大床头、凤凰山、南麂山、霓岙，其馀皆不可泊。

沙漠诸夷图说第二十

西番，即唐吐蕃遗种。东北界陕西，东界四川、云南。元时尝郡县其地，明时改设乌思藏、朵甘等处，司官统之，仍因故俗封番僧为六王，令袭封以为常，每岁朝贡皆许自达，其入由四川，凡三道。官司等见后。

西番三十三种：

都行都指挥使司三	宣慰使司三	招讨司六	万户府四	千户所十七
乌思藏，三年一贡，不过百五十人，从雅州入。 番僧六王附：赞善王，阐化王，阐教王，辅教王，大乘法王，大宝法王。 朵甘卫，每年一贡，凡百人，从雅州入。 陇答卫。	朵甘， 董卜韩胡，每年一贡，从雅州入。 长河西鱼通宁远。	朵甘思，朵甘笼苔，朵甘仓溏，朵甘川，磨儿勘，朵甘丹。	沙儿可， 乃竹， 罗思端， 列思麻。	朵甘思，剌宗，孛里加，长河西，多八参孙，加八，兆日，纳竹，伦苔，果由，沙里可哈思的，孛里加思东，撒里土儿干，参卜郎，剌错牙，泄里坝，阔测鲁孙。

乌斯藏，居四川西徼外，自天全六番司西七百里接乌斯藏之东界，西去马湖府千五百馀里，去云南丽江府千馀里。**朵甘卫**，居陕西西南徼外，东北直河州卫，西据黄河源，南与乌斯藏邻。**董卜韩胡**，在四川威州保县之西，其南与天全六番司接壤，东抵杂谷。**长河西鱼通宁远**，在四川西徼外，西接乌斯藏，东界天全六番司，东北邻金川寺。初，鱼通及宁远、长河西各自为部，洪武三十年始合为一，以其酋为宣慰司，修贡不绝。**加渴瓦寺番僧**，在四川茂州汶川县西北，贡道由灌、郫入。**杂谷安抚司**，在四川威州保县西二百里，西接孟董。孟董即董卜韩胡也。**达思蛮长官**，在杂谷西五十里。**保县金川寺番僧**，在杂谷安抚司西南，与达思蛮长官附近。明时封金川寺番僧为演化禅师，世有其地。大渡河上游经其境内，又西南流径长河西鱼通宁远宣慰司境，绕黎州西南界，折而东注，至嘉定州城南入于岷江。**松潘番僧**，明初于松潘立番僧二人为国师，曰商巴，曰绰领，二人为禅师，曰黎巴，曰完卜。商巴事道，黎巴事佛，分建寺观于诸寨落，俾因俗为治，化导番族。每年一贡，由威州入。**西天尼八剌**。东北界乌斯藏，西南近东印度。俗崇佛教，洪武二十年贡金塔、佛经，终太祖世，数岁一贡。永乐十二年来贡，封为尼八剌国王。贡道由乌斯藏入四川。

西域羁縻诸卫，

赤斤蒙古，西去嘉峪关二百四十里。元为瓜州地，属沙州路。永乐时故鞑靼丞相苦朮子塔力尼来归，置卫官，之后为土鲁番侵夺。**罕东**，在赤斤蒙古南。洪武三十年入贡，诏置罕东卫授之。成化中土鲁番据哈密，议者言罕东有间道，不旬日可达哈密，宜从此进兵，不果。后为土鲁番所残破，徙肃州塞内，罕东遂墟。**曲先**，在安定卫西。洪武四年入贡，命置曲先卫。成化中为土鲁番所侵，率部内徙，其卫遂亡。**安定**，在罕东卫西，沙州卫南，本名撒里畏兀儿，广袤千里。元封宗室卜烟帖木儿为宁王，镇其地。洪武七年遣使入贡，诏分为阿端、阿真、苦先、帖里四部，明年改立安定、阿端二卫。正德时为蒙古亦不剌所残破，部众散亡。**阿端**，在撒里畏兀儿之地。洪武八年置卫，迄正统朝数入贡，后不知所终。其时西域别有名阿端者，贡道从哈密入，与此为两地云。**沙州**，在肃州卫西八百有六里，东至故瓜州二百八十里。元为沙州路，永乐三年置沙州卫，授其首领。正统十一年部众内乱，徙居甘州。**哈密**。古伊吾卢地，在肃州西北一千五百馀里，南抵沙州，西距火州，当诸卫最西，回、鞑杂居，为诸胡往来要路。永乐二年设哈密卫，封为忠顺王，贡自西域来者必哈密译其文乃发，后亦为土鲁番所残破。

西域朝贡诸部，

火州，一名哈剌火者，在哈密西七百里，土鲁番东六十里，西连亦力把力，南距于阗，北接瓦剌。汉车师前王庭地，历代交河、高昌等郡县，明曰火州，永乐以后入贡不绝，迄土鲁番强而火州之后无闻。**亦力把力**，在哈密西一千六百七十里，西距撒马儿罕，南距于阗，北连瓦剌。本名别失八里，元时诸王子封此，明初来贡，后其国西迁，改今名。**于阗**，在哈密西南四千八百里，西南距葱岭二百馀里。永乐六年遣使来贡。**八答黑商**，一曰八剌墨，居葱岭西。其西北接撒马儿罕，东南近北印度克失迷儿。元曰巴达哈伤，明永乐时数入贡。**撒马儿罕**，在哈密西七千二百里，东距葱岭，西南抵哈烈。汉大月氏地，土广而饶，元驸马帖木儿王此，明初入贡。**哈烈**，在撒马儿罕西南三千里。元驸马帖木儿既君撒马儿罕，又遣其子沙哈鲁据哈烈，明永乐以后入贡不绝。**哈三**，**哈撒儿**，**沙的蛮**，**哈失哈儿**，元曰合失合儿，其西、北境俱接葱岭。明永乐、宣德时尝遣使入贡。**哈的兰**，**扫兰**，**乜克力**，**近哈密**。明弘治五年哈密忠顺王陕巴袭封归国，与邻境乜克力结婚云。**把丹沙**，明成化十九年与撒马儿罕、失剌思诸国共贡狮子。**把力黑**，**俺力麻**，**脱忽麻**，忽，一作思。**密力失**，密，一作察。**斡失**，**卜哈剌**，一作布哈拉，东接八达黑商，北距撒马儿罕，匝阿母河两岸皆其境土。元置阿母河行省于此。**怕剌**，**失剌思**，近撒马儿罕。永乐、成化时尝入贡。**你沙兀儿**，**克失迷儿**，在北印度境，东接乌斯藏之西徼。唐为箇失密国，又曰迦湿弥罗，宋曰迦湿弥勒，元曰乞石迷耳。宋端祐六年，蒙古遣其宗王旭烈兀征西域，平乞石迷等千馀国。明曰克失迷儿。**帖必力思**，**果撒思**，**火坛**，**火占**，一曰忽毡，又曰忽章，有忽章河经其境，故名。《元史》：郭宝玉收别失八里、别失兰等城，次忽章河。元《经世大典地里图》：忽毡在葱岭西，撒麻耳干东北，所云忽章河亦葱岭西流之水。又沙鹿海牙临火站河，火站即忽章、火占之译音。沙鹿海牙在撒马儿东五百里，临火站河，则其地亦在葱岭西。撒麻耳干一名寻思干，即撒马儿罕。**苦先**，在火州西南。元中统三年耶律希亮从征至浑八升，世祖召希亮还，由苦先城至哈剌火者，出伊州，涉大漠，返上都云。哈剌火者，即火州也。伊州，今哈密是。**沙鹿海牙**，在撒马儿罕东五百里。其酋所居城西北临火站河。火站，一曰忽章。**牙昔**，**牙儿干**，**戎**，**兀伦**，**阿速**，西南近撒马儿罕，幅员甚广。城倚山面川，川南流入海。《元史》：蒙古窝阔台五年，命诸王拔都征钦察、阿速、斡罗思等国，破灭之。明永乐十七年阿速遣使入贡。**阿端**，即《元史》斡端，一名忽炭，或云即于阗也。**邪思城**，**坤城**，西域回回种，宣德五年遣使入贡。**舍墨**，一作舍黑。**摆音**，**克癿**，唐释辩机《大唐西域记》有磔伽国，克癿即磔伽之译音。自唐以来传国最久，在北印度克失迷儿之西南。**天方**，古筠冲地，一名天堂，即古条支国地。《后汉书》：条支国临西海，海水曲环其南及东、北三面，惟西北隅通陆道云。今天方境南滨印度海，海港绕抱其国之东西境，惟西北一面陆路接壤拂菻。明初郑和由海道使西洋，至天方而止。自永乐迄万历入贡不绝，其贡使由陆道哈密入。**日落**，永乐、弘治间尝入贡。○哈烈以下三十八国皆经哈密来贡，贡无恒期，迄哈密破亡，则径叩嘉峪关，然不数至矣。**拂菻**，在天方北。洪武时遣使朝贡。**默德那**，地近天方，回回祖国也。其教以事天为本，书体旁行，有楷篆草三法，西洋诸国用之。又有阴阳星历医药及音乐之书，宣德中偕天方使臣来贡。**诏纳朴儿**。诏，一作沼，即中印度佛国也。明永乐中遣中官侯显诏谕其王，以去中国绝远，朝贡未至。

北部。

鞑靼，初，元亡，顺帝北走，传子爱猷识理达腊，腊传子脱古思帖木儿，为下所弑。洪武二十三年遣将讨其罪，败之撒撒而山。永乐间有本雅失里、马哈木、阿鲁台贡献惟谨，因封三人为贤义、顺宁、和宁王。后本雅失里为阿鲁台所弑，马哈木复攻杀之。众立脱脱不花为王，居迤北，马哈木与子脱欢、孙乜先居瓦剌。后乜先与不花交争，不花败走，为下所杀，凡再易主而中绝。乜先后曰小王子，长子曰阿儿伦台吉，次子曰阿著不孩，又次日泼官嗔不孩。阿伦为太师亦卜剌杀之，遗二子，曰卜赤，曰乜明。王子死，阿著立。二子，长吉囊，次俺苔。阿著死，众立卜赤，号亦克罕，犹言可汗也。有众七万，分五营。其东部酋曰泼令王，曰猛可不郎，曰可都番留，有众六万，在沙漠东，与朵颜为邻。其南部酋曰把荅罕奈失剌台吉，有众五万。其西部酋曰应诏不，曰阿尔秃厮，曰泼官嗔。应诏不十营。秃厮七营，旧属亦卜剌，以弑主故，道遁西海，为甘肃患，乃属吉囊为西部，曰悖合斯，曰哈叭哈思纳，曰打郎，有众七万。泼嗔部合六营，曰多罗上闷，曰畏吾儿，曰兀木甚，曰叭要兀鲁，曰土吉剌，旧属火筛，今俺答阿卜孩领之，皆在河套。其北有兀良罕一营，乃小王子别部，与诸部尝相攻杀。诸部之众不下三十馀万，吉囊、俺荅之子最犷桀，山、陕之间无不被其残害，而宣、大尤甚。兀良哈。本元之降众，明洪武二十三年诏以兀良哈之地置三卫居之。其地在潢水之北。永乐初三卫以从征功尽官其长，后屡犯塞，正统末遂与也先合致土木之变。三卫日强横，尽没辽河东西、三岔河故地，自广宁前屯历喜峰口边宣府者皆属之朵颜卫，自锦义历潢河至白云山皆属之泰宁卫，自黄泥洼以东至开元皆属之福馀卫，东西亘三千里，凡兴、营诸州卫及宁藩故封大宁卫地皆为所窃据，外与北虏结婚，为肘腋之患，蓟、辽日以多事。

谦德

谦德国学文库丛书

（已出书目）

弟子规·感应篇·十善业道经

三字经·百家姓·千字文·德育启蒙

千家诗

幼学琼林

龙文鞭影

女四书

了凡四训

孝经·女孝经

增广贤文

格言联璧

大学·中庸

论语

孟子

周易

礼记

左传

尚书

诗经

史记

汉书

后汉书

三国志

道德经

庄子

世说新语

墨子

荀子

韩非子

鬼谷子

山海经

孙子兵法·三十六计

素书·黄帝阴符经

近思录

传习录

洗冤集录

颜氏家训
列子
心经·金刚经
六祖坛经
茶经·续茶经
唐诗三百首
宋词三百首
元曲三百首
小窗幽记
菜根谭
围炉夜话
呻吟语
人间词话
古文观止
黄帝内经
五种遗规
一梦漫言
楚辞
说文解字
资治通鉴
智囊全集
酉阳杂俎
商君书
读书录
战国策
吕氏春秋
淮南子
营造法式
韩诗外传
长短经
虞初新志
迪吉录
浮生六记
文心雕龙
幽梦影
东京梦华录
阅微草堂笔记
说苑
竹窗随笔
国语
日知录
帝京景物略
子不语
水经注
徐霞客游记